AF644230

Anna Suppanz

Happy HÄKELFRIENDS

NIEDLICHE AMIGURUMIS MIT ACCESSOIRES DURCHS JAHR

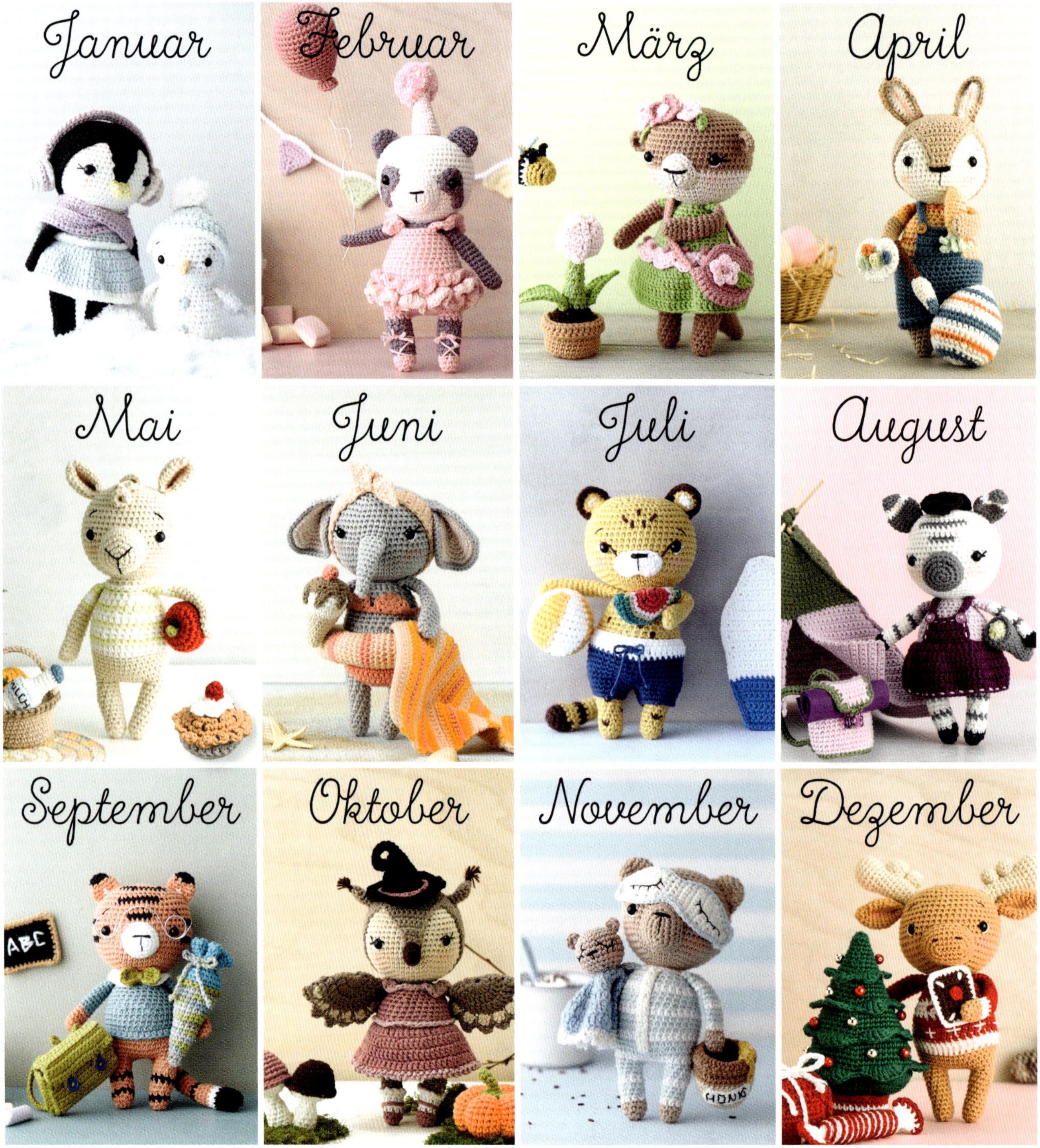
Januar
Februar
März
April
Mai
Juni
Juli
August
September
Oktober
November
Dezember
ABC
HONIG

Es ist noch immer so unglaublich für mich – ich habe ein Buch geschrieben!

Alles fing an mit einem Geschenk. An Weihnachten vor fünf Jahren zog ein Amigurumi bei mir ein, das eine Freundin für mich gemacht hatte. Es war so süß und modern, ganz anders, als ich mir Häkeltierchen immer vorgestellt hatte. Ich war hin und weg. Zu diesem Zeitpunkt hätte ich nicht im Traum daran gedacht, so etwas wunderschönes auch einmal selbst zu kreieren.

Aber meine Neugier und Begeisterung für das Thema waren geweckt. Kurz darauf schenkte meine Schwester mir mein allererstes Häkelbuch, also wagte ich mich an Nadel und Wolle und probierte es selbst einmal aus. Was soll ich sagen? Ich hing am Haken, meine Liebe zum Häkeln wuchs mit jedem Stück, das meinen Händen entsprang.

Irgendwann begann ich damit, auch eigene Ideen zu entwickeln und Anleitungen zu schreiben. Es ist ein so großartiges Gefühl, Menschen mit meinen Kreationen zu inspirieren und ihre Liebe zum Häkeln zu wecken – ganz so wie bei mir damals. Wenn ich mir die Figuren ansehe, die andere nach meinen Anleitungen oder Ideen zum Leben erweckt haben, hüpft mein Herz und ich fühle mich wirklich verbunden. Was für ein Geschenk!

Das ist auch dieses Buch für mich. Der Anstoß dazu kam wieder von meiner Schwester. Sie hat mich darin bestärkt, ein eigenes Buch zu schreiben und meine Leidenschaft auch auf diese Weise mit anderen zu teilen. Deshalb will ich ihr von Herzen Danke sagen. Ohne ihre Unterstützung und ihren Glauben an mich hätte ich mir das wohl nie zugetraut.

Die Happy Häkelfriends bedeuten mir sehr viel. Es steckt eine Menge Arbeit in den Seiten dieses Buches und auch ganz viel Liebe zum Detail. Die kleinen Tiere begleiten dich durch das Jahr, jedes in seinem Lieblingsmonat. Dazu bringen sie verschiedene Accessoires mit, die getauscht, kombiniert und – wie die Figuren selbst – auch wunderbar bespielt werden können. So sind die Happy Häkelfriends Freunde für Groß und Klein und fühlen sich im ganzen Haus wohl. Als jahreszeitliche Deko oder als Herzenstier im Kinderzimmer begleiten sie dich, wo immer du willst.

Es würde mich riesig freuen, deine Happy Häkelfriends kennenzulernen. Zeig mir deine Figuren auf Instagram unter den Hashtags #anni_gurumi oder #happyhäkelfriends. Als @anni_gurumi kannst du mich auch ganz einfach markieren.

Nun wünsche ich dir erst einmal viel Spaß auf deiner geselligen Häkelreise durch das Jahr!

Deine Anna

Tipp: Die Anleitungen für die Arme und Beine der Tiere befinden sich im Basic-Teil ab S. 116. Wenn dich das Hin- und Herblättern stört, kannst du dir unter www.topp-kreativ.de/digibib ein Lesezeichen herunterladen, auf dem sich die Anleitungen ebenfalls befinden. Den Download-Code findest du im Impressum. Das Lesezeichen druckst du dir einfach aus – so hast du die Anleitungen immer parat und musst nicht blättern.

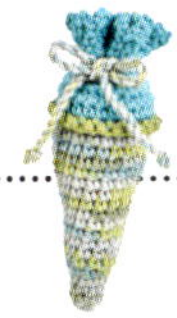

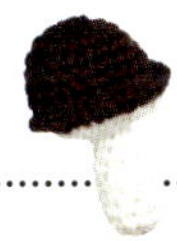

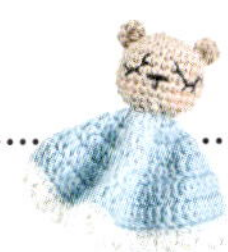

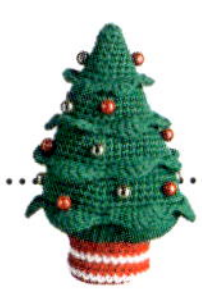

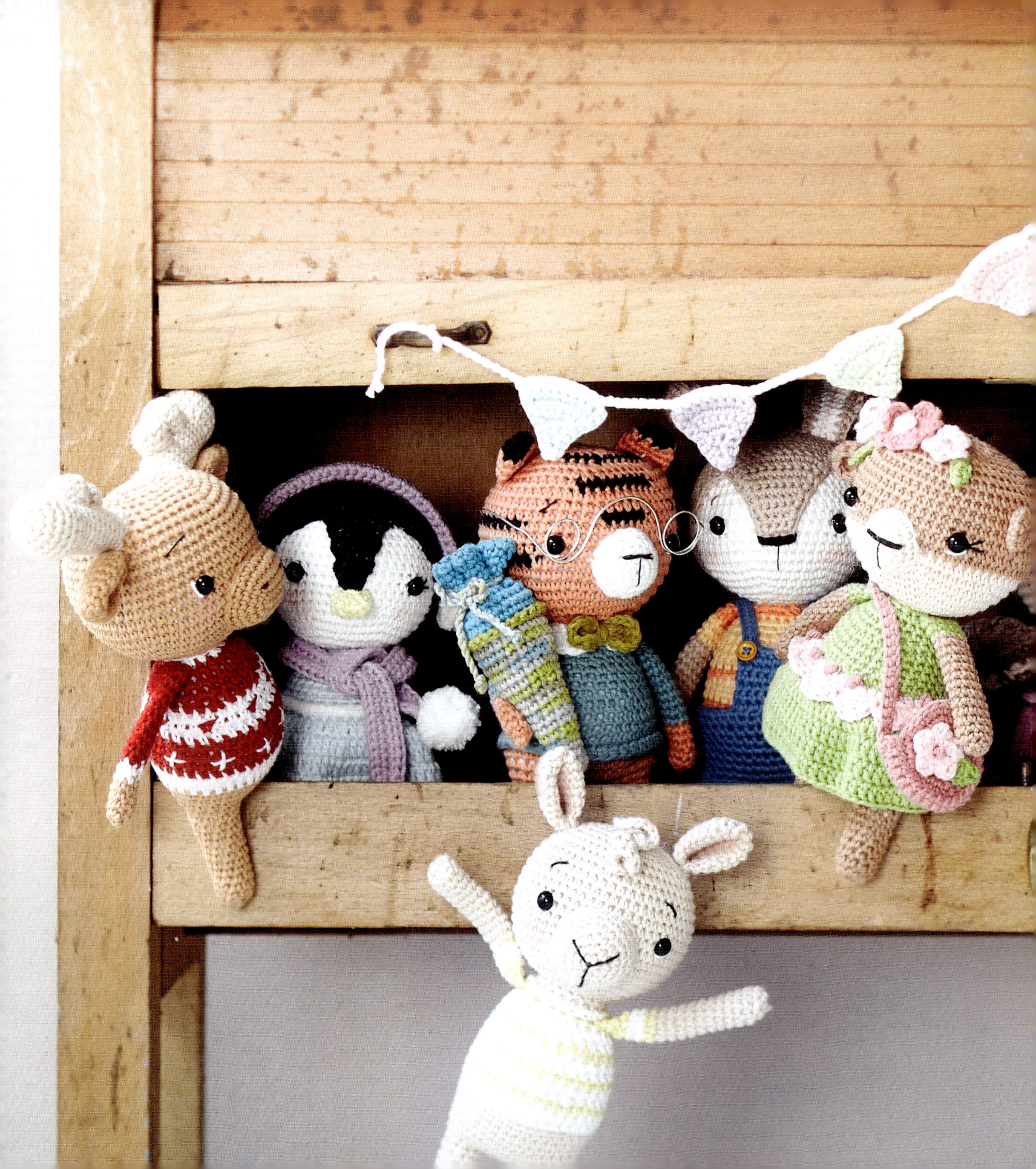

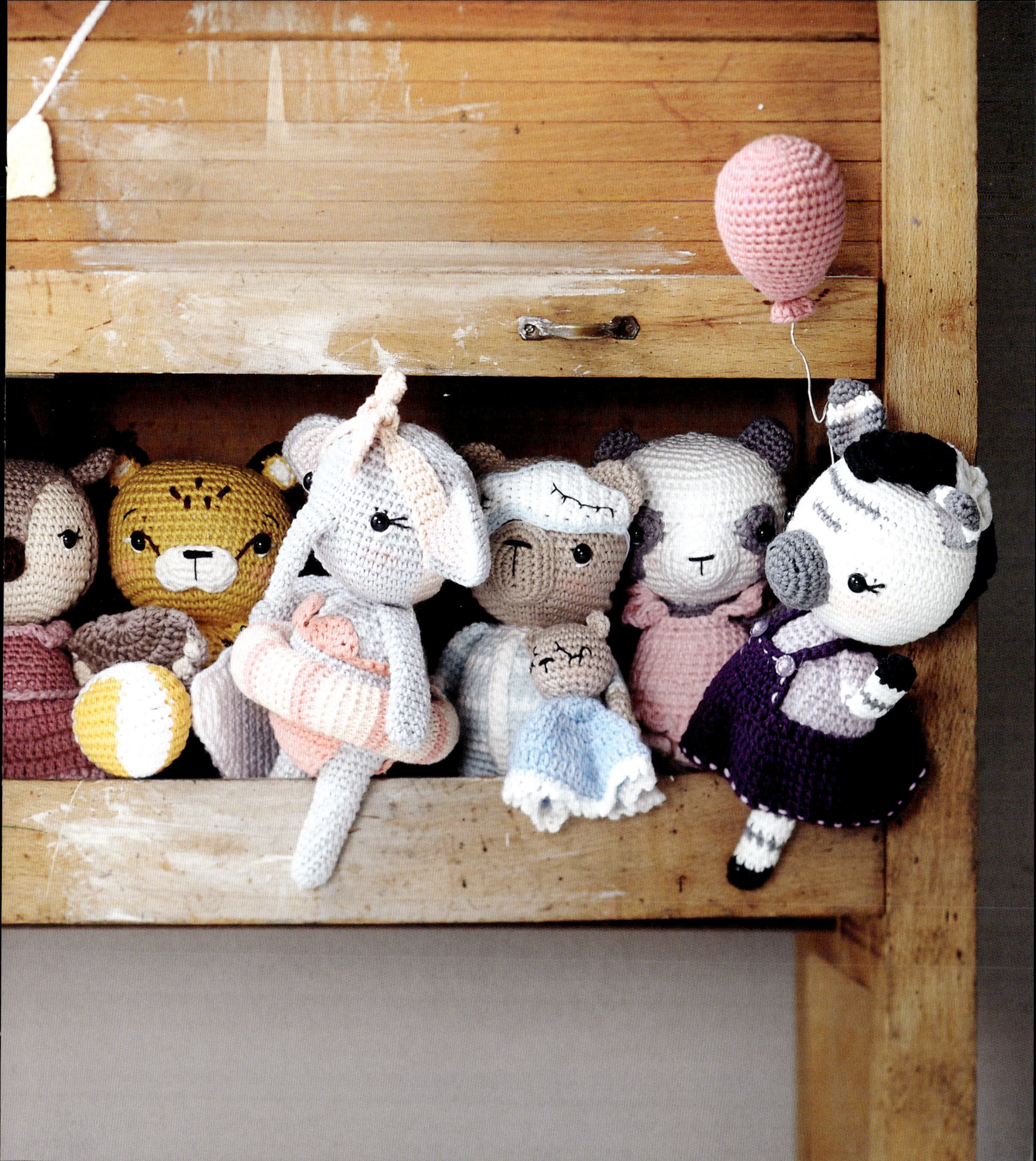

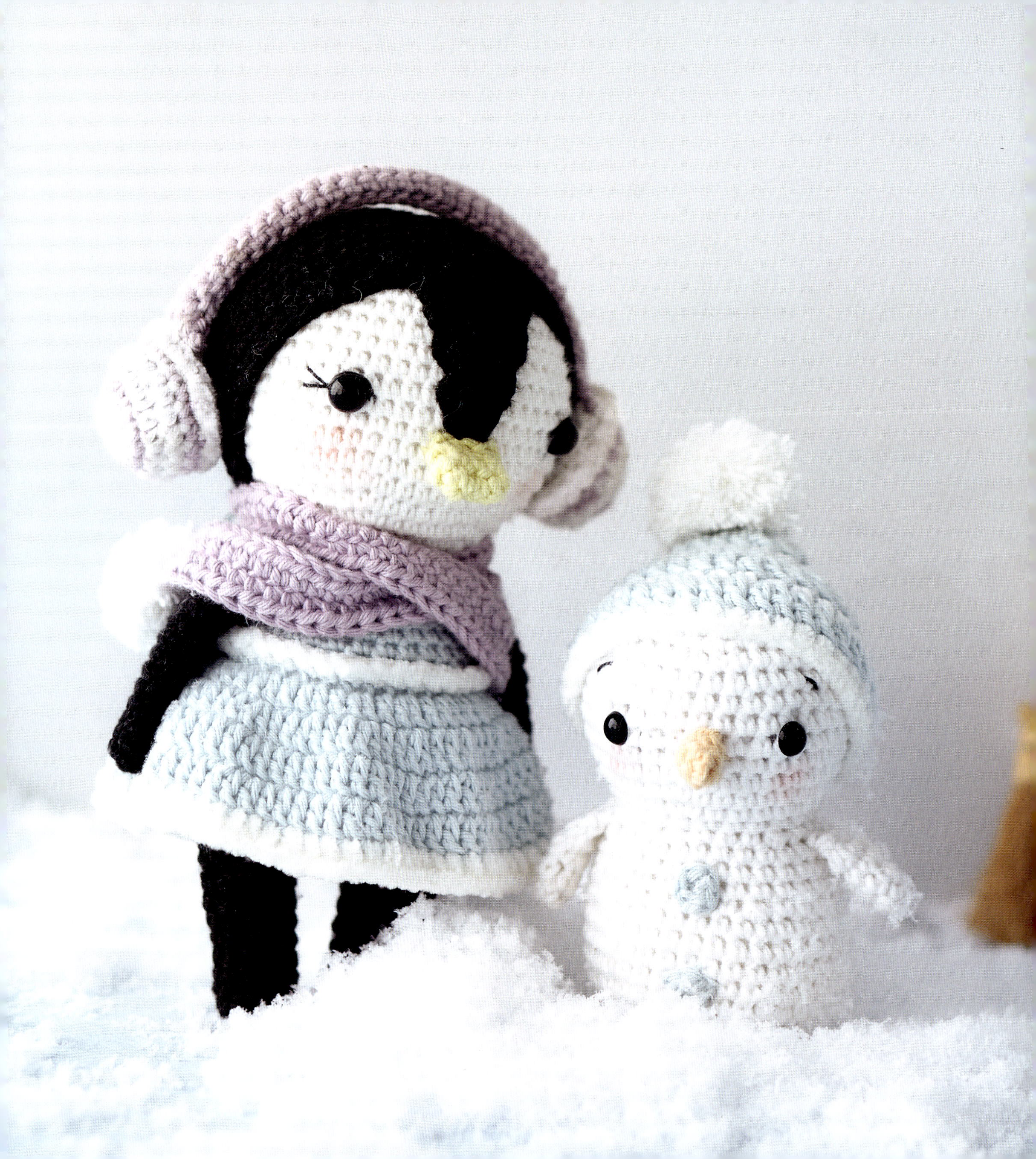

Januar

Wenn im Januar der erste Schnee des neuen Jahres fällt, hält Paula Pinguin nichts im Haus. Sie liebt diese klirrend kalten, glitzernden Wintertage, die aufregenden Schlittenfahrten und wilden Schneeballschlachten. Paula schnappt sich ihren kuscheligen Lieblingsschal mit den lustigen Pompons, zieht den schicken Ohrenwärmer auf und stürzt sich in das kalte Vergnügen. Wie jedes Jahr baut Paula zuallererst einen Schneemann und wünscht sich ganz fest, dass er sie lange durch den Winter begleitet. Natürlich soll auch der Freund nicht frieren. Paula schenkt ihm eine flauschige Bommelmütze und freut sich auf den Winterspaß.

SCHWIERIGKEIT ●●○

Größe
ca. 17 cm

PAULA PINGUIN

Pinguin

Rico Design Creative RICO-RUMI DK (LL 57,5 m/25 g) in Schwarz (Fb 60), 30 g, Eisgrün (Fb 37) und Creme (Fb 02), je 25 g und Pastellgelb (Fb 62), 8 g

Flauschgarn mit Samt-Effekt (LL 150 m/50 g) in Naturweiß, 10 g

Stickgarn in Schwarz, Rest

Häkelnadel 2,5 mm

1 Paar Sicherheitsaugen in Schwarz, ø 8 mm

Rouge

Füllwatte

Maschenmarkierer

Stecknadeln

abgerundete Kinderschere als Ausstopfhilfe

Sticknadel zum Vernähen

Ohrenwärmer

Rico Design Creative RICO-RUMI DK (LL 57,5 m/25 g) in Flieder (Fb 17), 15 g und Creme (Fb 02), 8 g

Flauschgarn mit Samt-Effekt (LL 150 m/50 g) in Naturweiß, 8 g

Häkelnadel 2,5 mm

Füllwatte

Chenilledraht, ca. 13 cm lang

Sticknadel zum Vernähen

Schal

Rico Design Creative RICO-RUMI DK (LL 57,5 m/25 g) in Creme (Fb 02), 20 g und Flieder (Fb 17), 15 g

Häkelnadel 2,5 mm

Gabel oder Pompon-Maker für die Pompons

Sticknadel zum Vernähen

Schneemann

Rico Design Creative RICO-RUMI DK (LL 57,5 m/25 g) in Creme (Fb 02), 20 g, Eisgrün (Fb 37), 15 g und Apricot (Fb 70), 10 g

Flauschgarn mit Samt-Effekt (LL 150 m/50 g) in Naturweiß (Fb 200), 8 g

Stickgarn in Schwarz, Rest

Gabel oder Pompon-Maker für den Pompon

Häkelnadel 2,5 mm

1 Paar Sicherheitsaugen in Schwarz, ø 5 mm

Rouge

Füllwatte

Sticknadel zum Vernähen

Beine

Die Beine nach der Basic-Anleitung S. 118 mit folgendem Fb-Muster häkeln und in Eisgrün verbinden.

1.-11. Rd: Schwarz

12. Rd: Eisgrün

Dann die Beine sehr fest stopfen.

Körper

Nun den Körper in Spiralrd in Eisgrün anhäkeln.

1. Rd: 4x (7 fM, 1 fM verdoppeln) (= 36 M).

2.-8. Rd: Jeweils 36 fM häkeln.

9. Rd: 36 fM nur in die hinteren M-Glieder arb.

10. Rd: In die hinteren M-Glieder arb: 6x (4 fM, 2 fM zusammen abmaschen) (= 30 M).

11.-13. Rd: Jeweils 30 fM häkeln.

14. Rd: 6x (3 fM, 2 fM zusammen abmaschen) (= 24 M).

15.+16. Rd: Jeweils 24 fM häkeln.

Den Körper sehr fest stopfen.

17. Rd: 6x (2 fM, 2 fM zusammen abmaschen) (= 18 M).

18. Rd: 6x (1 fM, 2 fM zusammen abmaschen) (= 12 M).

19. Rd (Creme): 12 fM häkeln.

Den Körper nochmals sehr fest stopfen. Den Faden nicht abschneiden, es geht mit dem Kopf weiter.

Kopf

Den Kopf in Spiralrd in Creme arb.

1. Rd: Jede fM verdoppeln (= 24 M).

2. Rd: 6x (3 fM, 1 fM verdoppeln) (= 30 M).

3. Rd: 6x (4 fM, 1 fM verdoppeln) (= 36 M).

4. Rd: 6x (5 fM, 1 fM verdoppeln) (= 42 M).

5. Rd: 6x (6 fM, 1 fM verdoppeln) (= 48 M).

6. Rd: 6x (7 fM, 1 fM verdoppeln) (= 54 M).

7.-16. Rd: Jeweils 54 fM häkeln.

17. Rd: 6x (7 fM, 2 fM zusammen abmaschen) (= 48 M).

18. Rd: 6x (6 fM, 2 fM zusammen abmaschen) (= 42 M).

Nun zwischen der 9. und 10. Rd des Kopfes die Sicherheitsaugen mit einem Abstand von 12 M anbringen. Mit Stickgarn in Schwarz die Wimpern aufsticken. Auf die Wangen etwas Rouge auftragen. Den Kopf sehr fest stopfen.

19. Rd: 6x (5 fM, 2 fM zusammen abmaschen) (= 36 M).

20. Rd: 6x (4 fM, 2 fM zusammen abmaschen) (= 30 M).

21. Rd: 6x (3 fM, 2 fM zusammen abmaschen) (= 24 M).

22. Rd: 6x (2 fM, 2 fM zusammen abmaschen) (= 18 M).

23. Rd: 6x (1 fM, 2 fM zusammen abmaschen) (= 12 M).

Kopf und Hals nochmals sehr fest stopfen.

24. Rd: 6x (2 fM zusammen abmaschen) (= 6 M).

Zum Verschließen den Faden ca. 15 cm lang abschneiden und durch die letzte M ziehen. Den Faden mit einer Sticknd von außen nach innen durch jedes vordere M-Glied der verbliebenen M führen. Den Faden festziehen und vernähen.

Kopfteil

In Schwarz einen Magic-Ring anschl.

1. Rd: 6 fM in den Ring häkeln, festziehen (= 6 M).

Nun wie folgt fM in Spiralrd arb.

2. Rd: Jede fM verdoppeln (= 12 M).

3. Rd: 6x (1 fM, 1 fM verdoppeln) (= 18 M).

4. Rd: 6x (2 fM, 1 fM verdoppeln) (= 24 M).

5. Rd: 6x (3 fM, 1 fM verdoppeln) (= 30 M).

6. Rd: 6x (4 fM, 1 fM verdoppeln) (= 36 M).

7. Rd: 6x (5 fM, 1 fM verdoppeln) (= 42 M).

8. Rd: 6x (6 fM, 1 fM verdoppeln) (= 48 M).

9. Rd: 6x (7 fM, 1 fM verdoppeln) (= 54 M).

10.-18. Rd: Jeweils 54 fM häkeln.

19. Rd: 6x (7 fM, 2 fM zusammen abmaschen) (= 48 M).

Nun in R das längliche Stück, das zum Schnabel führt, häkeln. Dabei am Ende

jeder R 1 Lm arb und wenden. In der letzten R entfällt beides.
1.-3. R: Jeweils 6 fM häkeln.
4. R: 2 fM zusammen abmaschen, 4 fM (= 5 M).
5. R: 2 fM zusammen abmaschen, 3 fM (= 4 M).
6.-8. R: Jeweils 4 fM häkeln.
9. R: 2x (2 fM zusammen abmaschen) (= 2 M).
Den Faden ca. 20 cm lang abschneiden. Nun das Kopfteil mit einer Stecknd am Kopf fixieren. Dabei sollte das runde Kopfteil am Hals und das lange Ende vorne mittig so anliegen, dass es etwa 1 R unterhalb der Augen endet.

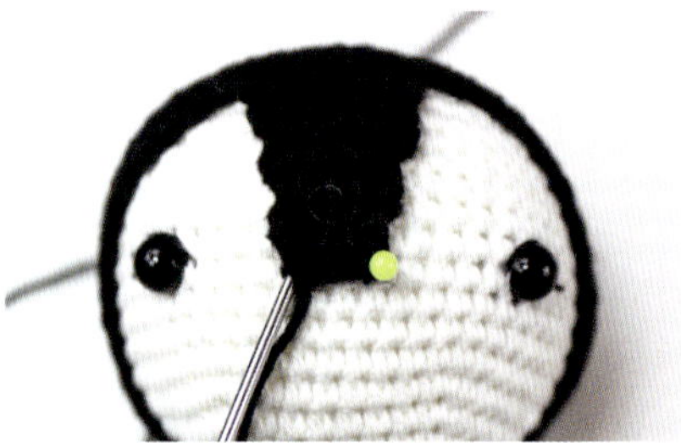

Das Kopfteil am Kopf festnähen.

Schnabel

In Pastellgelb 4 Lm und 1 Wende-Lm anschl.
Die Lm-Kette wie folgt mit fM umhäkeln.
1. Rd: 1 fM verdoppeln, 2 fM, 3 fM in die letzte Lm, auf der anderen Seite 3 fM zurück häkeln (= 10 M).
Nun wie folgt fM in Spiralrd arb.
2.+3. Rd: Jeweils 10 fM häkeln.
Mit 1 Km in die 1. M der Rd schließen.
Den Schnabel leicht stopfen, aber nur so viel, dass er oval zusammengedrückt und in dieser Form festgenäht werden kann.
Den Faden ca. 20 cm lang abschneiden und durch die letzte M ziehen.
Den Schnabel so am Kopf festnähen, dass er die unterste Reihe des Kopfteils bedeckt.

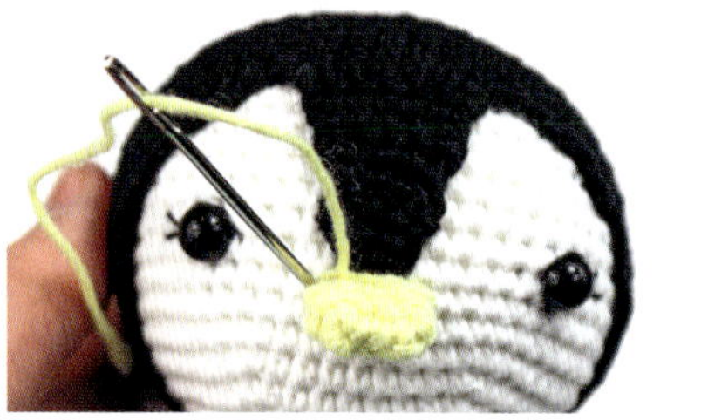

Flügel (2x)

In Schwarz einen Magic-Ring anschl.
1. Rd: 6 fM in den Ring häkeln, festziehen (= 6 M).
Nun wie folgt fM in Spiralrd arb.
2. Rd: 6 fM häkeln.
3. Rd: 3x (1 fM, 1 fM verdoppeln) (= 9 M).
4. Rd: 9 fM häkeln.
5. Rd: 3x (2 fM, 1 fM verdoppeln) (= 12 M).
6.-8. Rd: Jeweils 12 fM häkeln.
9. Rd: 3x (3 fM, 1 fM verdoppeln) (= 15 M).
10.-14. Rd: Jeweils 15 fM häkeln.
15. Rd: 3x (3 fM, 2 fM zusammen abmaschen) (= 12 M).
16.+17. Rd: Jeweils 12 fM häkeln.
18. Rd: 3x (2 fM, 2 fM zusammen abmaschen) (= 9 M).
Um die Flügel richtig positionieren zu können, muss zunächst das Kleid gehäkelt werden.

Kleid

Für das Kleid zunächst einen Rock an die Figur häkeln. Dazu die Figur auf den Kopf drehen.
Den Faden in Eisgrün an der 8. Rd des Körpers mit 1 stehenden Km anketten. Nun wie folgt Stb in geschlossenen Rd arb, dabei jede Rd mit 2 Steige-Lm beginnen und mit 1 Km schließen.
1. Rd: In die vorderen M-Glieder arb: 18x (1 Stb, 1 Stb verdoppeln) (= 54 M).
2. Rd: 18x (2 Stb, 1 Stb verdoppeln) (= 72 M).
3.+4. Rd: Jeweils 72 Stb häkeln.
Den Faden abschneiden, die Rd unsichtbar schließen und den Faden vernähen.
Nun noch 1 Rd hStb mit Flauschgarn in Naturweiß arb. Dafür mit 1 stehenden Km anketten und 2 Steige-Lm anschl.
5. Rd: 72 hStb häkeln.
Den Faden abschneiden, die Rd unsichtbar schließen und alle Fäden vernähen.
Nun die Taillenbordüre an den Rock häkeln.
Dafür in Naturweiß an der 9. Rd des Körpers anketten und wie folgt 1 Rd fM arb.

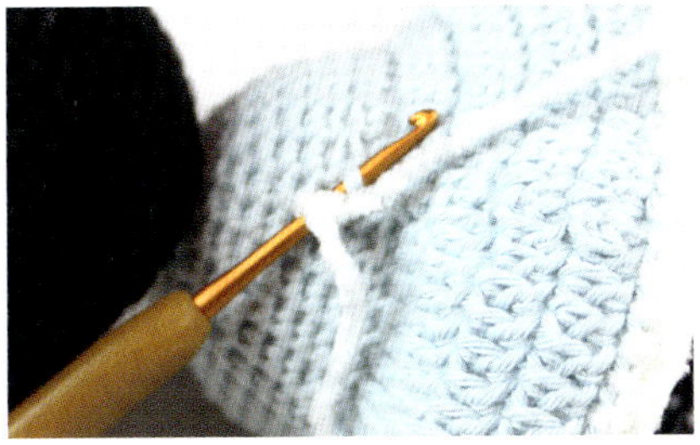

1. Rd: 36 fM in die vorderen M-Glieder arb.

Den Faden abschneiden, die Rd unsichtbar schließen und den Faden vernähen.

Ohrenwärmer

Die Muscheln und der Bügel werden einzeln gefertigt und anschließend zusammengefügt.

Muschel (2x)

Die Muscheln bestehen ebenfalls aus je 2 Teilen.

Für die Vorderseite der Muschel in Creme einen Magic-Ring anschl.

1. Rd: 6 fM in den Ring häkeln, festziehen (= 6 M).

Nun wie folgt fM in Spiralrd arb.

2. Rd: 3x (1 fM, 1 fM verdoppeln) (= 9 M).

3. Rd (Flieder): 3x (2 fM, 1 fM verdoppeln) (= 12 M).

4. Rd (Creme): 6x (1 fM, 1 fM verdoppeln) (= 18 M).

5. Rd: 18 fM häkeln.

6. Rd (Flieder): 18 fM häkeln.

Den Faden abschneiden, die Rd unsichtbar schließen und den Faden vernähen.

Für die Rückseite der Muschel noch einen Kreis wie folgt arb.

In Creme einen Magic-Ring anschl.

1. Rd: 6 fM in den Ring häkeln, festziehen (= 6 M).

Nun wie folgt fM in Spiralrd arb.

2. Rd (Flieder): Jede fM verdoppeln (= 12 M).

3. Rd (Creme): 6x (1 fM, 1 fM verdoppeln) (= 18 M).

Den Faden abschneiden, die Rd unsichtbar schließen und den Faden vernähen.

Nun Vorder- und Rückseite der Muschel zusammenhäkeln.

Dafür die beiden Teile M auf M aufeinanderlegen.

In Naturweiß mit 1 stehenden fM an beide Teile anketten und rundherum fM häkeln, dabei in die übereinanderliegenden M der Vorder- und Rückseite der Muschel arb. Die Muschel nach und nach stopfen.

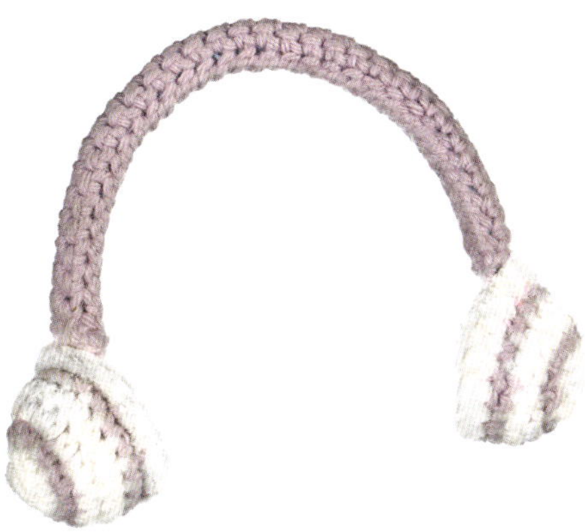

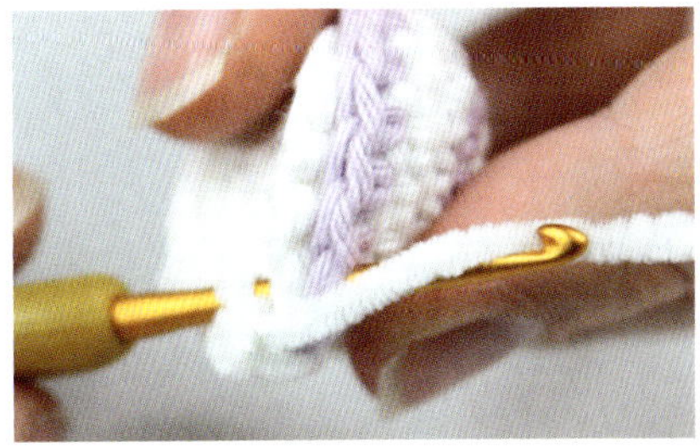

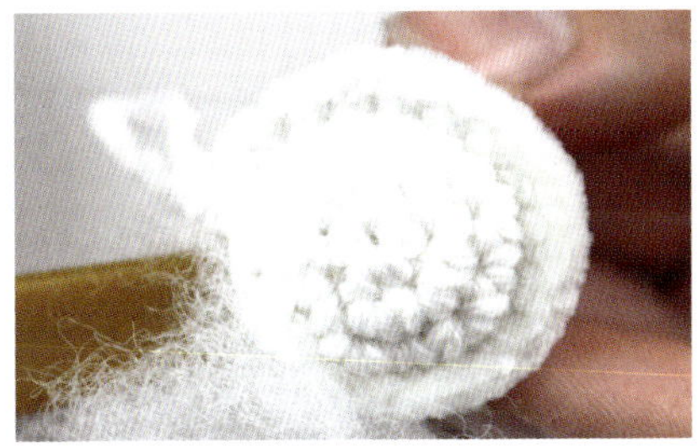

Mit 1 Km in die 1. M der Rd schließen. Den Faden abschneiden und vernähen. Die 2. Muschel genauso fertigen.

Bügel

Für den Bügel in Flieder 32 Lm und 1 Wende-Lm anschl.

Dabei am Kopf des Pinguins überprüfen, ob der Bügel die richtige Länge hat. Dann ggf. mehr oder weniger Lm anschl und die Anzahl der fM in der 1.-4. R entsprechend anpassen.

Nun wie folgt fM in R arb. Dabei am Ende jeder R 1 Lm arb und wenden. In der letzten R entfällt beides.

1.-4. R: Jeweils 32 fM häkeln.

Den Faden ca. 20 cm lang abschneiden und durch die letzte M ziehen.

Ein Stück Chenilledraht etwas kürzer als den Bügel abschneiden.

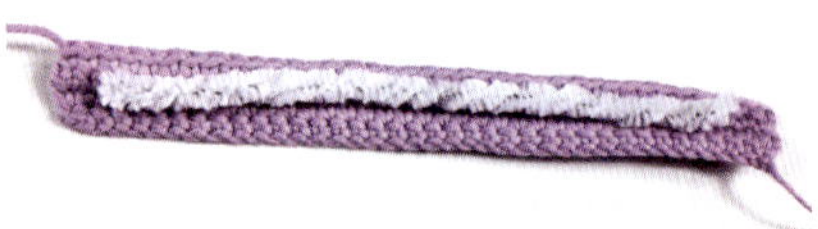

Nun den Draht in die Mitte des Häkelstücks legen und dieses über dem Draht zusammennähen.

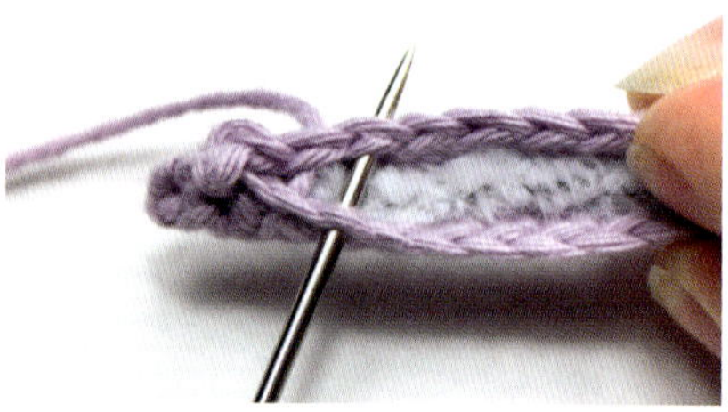

Dann in Flieder die beiden Seitenteile an die Bügelenden nähen.

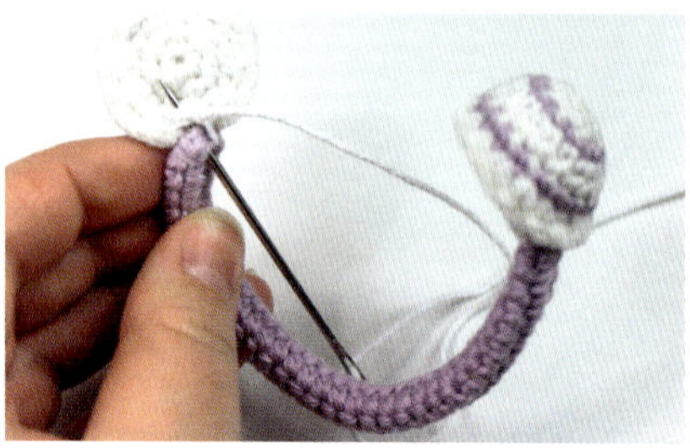

Tipp: Der Ohrenwärmer kann auch ohne Draht am Kopf des Pinguins befestigt werden. Dann für den Bügel nur 2 R fM arb.

Schal

In Flieder 75 Lm und 1 Wende-Lm anschl.

Die Lm-Kette wie folgt mit fM umhäkeln.

1. Rd: 74 fM bis zum Ende der Lm-Kette, 3 fM in die letzte M, auf der anderen Seite 74 fM zurück häkeln (= 151 M).

Mit 1 Km in die 1. M der Rd schließen.

Den Faden abschneiden, durch die letzte M ziehen und vernähen.

Tipp: Die Länge des Schals lässt sich variieren, indem mehr oder weniger Lm angeschlagen werden. Wenn statt fM hStb oder Stb gearbeitet werden, wird der Schal breiter.

Pompon (2x)

Zur Verzierung des Schals in Creme 2 Pompons (ø ca. 3 cm) nach der Anleitung S. 139 oder mit einem Pompon-Maker anfertigen.

Schneemann

Körper

In Creme einen Magic-Ring anschl.

1. Rd: 6 fM in den Ring häkeln, festziehen (= 6 M).

Nun wie folgt fM in Spiralrd arb.

2. Rd: Jede fM verdoppeln (= 12 M).

3. Rd: 6x (1 fM, 1 fM verdoppeln) (= 18 M).

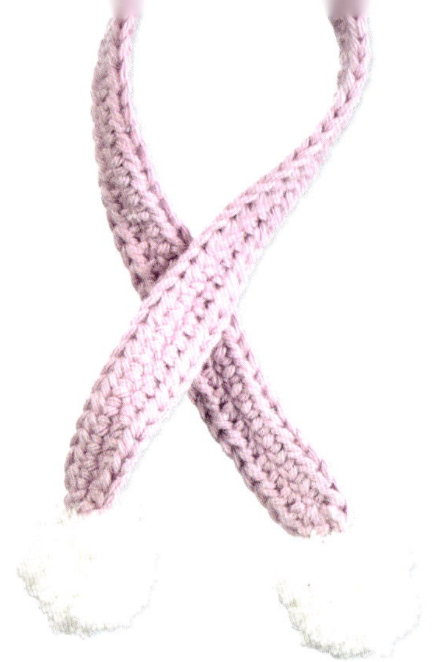

4. Rd: 6x (2 fM, 1 fM verdoppeln) (= 24 M).

5. Rd: 6x (3 fM, 1 fM verdoppeln) (= 30 M).

6. Rd: 6x (4 fM, 1 fM verdoppeln) (= 36 M).

7.–11. Rd: Jeweils 36 fM häkeln.

12. Rd: 6x (4 fM, 2 fM zusammen abmaschen) (= 30 M).

13.–15. Rd: Jeweils 30 fM häkeln.

16. Rd: 6x (3 fM, 2 fM zusammen abmaschen) (= 24 M).

17. Rd: 24 fM häkeln.

18. Rd: 6x (3 fM, 1 fM verdoppeln) (= 30 M).

19. Rd: 6x (4 fM, 1 fM verdoppeln) (= 36 M).

20.–25. Rd: Jeweils 36 fM häkeln.

Nun zwischen der 22. und 23. Rd die Sicherheitsaugen mit 7 M Abstand anbringen.

Mit Stickgarn in Schwarz die Augenbrauen aufsticken und auf die Wangen etwas Rouge auftragen.

Den Schneemann fest stopfen.

26. Rd: 6x (4 fM, 2 fM zusammen abmaschen) (= 30 M).

27. Rd: 6x (3 fM, 2 fM zusammen abmaschen) (= 24 M).

28. Rd: 6x (2 fM, 2 fM zusammen abmaschen) (= 18 M).

29. Rd: 6x (1 fM, 2 fM zusammen abmaschen) (= 12 M).
Den Schneemann nochmals fest stopfen.
30. Rd: 6x (2 fM zusammen abmaschen) (= 6 M).
Zum Verschließen den Faden ca. 15 cm lang abschneiden und durch die letzte M ziehen. Den Faden mit einer Stickndl von außen nach innen durch jedes vordere M-Glied der verbliebenen M führen. Den Faden festziehen und vernähen.

Nase

In Apricot einen Magic Ring anschl.
1. Rd: 4 fM in den Ring häkeln, festziehen (= 4 M).
Nun wie folgt fM in Spiralrd arb.
2. Rd: 4 fM häkeln.
3. Rd: 2x (1 fM, 1 fM verdoppeln) (= 6 M).
Mit 1 Km schließen.
Den Faden ca. 15 cm lang abschneiden und durch die letzte M ziehen. Die Nase am Kopf des Schneemanns festnähen.

Arm

Für den Arm in Creme einen Magic Ring anschl.
1. Rd: 6 fM in den Ring häkeln, festziehen (= 6 M).
Nun wie folgt fM in Spiralrd arb.
2.-5. Rd: Jeweils 6 fM häkeln.
Den Arm zusammendrücken und die obere Öffnung schließen. Dafür 3 fM durch beide Seiten des Arms häkeln.
Den 2. Arm genauso fertigen.
Nun beide Arme zwischen der 14. und 15. Rd am Körper des Schneemanns festnähen.

Knopf

In Eisgrün einen Magic-Ring anschl.
1. Rd: 5 fM in den Ring häkeln, festziehen, mit 1 Km in die 1. fM schließen (= 5 M).
Den Faden ca. 15 cm lang abschneiden und durch die letzte M ziehen.
Den 2. Knopf genauso fertigen.
Beide Knöpfe am Körper des Schneemanns festnähen.

Tipp: Alternativ können die Knöpfe auch aufgestickt oder echte Knöpfe verwendet werden.

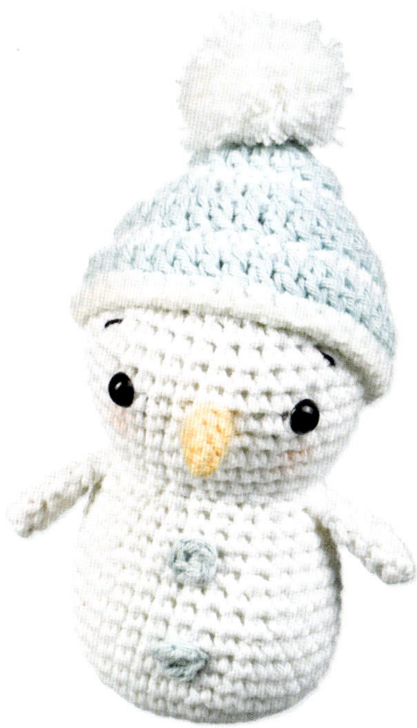

Mütze

In Eisgrün einen Magic-Ring anschl.
1. Rd: 6 Stb in den Ring häkeln, festziehen (= 6 M).
Nun wie folgt fM und Stb in geschlossenen Rd häkeln. Dabei am Beginn der Rd wie angegeben Steige-Lm arb und am Ende mit 1 Km schließen.
2. Rd: 2 Steige-Lm, jedes Stb verdoppeln (= 12 M).
3. Rd (Creme): 1 Steige-Lm. 6x (1 fM, 1 fM verdoppeln) (=18 M).
4. Rd (Eisgrün): 2 Steige-Lm, 6x (2 Stb, 1 Stb verdoppeln) (= 24 M).
5. Rd: 2 Steige-Lm, 24 Stb häkeln.
6. Rd (Creme): 1 Steige-Lm, 6x (3 fM, 1 fM verdoppeln) (= 30 M).
7. Rd (Eisgrün): 2 Steige-Lm, 30 Stb häkeln.
8. Rd (Creme): 1 Steige-Lm, 30 fM häkeln.
9. Rd (Naturweiß): 2 Steige-Lm, 6x (4 Stb, 1 Stb verdoppeln) (= 36 M).
Den Faden abschneiden, die Rd unsichtbar schließen und den Faden vernähen.
Nun noch 1 Rd fM in Naturweiß arb.
Dafür mit 1 stehenden Km an die 9. Rd anketten und rundherum 36 fM häkeln.
Den Faden abschneiden, die Rd unsichtbar schließen und den Fäden nach innen vernähen.

Pompon

Für die Mütze in Creme 1 Pompon (ø ca. 3 cm) nach der Anleitung S. 139 oder mit einem Pompon-Maker anfertigen.

Februar

Im grauen Februar wird es bei Penelope Panda so richtig bunt, laut und fröhlich. Es ist Faschingszeit. Wer lässt sich denn vom Schmuddelwetter die Laune verderben, wenn drinnen gefeiert, getanzt und genascht wird, wenn überall kunterbunte Girlanden hängen und Luftballons umherfliegen? Penelope jedenfalls nicht. Sie verkleidet sich für ihr Leben gern und denkt sich für das Faschingsfest mit ihren Freunden immer etwas ganz Besonderes aus. Dieses Jahr ist aus dem manchmal tollpatschigen Bärenmädchen eine anmutige Ballerina geworden. Mit dem Partyhut ist das Outfit perfekt. So werden die Februarwolken einfach weggetanzt.

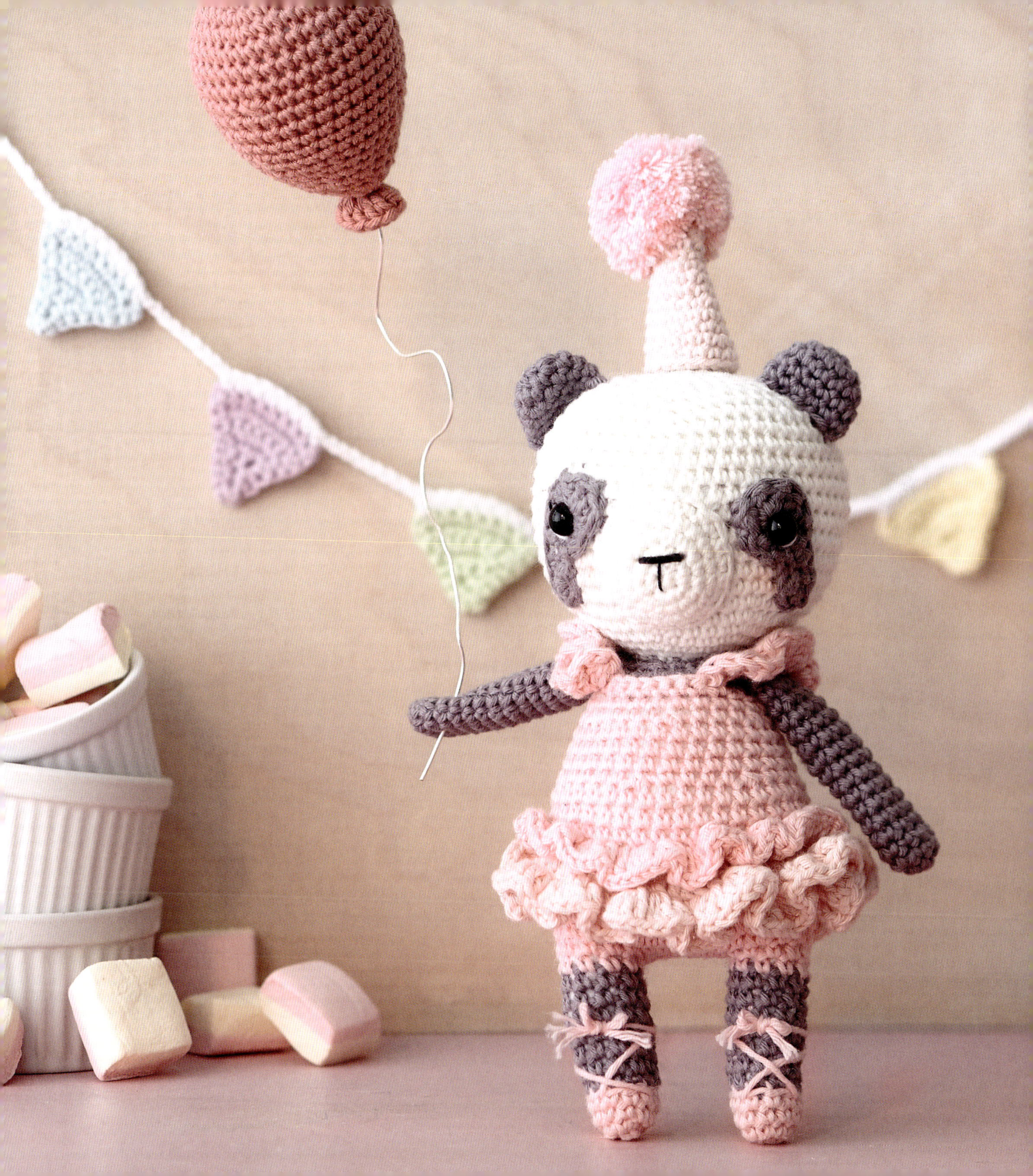

SCHWIERIGKEIT

Größe
ca. 19 cm

PENELOPE PANDA

Panda

Rico Design Creative RICO-RUMI DK (LL 57,5 m/25 g) in Bonbonrosa (Fb 12) und Mausgrau (Fb 59), je 25 g, Creme (Fb 02), 20 g, Rose (Fb 08), 15 g, Schwarz (Fb 60) und Weiß (Fb 01), Reste

Stickgarn in Schwarz, Rest

Häkelnadel 2,5 mm

1 Paar Sicherheitsaugen in Schwarz, ø 8 mm

Rouge

Füllwatte

Maschenmarkierer

Stecknadeln

abgerundete Kinderschere als Ausstopfhilfe

Maschenmarkierer

Sticknadel zum Vernähen

Luftballon

Rico Design Creative RICO-RUMI DK (LL 57,5 m/25 g) in Altrosa (Fb 10), 15 g

Häkelnadel 2,5 mm

Füllwatte

Basteldraht in Silber, z. B. Rayher Silberdraht mit Kupferkern, ø 1,0 mm, ca. 13 cm lang

Heißkleber

Sticknadel zum Vernähen

Girlande

Rico Design Creative RICO-RUMI DK (LL 57,5 m/25 g) in Vanille (Fb 05), Rose (Fb 08), Pastellgrün (Fb 45), Flieder (Fb 17), Eisgrün (Fb 37) und Weiß (Fb 01), je 8 g

Häkelnadel 2,5 mm

Sticknadel zum Vernähen

Partyhut

Rico Design Creative RICO-RUMI DK (LL 57,5 m/25 g) in Rose (Fb 08), 15 g und Bonbonrosa (Fb 12), 10 g

Häkelnadel 2,5 mm

Gabel oder Pompon-Maker für den Pompon

Sticknadel zum Vernähen

Augenpatch (2x)

In Mausgrau 6 Lm und 2 Wende-Lm anschl.

Die Lm-Kette wie folgt mit fM umhäkeln.

3 Stb in 1 Lm, 2 Stb in 1 Lm, 1 hStb, 1 fM, 1 Km, 3 hStb in 1 Lm, auf der anderen Seite 1 hStb, 1 Km, 1 Km, 1 Stb, 1 Stb zurück häkeln (= 16 M).

Mit 1 Km in die 1. M schließen, den Faden ca. 20 cm lang abschneiden und durch die letzte M ziehen.

Das 2. Augenpatch genauso fertigen.

Die Augenpatches zunächst zur Seite legen.

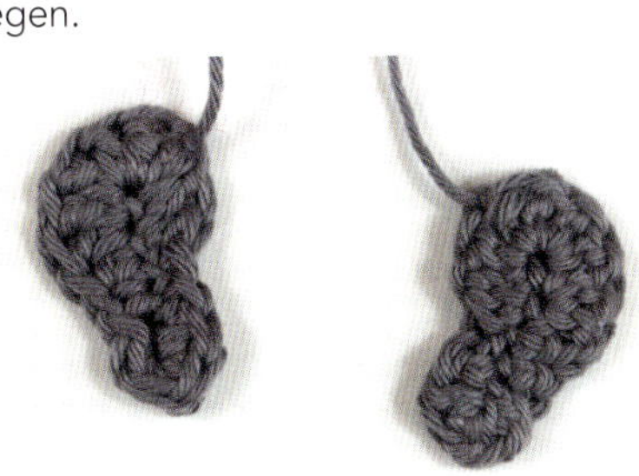

Beine

Die Beine nach der Basic-Anleitung S. 118 mit folgendem Fb-Muster häkeln und in Bonbonrosa verbinden.

1.-4. Rd: Bonbonrosa

5. Rd: Mausgrau nur in die hinteren M-Glieder arbeiten.

6.-10. Rd: Mausgrau

11.+12. Rd: Bonbonrosa

Dann die Beine sehr fest stopfen.

Körper

Nun den Körper in Spiralrd in Bonbonrosa anhäkeln.

1. Rd: 4x (7 fM, 1 fM verdoppeln) (= 36 M).

2.-5. Rd: Jeweils 36 fM häkeln.

6.+7. Rd: 36 fM nur in die hinteren M-Glieder arb.

8.+9. Rd: Jeweils 36 fM häkeln.

10. Rd: 6x (4 fM, 2 fM zusammen abmaschen) (= 30 M).

11.-13. Rd: Jeweils 30 fM häkeln.

14. Rd: 6x (3 fM, 2 fM zusammen abmaschen) (= 24 M).

15. Rd: 24 fM häkeln.

16. Rd (Mausgrau): 24 fM nur in die hinteren M-Glieder arb.

Den Körper sehr fest stopfen.

17. Rd: 6x (2 fM, 2 fM zusammen abmaschen) (= 18 M).

18. Rd: 6x (1 fM, 2 fM zusammen abmaschen) (= 12 M).

19. Rd (Creme): 12 fM häkeln.

Die Schlaufe mit einem M-Markierer sichern und den Faden noch nicht abschneiden. Es geht, nachdem der Kragen und die Träger des Kleides gefertigt wurden, mit dem Kopf weiter.

Den Körper nochmals sehr fest stopfen.

Kragen und Träger

In Bonbonrosa mit 1 stehenden Km hinten in der Mitte der 15. Rd des Körpers (vor dem Fb-Wechsel zu Grau) anketten. Nun wie folgt fM in Spiralrd arb.

1. Rd: In die vorderen M-Glieder arb: 4 fM, 10 Lm, 4 M überspringen, 8 fM, 10 Lm, 4 M überspringen, 4 fM (= 36 M).

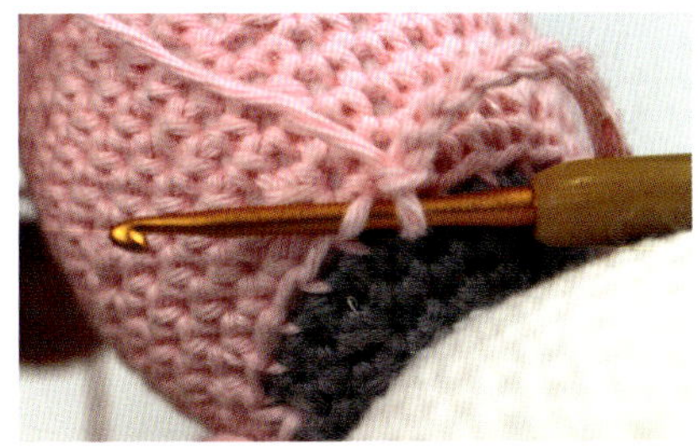

2. Rd: 4 fM, 10x (3 Stb in 1 Lm), 8 Km, 10x (3 Stb in 1 Lm), 4 fM (= 76 M).

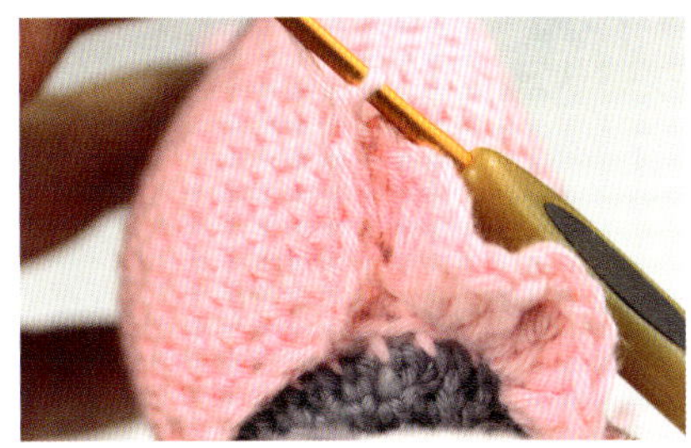

Mit 1 Km in die nächste M schließen, den Faden abschneiden und vernähen.

Kopf

Den Faden in Creme am Kopf wieder aufnehmen.

1. Rd: Jede fM verdoppeln (= 24 M).

2. Rd: 6x (3 fM, 1 fM verdoppeln) (= 30 M).

3. Rd: 6x (4 fM, 1 fM verdoppeln) (= 36 M).

4. Rd: 6x (5 fM, 1 fM verdoppeln) (= 42 M).

5. Rd: 6x (6 fM, 1 fM verdoppeln) (= 48 M).

6. Rd: 6x (7 fM, 1 fM verdoppeln) (= 54 M).

7.-16. Rd: Jeweils 54 fM häkeln.

17. Rd: 6x (7 fM, 2 fM zusammen abmaschen) (= 48 M).

18. Rd: 6x (6 fM, 2 fM zusammen abmaschen) (= 42 M).

Nun die Sicherheitsaugen zusammen mit den Augenpatches aufbringen.

Die Patches so positionieren, dass der breite, runde Teil nach oben zeigt. Die Augen mittig durch den runden Teil der Augenpatches durchstechen, jedoch noch nicht verschließen.

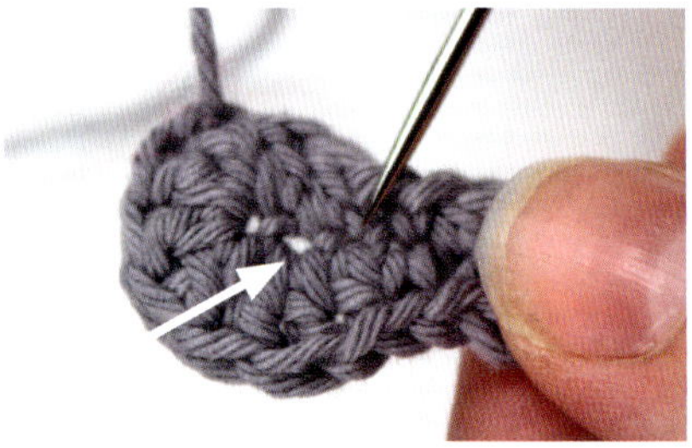

In Weiß die Lichtpunkte und mit Stickgarn in Schwarz die Wimpern auf beide Augenpatches sticken. Die Fäden auf der Rückseite vernähen.

Nun die Patches so am Kopf anbringen, dass sich die Augen etwa zwischen der 9. und 10. Rd des Kopfes in einem Abstand von 11-12 M befinden.

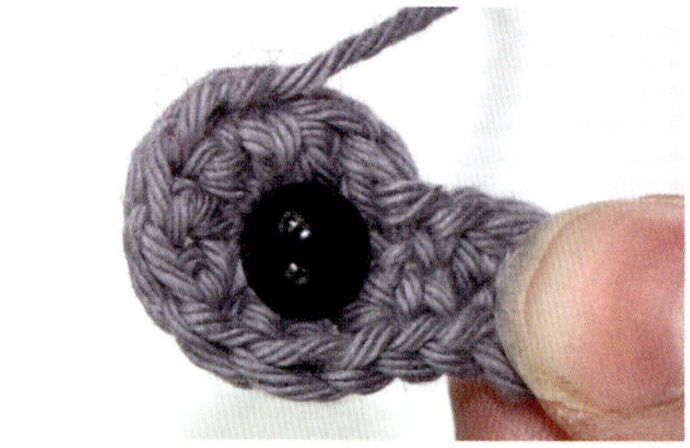

Die Sicherheitsaugen verschließen, jedoch die Patches noch nicht annähen.

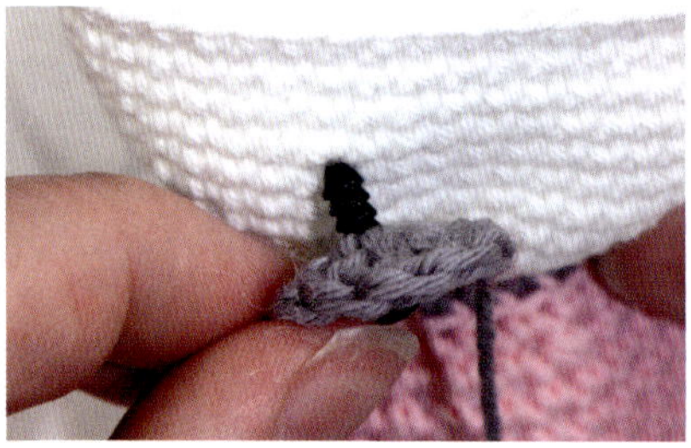

Den Kopf sehr fest stopfen.

19. Rd: 6x (5 fM, 2 fM zusammen abmaschen) (= 36 M).

20. Rd: 6x (4 fM, 2 fM zusammen abmaschen) (= 30 M).

21. Rd: 6x (3 fM, 2 fM zusammen abmaschen) (= 24 M).

22. Rd: 6x (2 fM, 2 fM zusammen abmaschen) (= 18 M).

23. Rd: 6x (fM, 2 fM zusammen abmaschen) (= 12 M).

Den Kopf nochmals sehr fest stopfen und die Patches in Mausgrau annähen. Auf die Wangen etwas Rouge auftragen.

24. Rd: 6x (2 fM zusammen abmaschen) (= 6 M).

Zum Verschließen den Faden ca. 15 cm lang abschneiden und durch die letzte M ziehen. Den Faden mit einer Sticknd von außen nach innen durch jedes vordere M-Glied der verbliebenen M führen. Den Faden festziehen und vernähen.

Arm (2x)

Den Arm nach der Basic-Anleitung S. 120 2x in Mausgrau häkeln.

Zum Annähen die Arme unter den Trägern hindurchführen und an der 18. Rd befestigen.

Tutu

Für das Tutu werden 2 einzelne Röcke übereinander gefertigt. Dazu die Figur auf den Kopf drehen.

Für den unteren Rock den Faden in Rose an die 5. Rd des Körpers mit 1 stehenden Km anketten. Dann wie folgt Stb in geschlossenen Rd häkeln, dabei jede Rd mit 2 Steige-Lm beginnen und mit 1 Km schließen.

1. Rd: In die vorderen M-Glieder arb: 18x (1 Stb, 1 Stb verdoppeln) (= 54 M).

2. Rd: 4 Stb in jedes Stb der Vorrd häkeln (= 216 M).

Den Faden abschneiden, die Rd unsichtbar schließen und den Faden vernähen.

Für den oberen Rock den Faden an die 7. Rd des Körpers mit 1 stehenden Km anketten. Nun wie folgt Stb in geschlossenen Rd häkeln, dabei jede Rd mit 2 Steige-Lm beginnen und mit 1 Km schließen.

1. Rd: In die vorderen M-Glieder arb: Bis zum Ende der Rd im Wechsel 3 Stb in 1 M der Vorrd und 4 Stb in 1 M der Vorrd häkeln (= 126 M).

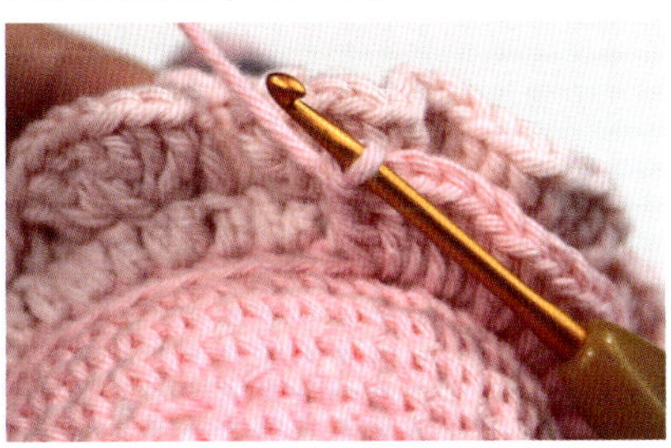

Schnauze

In Creme einen Magic-Ring anschl.

1. Rd: 6 fM in den Ring häkeln, festziehen (= 6 M).

Nun wie folgt fM in Spiralrd arb.

2. Rd: Jede fM verdoppeln (= 12 M).

3. Rd: 6x (1 fM, 1 fM verdoppeln) (= 18 M).

4. Rd: 6x (2 fM, 1 fM verdoppeln) (= 24 M).

Den Faden ca. 20 cm lang abschneiden und durch die letzte M ziehen.

In Schwarz vorne auf die Schnauze die Nase in T-Form aufsticken. Den Faden auf der Innenseite der Schnauze vernähen.

Die Schnauze mittig am Kopf festnähen und dabei nach und nach stopfen.

Ohr (2x)

In Mausgrau einen Magic-Ring anschl.

1. Rd: 6 fM in den Ring häkeln, festziehen (= 6 M).

Nun wie folgt fM in Spiralrd arb.

2. Rd: Jede fM verdoppeln (= 12 M).

3.-5. Rd: Jeweils 12 fM häkeln.

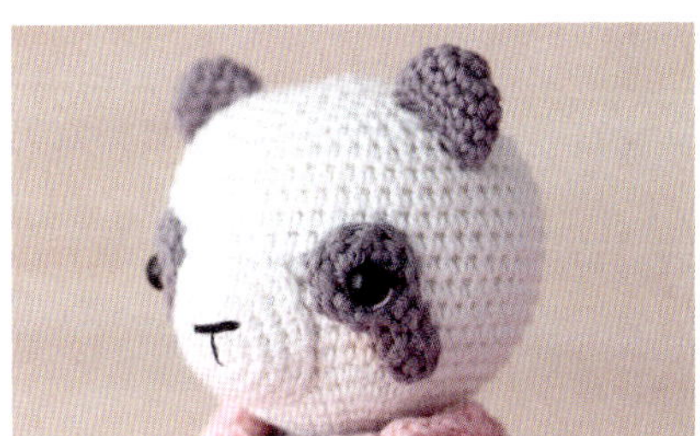

Den Faden ca. 20 cm lang abschneiden und das Ohr seitlich am Kopf festnähen. Das 2. Ohr genauso fertigen und an der anderen Kopfseite festnähen.

Tanzschuh (2x)

Für die Schnürung des Tanzschuhes in Bonbonrosa einen Faden ca. 25 cm lang abschneiden.

Den Faden mit einer Sticknd an der Vorderseite eines Beins so durch die letzte Rd vor dem Fb-Wechsel zu Mausgrau ziehen, dass mit 2 M Abstand links und rechts ein etwa gleichlanges Stück herausschaut. Hiermit nun die Schnürung wie folgt binden.

Die Fäden kreuzen, die Enden um das Bein herum führen, vorn eine Schleife binden und den Faden kürzen.

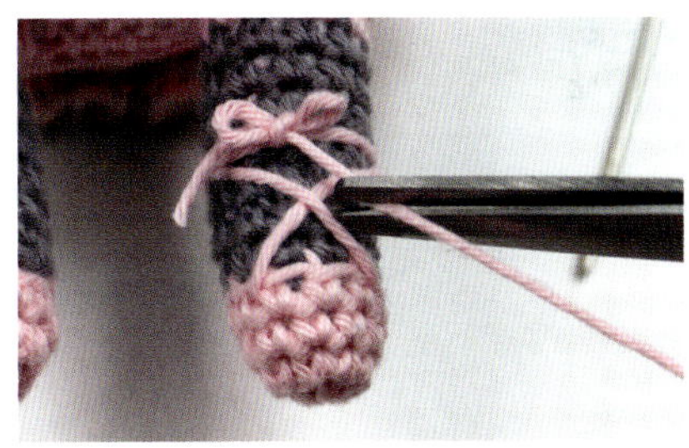

Damit die Schnürung besser hält, kann sie mit einem 2. Faden in Bobonrosa mit ein paar Stichen fixiert werden. Diesen Faden dann auf der Rückseite des Beins vernähen.

Den 2. Tanzschuh genauso fertigen.

Luftballon

In Altrosa einen Magic-Ring anschl.
1. Rd: 6 fM in den Ring häkeln, festziehen (= 6 M).
Nun wie folgt fM in Spiralrd arb.
2. Rd: Jede fM verdoppeln (= 12 M).
3. Rd: 6x (1 fM 1 fM verdoppeln) (= 18 M).
4. Rd: 6x (2 fM, 1 fM verdoppeln) (= 24 M).
5. Rd: 6x (3 fM, 1 fM verdoppeln) (= 30 M).
6. Rd: 6x (4 fM, 1 fM verdoppeln) (= 36 M).
7.–9. Rd: Jeweils 36 fM häkeln.
10. Rd: 3x (10 fM, 2 fM zusammen abmaschen) (= 33 M).
11.–13. Rd: Jeweils 33 fM häkeln.
14. Rd: 3x (9 fM, 2 fM zusammen abmaschen) (= 30 M).
15. Rd: 30 fM häkeln.
16. Rd: 6x (3 fM, 2 fM zusammen abmaschen) (= 24 M).
17. Rd: 24 fM häkeln.
18. Rd: 6x (2 fM, 2 fM zusammen abmaschen) (= 18 M).
19. Rd: 18 fM häkeln.
Den Ballon stopfen.
20. Rd: 6x (1 fM, 2 fM zusammen abmaschen) (= 12 M).
21. Rd: 12 fM häkeln.
22. Rd: 6x (2 fM zusammen abmaschen) (= 6 M).
Den Ballon nochmals stopfen.

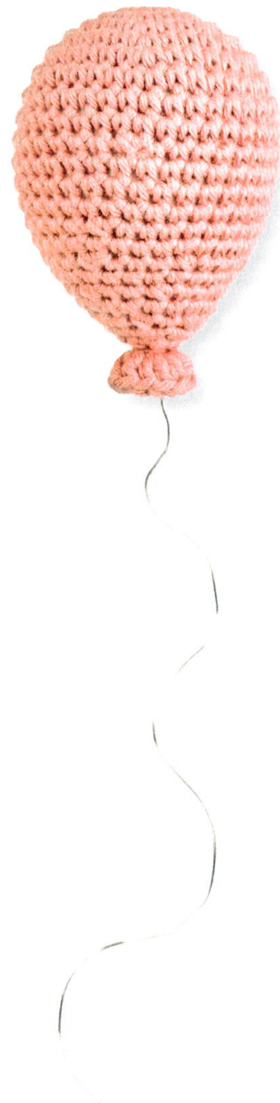

Nun noch 1 geschlossene Rd Stb wie folgt arb.
23. Rd: 2 Steige-Lm, 1 Stb in jede fM der Vorrd, 1 Km in die 1. M (= 6 M).
Den Faden abschneiden, durch die letzte M ziehen und vernähen.

Ballonfaden

Ein Stück Draht ca. 13 cm lang abschneiden, einen Tropfen Heißkleber auf ein Ende geben und unten in den Ballon stecken. Den Kleber vollständig trocknen lassen und den Draht in die gewünschte Form biegen.
Zum Schluss das kleine Loch unten am Ballon mit 1-2 Stichen in Altrosa verschließen.

Tipp: Sollen Kinder mit der Figur spielen, den Draht durch einen Faden ersetzen, der unten an den Ballon gebunden wird.

Girlande

Für die Girlande werden 5 Wimpel gehäkelt und durch eine Lm-Kette miteinander verbunden.

Wimpel

Für einen Wimpel in Eisgrün 1 Lm und 1 Wende-Lm anschl.
Nun wie folgt fM in R arb. Dabei am Ende jeder R 1 Lm arb und wenden. In der letzten R entfällt beides.
1. R: 1 fM häkeln.
2. R: Jede fM verdoppeln (= 2 M).
3. R: Jede fM verdoppeln (= 4 M).
4. R: 1 fM verdoppeln, 2 fM, 1 fM verdoppeln (= 6 M).
5. R: 1 fM verdoppeln, 4 fM, 1 fM verdoppeln (= 8 M).
6. R: 8 fM häkeln.

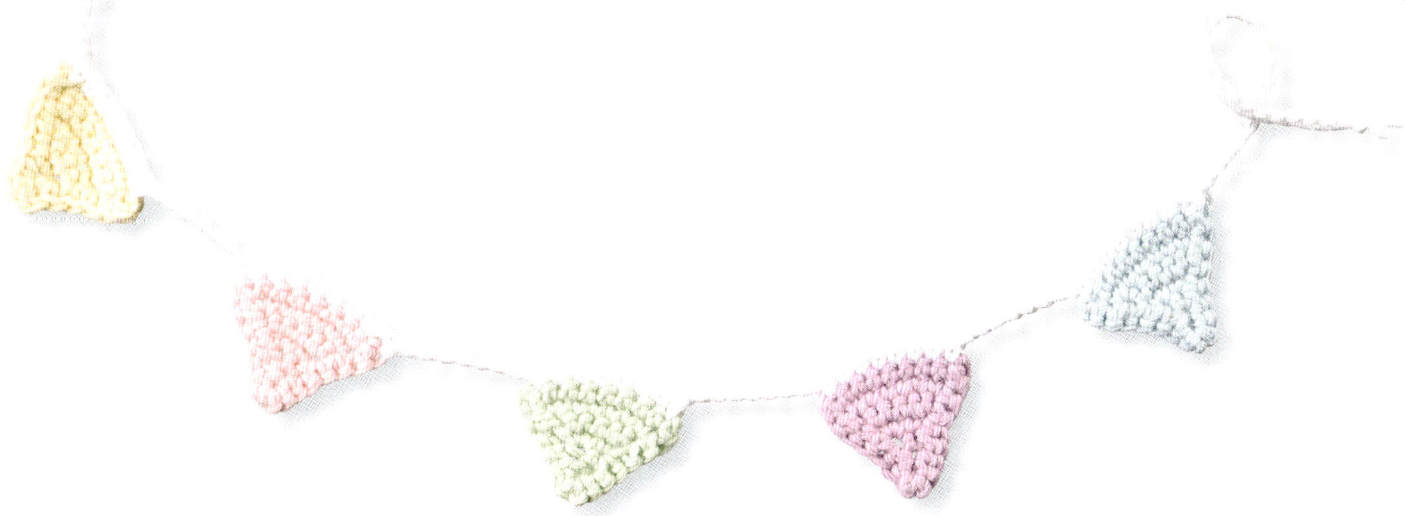

Zum Schluss die Längsseiten mit fM umhäkeln, dabei an der Spitze 3 fM in 1 M arb und mit 1 Km schließen.
Den Faden abschneiden, durch die letzte M ziehen und vernähen.
Noch je 1 Wimpel in Flieder, Pastellgrün, Rose und Vanille genauso fertigen.

Girlande

Nun die Wimpel wie folgt zu einer Girlande verbinden.
In Weiß 25 Lm anschl, 8 fM über den Wimpel in Eisgrün arb, 8 Lm, 8 fM über den Wimpel in Flieder arb, 8 Lm, 8 fM über den Wimpel in Pastellgrün arb, 8 Lm, 8 fM über den Wimpel in Rose arb, 8 Lm, 8 fM über den Wimpel in Vanille arb, 25 Lm (= 122 M).
Beide Enden verknoten und das Garn abschneiden.

Partyhut

In Rose einen Magic-Ring anschl.
1. Rd: 6 fM in den Ring häkeln, festziehen (= 6 M).
Nun wie folgt fM in Spiralrd arb.
2. Rd: 6 fM häkeln.
3. Rd: 3x (1 fM, 1 fM verdoppeln) (= 9 M).
4. Rd: 9 fM häkeln.
5. Rd: 3x (2 fM, 1 fM verdoppeln) (= 12 M).
6.+7. Rd: Jeweils 12 fM häkeln.
8. Rd: 3x (3 fM, 1 fM verdoppeln) (= 15 M).
9. Rd: 15 fM häkeln.
10. Rd: 3x (4 fM, 1 fM verdoppeln) (= 18 M).
11. Rd: 18 fM häkeln.
Den Faden abschneiden, durch die letzte M ziehen und vernähen.
Alternativ den Faden ca. 20 cm lang abschneiden, durch die letzte M ziehen und den Hut am Kopf festnähen.

Wenn der Hut später abgesetzt werden soll, ein Hutband wie folgt fertigen.
In Rose eine Lm-Kette in ausreichender Länge anschl und an der anderen Seite des Hutes anketten. Den Faden abschneiden, verknoten und vernähen.

Pompon

Für die Spitze des Hutes in Bonbonrosa 1 Pompon (ø ca. 3 cm) nach der Anleitung S. 139 oder mit einem Pompon-Maker fertigen und oben auf dem Hut festnähen.

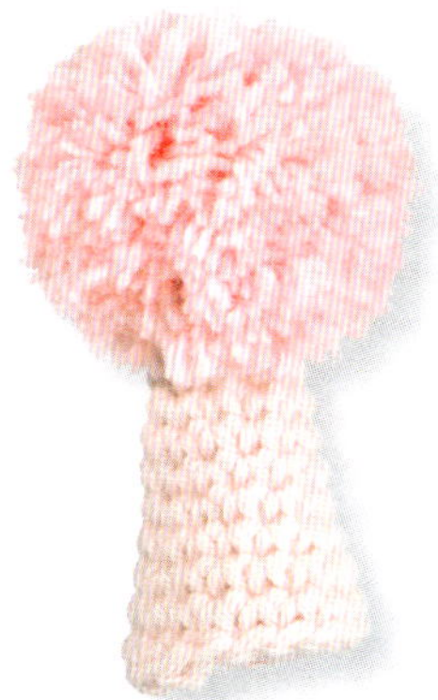

März

Mit dem März kommt der Frühling, der Winter verabschiedet sich und die ersten Blumen strecken ihre Köpfe heraus. Für Olivia Otter sind sie das Schönste. Mit ihrem grünen Kleid, der rosafarbenen Tasche und dem wunderschönen Blütenschmuck hat sie sich fein herausgeputzt. So begrüßt sie den Frühling mit all seinen herrlichen Farben, Düften und Geräuschen. Schwirrt da nicht auch schon ein mutiges Bienchen umher? Mit einer Tulpe zieht die bunte Pracht auch in Olivias Haus ein. Wie herrlich, wenn alles wieder zum Leben erwacht!

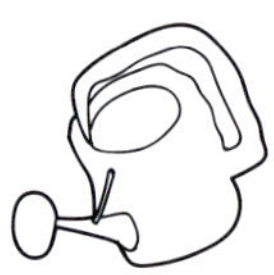

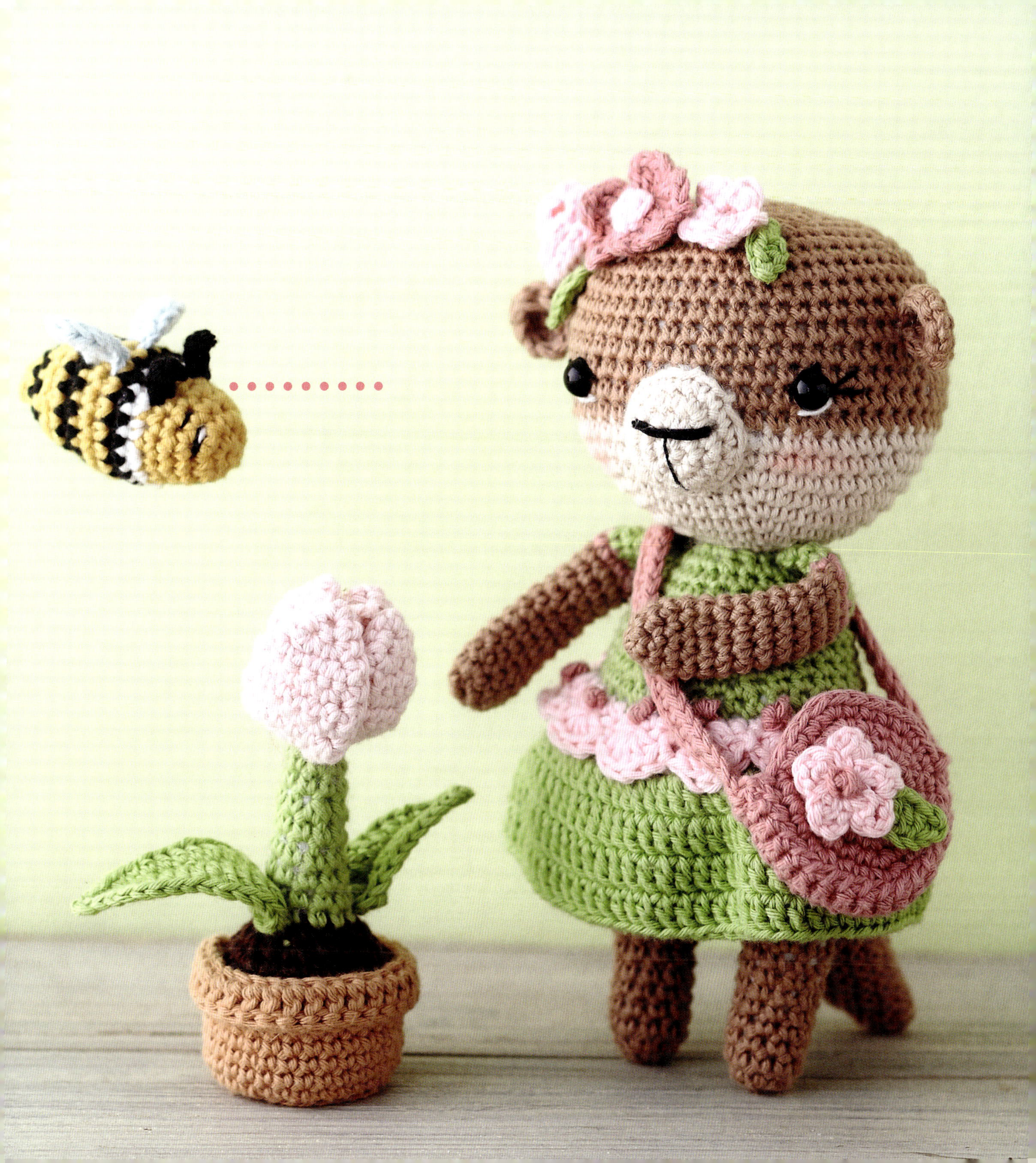

SCHWIERIGKEIT ●●●

Größe
ca. 20 cm

OLIVIA OTTER

Otter

Rico Design Creative RICO-RUMI DK (LL 57,5 m/25 g) in Nougat (Fb 56), 30 g, Pistazie (Fb 47), 25 g, Natur (Fb 54) und Bonbonrosa (Fb 12), je 15 g, Altrosa (Fb 10) und Rose (Fb 08), je 10 g und Weiß (Fb 01), Rest

Stickgarn in Schwarz, Rest

Häkelnadel 2,5 mm

1 Paar Sicherheitsaugen in Schwarz, ø 8 mm

Rouge

Füllwatte

Maschenmarkierer

Stecknadeln

abgerundete Kinderschere als Ausstopfhilfe

Sticknadel zum Vernähen

Tasche

Rico Design Creative RICO-RUMI DK (LL 57,5 m/25 g) in Altrosa (Fb 10), 15 g

Häkelnadel 2,5 mm

Sticknadel zum Vernähen

Blume im Topf

Rico Design Creative RICO-RUMI DK (LL 57,5 m/25 g) in Karamell (Fb 53), 20 g, Pistazie (Fb 47) und Rose (Fb 08), je 15 g und Schokolade (Fb 57), 10 g

Häkelnadel 2,5 mm

Füllwatte

Sticknadel zum Vernähen

Biene

Rico Design Creative RICO-RUMI DK (LL 57,5 m/25 g) in Schwarz (Fb 60) und Safran (Fb 63), je 15 g und in Hellblau (Fb 33), 10 g und Weiß (Fb 01), Rest

Stickgarn in Schwarz und Weiß, Reste

Häkelnadel 2,5 mm

Füllwatte

Sticknadel zum Vernähen

Beine

Die Beine nach der Basic-Anleitung S. 118 mit folgendem Fb-Muster häkeln und in Pistazie verbinden.

1.-11. Rd: Nougat

12. Rd: Pistazie

Dann die Beine sehr fest stopfen.

Körper

Nun den Körper in Spiralrd in Pistazie anhäkeln.

1. Rd: 4x (7 fM, 1 fM verdoppeln) (= 36 M).

2.-7. Rd: Jeweils 36 fM häkeln.

8.+9. Rd: 36 fM nur in die hinteren M-Glieder arb.

10. Rd: 6x (4 fM, 2 fM zusammen abmaschen) (= 30 M).

11.-13. Rd: Jeweils 30 fM häkeln.

14. Rd: 6x (3 fM, 2 fM zusammen abmaschen) (= 24 M).

15.+16. Rd: Jeweils 24 fM häkeln.

Den Körper sehr fest stopfen.

17. Rd: 6x (2 fM, 2 fM zusammen abmaschen) (= 18 M).

18. Rd: 6x (1 fM, 2 fM zusammen abmaschen) (= 12 M).

19. Rd (Natur): 12 fM häkeln.

Den Körper nochmals sehr fest stopfen. Den Faden nicht abschneiden, es geht mit dem Kopf weiter.

Kopf

Den Kopf in Spiralrd in Natur arb.

1. Rd: Jede fM verdoppeln (= 24 M).

2. Rd: 6x (3 fM, 1 fM verdoppeln) (= 30 M).

3. Rd: 6x (4 fM, 1 fM verdoppeln) (= 36 M).

4. Rd: 6x (5 fM, 1 fM verdoppeln) (= 42 M).

5. Rd: 6x (6 fM, 1 fM verdoppeln) (= 48 M).

6. Rd: 6x (7 fM, 1 fM verdoppeln) (= 54 M).

7.+8. Rd: Jeweils 54 fM häkeln.

9. Rd (Nougat): 54 fM häkeln.

10.-16. Rd: Jeweils 54 fM häkeln.

17. Rd: 6x (7 fM, 2 fM zusammen abmaschen) (= 48 M).

18. Rd: 6x (6 fM, 2 fM zusammen abmaschen) (= 42 M).

Nun zwischen der 9. und 10. Rd des Kopfes die Sicherheitsaugen mit einem Abstand von 12 M anbringen. In Weiß die Lichtpunkte und mit Stickgarn in Schwarz die Wimpern aufsticken. Auf die Wangen etwas Rouge auftragen.

Den Kopf sehr fest stopfen.

19. Rd: 6x (5 fM, 2 fM zusammen abmaschen) (= 36 M).

20. Rd: 6x (4 fM, 2 fM zusammen abmaschen) (= 30 M).

21. Rd: 6x (3 fM, 2 fM zusammen abmaschen) (= 24 M).

22. Rd: 6x (2 fM, 2 fM zusammen abmaschen) (= 18 M).

23. Rd: 6x (fM, 2 fM zusammen abmaschen) (= 12 M).

Den Kopf nochmals sehr fest stopfen.

24. Rd: 6x (2 fM zusammen abmaschen) (= 6 M).

Zum Verschließen den Faden ca. 15 cm lang abschneiden und durch die letzte M ziehen. Den Faden mit einer Sticknd von außen nach innen durch jedes vordere M-Glied der verbliebenen M führen. Den Faden festziehen und vernähen.

Schnauze

In Natur einen Magic-Ring anschl.

1. Rd: 6 fM in den Ring häkeln, festziehen (= 6 M).

Nun wie folgt fM in Spiralrd arb.

2. Rd: Jede fM verdoppeln (= 12 M).

3. Rd: 6x (1 fM, 1 fM verdoppeln) (= 18 M).

4. Rd: 18 fM häkeln.

Den Faden ca. 20 cm lang abschneiden und durch die letzte M ziehen.

Nun mit Stickgarn in Schwarz vorne auf die Schnauze die Nase in T-Form aufsticken. Den Faden auf der Innenseite der Schnauze vernähen.

Die Schnauze so mittig am Kopf festnähen, dass sie oben etwa auf der Hälfte der Augen abschließt. Dabei nach und nach stopfen.

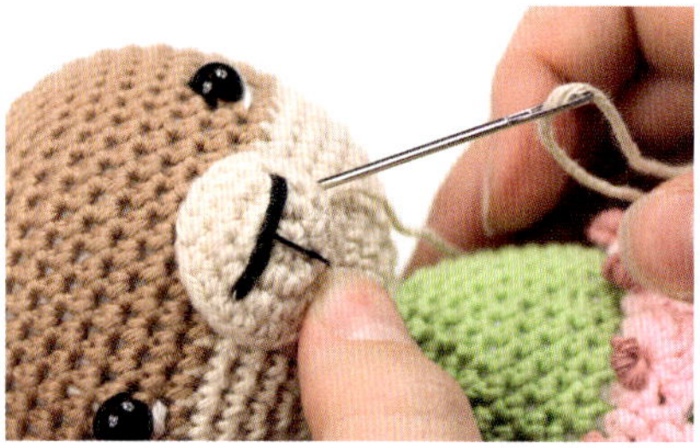

Ohr (2x)

In Nougat einen Magic-Ring anschl.
1. Rd: 5 fM in den Ring häkeln, festziehen (= 5 M).
Nun wie folgt fM in Spiralrd arb.
2. Rd: Jede fM verdoppeln (= 10 M).
3. Rd: Jeweils 10 fM häkeln.
Den Faden ca. 20 cm lang abschneiden, das Ohr unten etwas zusammendrücken und seitlich am Kopf festnähen.

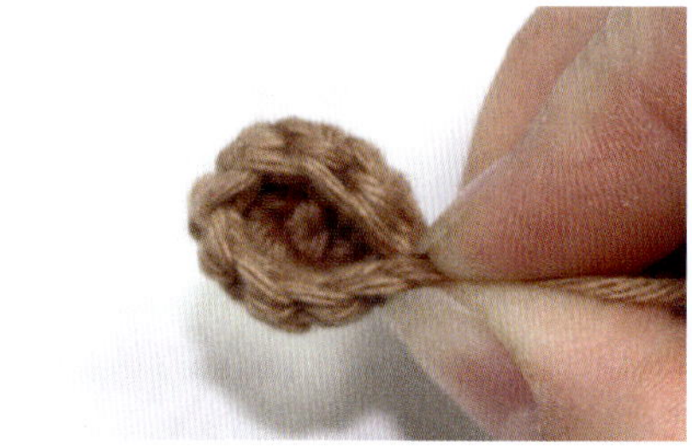

Das 2. Ohr genauso fertigen und an der anderen Kopfseite festnähen.

Kleid

Für das Kleid zunächst einen Rock an die Figur häkeln. Dazu die Figur auf den Kopf drehen.
Den Faden in Pistazie an der 7. Rd des Körpers mit 1 stehenden Km anketten. Nun wie folgt Stb in geschlossenen Rd häkeln. Dabei jede Rd mit 2 Steige-Lm beginnen und mit 1 Km schließen.
1. Rd: In die vorderen M-Glieder arb: 36x (2 Stb in 1 M der Vorrd) (= 72 M).
2.-5. Rd: Jeweils 72 Stb häkeln.
Den Faden abschneiden, die Rd unsichtbar schließen und alle Fäden vernähen.

Taillenbordüre

Für die angehäkelte Taillenbordüre in Rose mit 1 stehenden Km an der 8. Rd des Körpers anketten und wie folgt arb.
In die vorderen M-Glieder arb: 1 Steige-Lm, 12x (2 hStb, 2 hStb in 1 M der Vorrd), 1 Km (= 48 M).
Nun die 12 Bögen der Bordüre wie folgt arb.
1 fM, 1 M überspringen, 5 Stb in die nächste M, 1 M überspringen, 11x (1 Km, 1 M überspringen, 5 Stb in die nächste M, 1 M überspringen), 1 Km (= 73 M).
Den Faden ca. 20 cm lang abschneiden, die Rd unsichtbar schließen und den Anfangsfaden vernähen.

Nun in der Mitte jedes Bogens in Altrosa je 1 Knötchenstich nach der Anleitung S. 137 arb oder die Blütenstempel aufsticken, indem ein paar Mal von rechts nach links und von oben nach unten gestochen wird.
Wenn sich die Bordüre zu sehr nach oben wölbt, kann sie mit dem langen Endfaden rundherum mit ein paar Stichen am Rock befestigt werden. Dabei den Faden nicht zu fest anziehen, da sich der Rock sonst zusammenzieht.

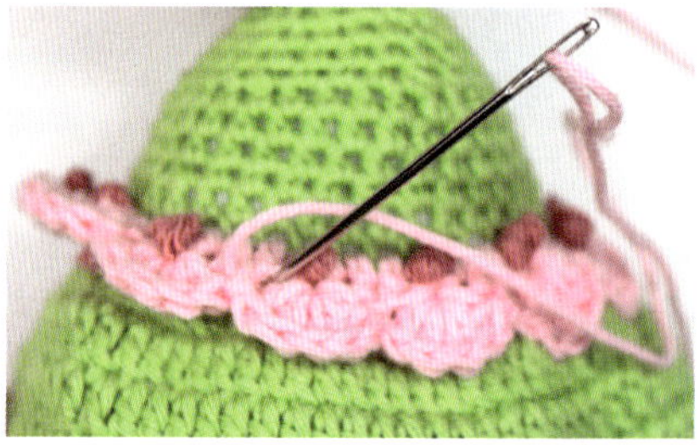

Den Faden vernähen.

Arm (2x)

Den Arm nach der Basic-Anleitung S. 120 2x mit folgendem Fb-Muster häkeln.
1.-11. Rd: Nougat
12. Rd: Altrosa
13.-17. Rd: Pistazie
Die Arme bündig links und rechts am Körper zwischen der 16. und 17. Rd festnähen.

Schwanz

In Nougat einen Magic-Ring anschl.
1. Rd: 6 fM in den Ring häkeln, festziehen (= 6 M).
Nun wie folgt fM in Spiralrd arb.
2. Rd: 6 fM häkeln.
3. Rd: 3x (1 fM, 1 fM verdoppeln) (= 9 M).
4.+5. Rd: Jeweils 9 fM häkeln.
6. Rd: 3x (2 fM, 1 fM verdoppeln) (= 12 M).
7.+8. Rd: Jeweils 12 fM häkeln.
9. Rd: 3x (3 fM, 1 fM verdoppeln) (= 15 M).
10.+11. Rd: Jeweils 15 fM häkeln.
12. Rd: 3x (4 fM, 1 fM verdoppeln) (= 18 M).
13.-15. Rd: Jeweils 18 fM häkeln. (= 18 M).
16. Rd: 3x (5 fM, 1 fM verdoppeln) (= 21 M).
17.+18. Rd: Jeweils 21 fM häkeln.
Den Schwanz sehr fest stopfen.
Den Faden ca. 20 cm lang abschneiden und durch die letzte M ziehen.
Den Schwanz auf der Rückseite etwa 2 Rd unterhalb des Rockes annähen.

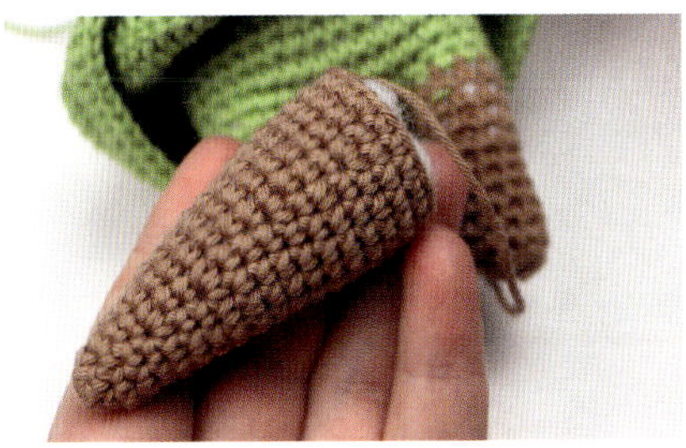

Tipp: Wenn der Schwanz beim Annähen entsprechend positioniert wird, kann die Figur später stehen.

Kopfschmuck

Es werden zunächst alle Teile des Kopfschmucks gefertigt und später zusammen am Kopf arrangiert.

Rose

In Rose 18 Lm und 2 Wende-Lm anschl. Dabei einen etwas längeren Anfangsfaden lassen, mit diesem wird später die Rose befestigt.
Nun wie folgt Stb in R arb. Dabei am Ende jeder R 2 Steige-Lm arb und wenden. In der letzten R entfällt beides.
1. R: 18 Stb häkeln.
2. R (Bonbonrosa): 9x (1 Km, 2 Lm, 1 Km) (= 24 M).
Den Arbeitsfaden abschneiden, durch die letzte M ziehen und vernähen.
Nun den Streifen zu einer Rose aufrollen und mit dem langen Anfangsfaden in dieser Form zusammennähen.

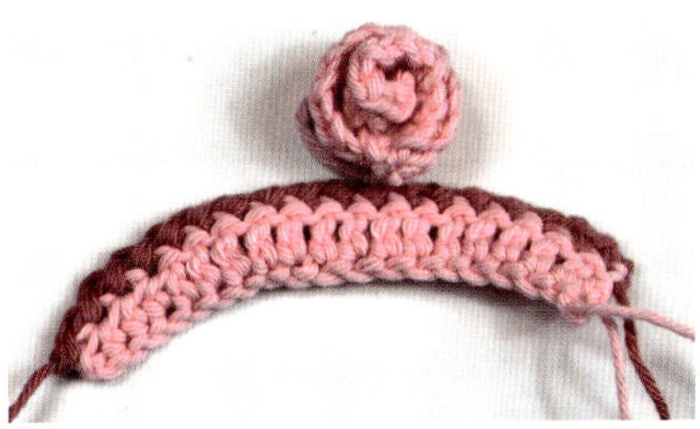

Große Blume

Für die große Blume Blüte und Blütenstempel einzeln anfertigen.
Für die Blüte in Altrosa einen Magic-Ring anschl.
1. Rd: 5 fM in den Ring häkeln, festziehen (= 5 M).
2. Rd: 5x (3 Lm, 2 Stb, 3 Lm, 1 Km) in 1 M der Vorrd (= 45 M).
Für den Blütenstempel in Bonbonosa einen Magic-Ring anschl, 4 fM in den Ring häkeln, mit 1 Km schließen.
Den Faden durch die Km ziehen und den Stempel oben in der Mitte der Blüte aufnähen.

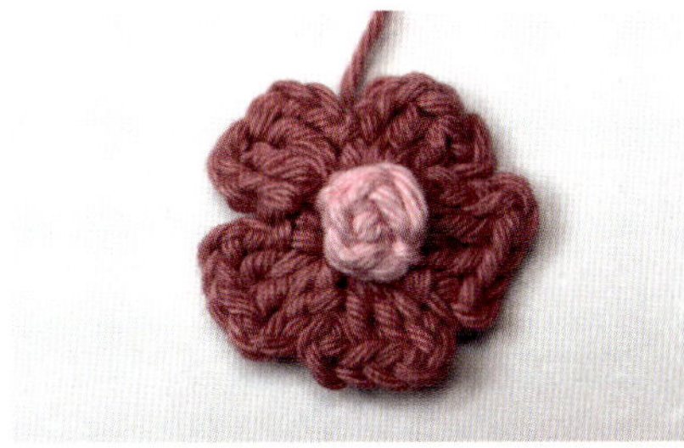

Kleine Blume

In Rose 4 Lm anschl.
In diese Lm nun nacheinander die Blütenblätter arb.
Für das 1. Blütenblatt (1 Stb, 1 Km) in die 1. Lm häkeln.
Die 4 weiteren Blütenblätter nacheinander wie folgt arb, die folgende Sequenz also insgesamt 4x häkeln: (3 Lm, 1 Stb in die 1. Lm, 3 Lm, 1 Km) in dieselbe M.
Den Faden ca. 20 cm lang abschneiden und durch die letzte M ziehen.

Für den Blütenstempel in Altrosa entweder einen Knötchenstich nach der Anleitung S. 137 in der Mitte arb oder den Blütenstempel aufsticken, indem der Faden ein paar Mal von links nach rechts und von oben nach unten durch die Blüte geführt wird. Im Bild ist links eine Blüte mit Knötchenstich und rechts die bestickte Variante zu sehen.

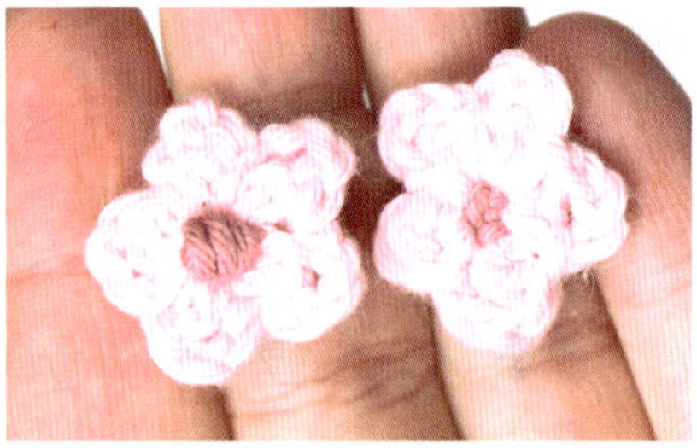

Eine 2. kleine Blume für die Tasche genauso häkeln.

Blätter

Für das lange Blatt in Pistazie 6 Lm und 1 Wende-Lm anschl und 1 Km, 1 hStb, 1 Stb, 1 Stb, 1 hStb, 1 Km entlang der Lm-Kette zurück häkeln.
Den Faden ca. 20 cm lang abschneiden und durch die letzte M ziehen.
Das lange Blatt noch ein 2. Mal fertigen, da es auch für die Tasche benötigt wird.
Für das kurze Blatt in Pistazie 4 Lm und 1 Wende-Lm anschl und 1 Km, 1 hStb, 1 hStb, 1 Km entlang der Lm-Kette zurück häkeln.
Den Faden ca. 20 cm lang abschneiden und durch die letzte M ziehen.
Das kurze Blatt noch ein 2. Mal fertigen.

Nun die Blüten und Blätter am Kopf des Otters arrangieren und festnähen.

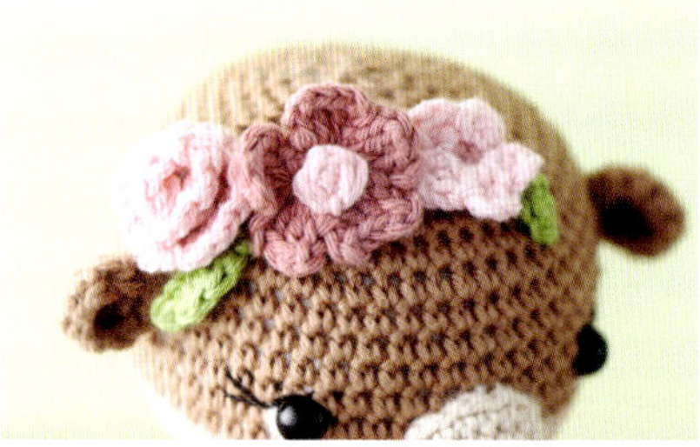

Für die Tasche 1 kleine Blume und 1 langes Blatt zurückzulegen.

Tasche

Für die Tasche 2 Kreise und 1 schmales Rechteck als Seitenteil arb.
Für den Kreis in Altrosa einen Magic-Ring anschl.
1. Rd: 6 fM in den Ring häkeln, festziehen (= 6 M).
Nun wie folgt fM in Spiralrd arb.
2. Rd: Jede fM verdoppeln (= 12 M).
3. Rd: 6x (1 fM, 1 fM verdoppeln) (= 18 M).
4. Rd: 6x (2 fM, 1 fM verdoppeln) (= 24 M).
5. Rd: 6x (3 fM, 1 fM verdoppeln) (= 30 M).
Den Faden ca. 30 cm lang abschneiden und durch die letzte M ziehen.
Den 2. Kreis genauso fertigen.
Für das Seitenteil 18 Lm und 1 Wende-Lm anschl.
Nun wie folgt fM in R arb. Dabei am Ende jeder R 1 Lm arb und wenden. In der letzten R entfällt beides.

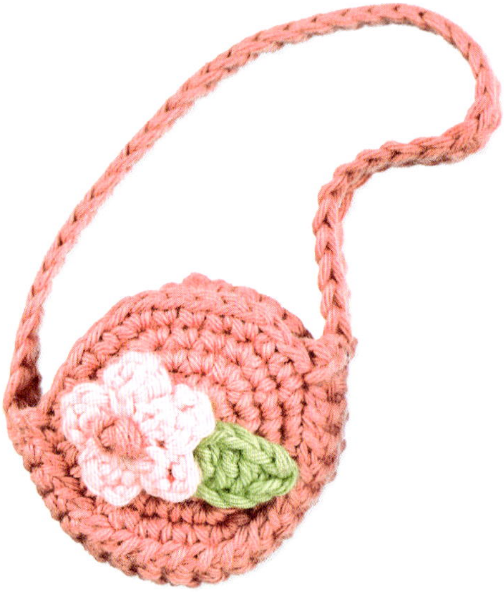

1.+2. R: Jeweils 18 fM häkeln.
Den Faden abschneiden, die Rd unsichtbar schließen und den Faden vernähen.
Anschließend das Seitenteil nacheinander an beiden Kreisen entlang der Rundung festnähen.

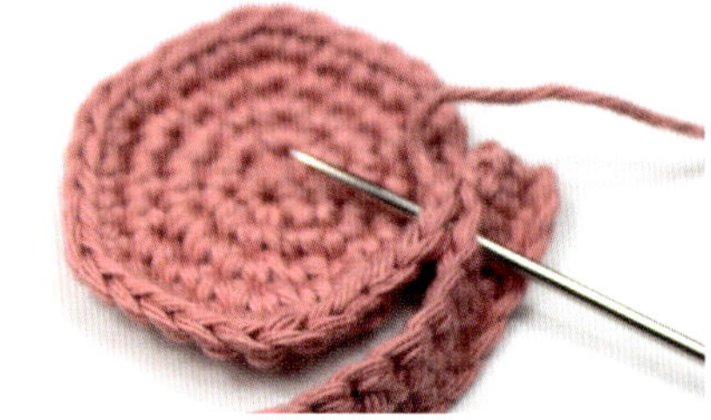

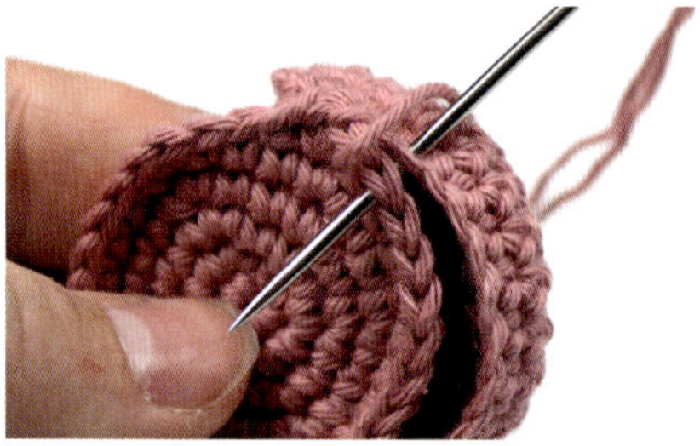

An der Vorderseite die kleine Blume und das lange Blatt aufnähen.

Henkel

In Altrosa mit 1 stehenden Km an der Mitte des Seitenrandes der Tasche anketten, 42 Lm und 1 Wende-Lm anschl, 42 fM zurück häkeln und mit 1 Km in die Anfangs-M schließen.
Den Faden abschneiden und vernähen.
Zum Schluss die andere Seite des Henkels am gegenüberliegenden Seitenrand festnähen.

Blume im Topf

Topf

In Karamell einen Magic-Ring anschl.
1. Rd: 6 fM in den Ring häkeln, festziehen (= 6 M).
Nun wie folgt fM in Spiralrd arb.
2. Rd: Jede fM verdoppeln (= 12 M).
3. Rd: Jede fM verdoppeln (= 24 M).
4. Rd: 6x (3 fM, 1 fM verdoppeln) (= 27 M).
5. Rd: 27 fM nur in die hinteren M-Glieder arb.
6.-10. Rd: Jeweils 27 fM häkeln.
Nun noch 1 geschlossene Rd Stb wie folgt arb.
10. Rd: In die vorderen M-Glieder arb: 2 Lm, 27 Stb, 1 Km in die 1. M (= 30 M).
Den Faden ca. 20 cm lang abschneiden und durch die letzte M ziehen.
Zum Schluss die letzte Rd nach außen umklappen und mit ein paar Stichen als Topfrand fixieren.

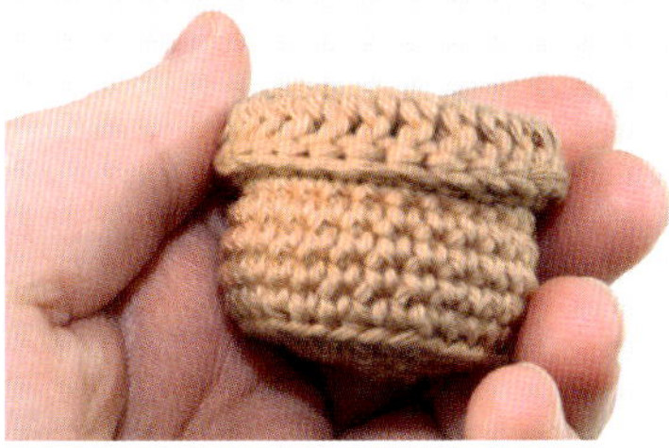

Blumenerde

In Schokolade einen Magic-Ring anschl.
1. Rd: 6 fM in den Ring häkeln, festziehen (= 6 M).
Nun wie folgt fM in Spiralrd arb.
2. Rd: Jede fM verdoppeln (= 12 M).
3. Rd: Jede fM verdoppeln (= 24 M).
4.-7. Rd: Jeweils 24 fM häkeln.
8. Rd: 6x (2 fM, 2 fM zusammen abmaschen) (= 18 M).
9. Rd: 6x (1 fM, 2 fM zusammen abmaschen) (= 12 M).
10. Rd: 2x (4 fM, 2 fM zusammen abmaschen) (= 10 M).
Die Blumenerde stopfen.

Blütenstängel

Nun wie folgt den Blütenstängel anhäkeln und dabei nach und nach stopfen.
11.-14. Rd (Pistazie): Jeweils 10 fM häkeln.
15. Rd: 2x (3 fM, 2 fM zusammen abmaschen) (= 8 M).
16.-19. Rd: Jeweils 8 fM häkeln.
Zum Verschließen den Faden ca. 15 cm lang abschneiden und durch die letzte M ziehen. Den Faden mit einer Stickndl von außen nach innen durch jedes vordere M-Glied der verbliebenen M führen. Den Faden festziehen und vernähen.

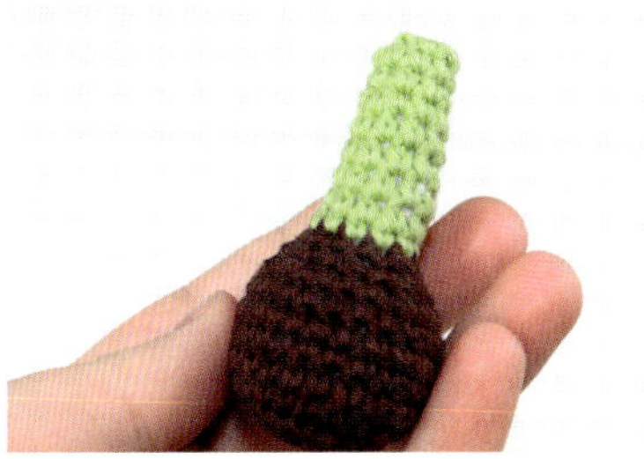

Den Blütenstängel mit der Blumenerde in den Topf stecken.

Blüte

Für die Blüte werden 3 kleine und 2 große Blütenblätter gefertigt und anschließend zusammengefügt.
Für ein kleines Blütenblatt in Rose 1 Lm und 1 Wende-Lm anschl.
Nun wie folgt fM in R häkeln. Dabei am Ende jeder R 1 Lm arb und wenden. In der letzten R entfällt beides.
1. R: 1 fM häkeln.
2. R: Jede fM verdoppeln (= 2 M).
3. R: Jede fM verdoppeln (= 4 M).
4.-8. R: Jeweils 4 fM häkeln.
9. R: 2x (2 fM zusammen abmaschen) (= 2 M).
Nun den Blütenrand mit fM umhäkeln, dabei an der oberen Spitze (1 fM, 1 Lm, 1 fM) in die gleiche M arb.

Den Faden ca. 20 cm lang abschneiden und durch die letzte M ziehen.

2 weitere kleine Blütenblätter genauso fertigen.

Für ein großes Blütenblatt in Rose 1 Lm und 1 Wende-Lm anschl.

Nun wie folgt fM in R häkeln. Dabei am Ende jeder R 1 Lm arb und wenden. In der letzten R entfällt beides.

1. R: 1 fM häkeln.

2. R: Jede fM verdoppeln (= 2 M).

3. R: Jede fM verdoppeln (= 4 M).

4. R: 1 fM verdoppeln, 2 fM, 1 fM verdoppeln (= 6 M).

5.-10. R: Jeweils 6 fM häkeln.

11. R: 2 fM zusammen abmaschen, 2 fM, 2 fM zusammen abmaschen (= 4 M).

12. R: 2x (2 fM zusammen abmaschen) (= 2 M).

Nun den Blütenrand mit fM umhäkeln, dabei an der oberen Spitze (1 fM, 1 Lm, 1 fM) in die gleiche M arb.

Den Faden ca. 20 cm lang abschneiden und durch die letzte M ziehen.

Die 3 kleinen Blütenbläter rundherum so an den Blütenstängel nähen, dass sie sich berühren und eine Knospe bilden.

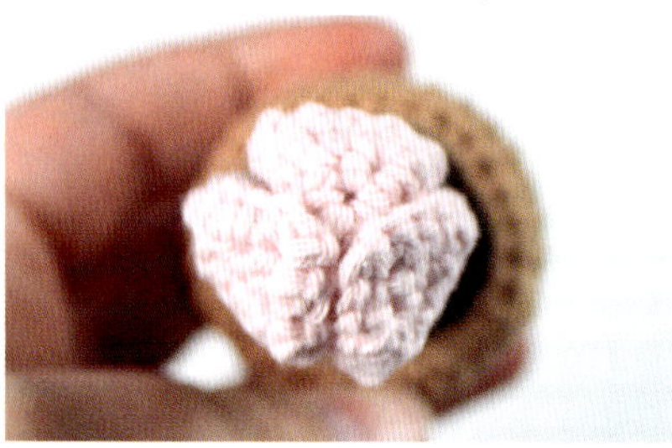

Anschließend die 2 großen Blütenblätter einander gegenüber um die 3 kleinen Blütenblätter an den Stängel nähen.

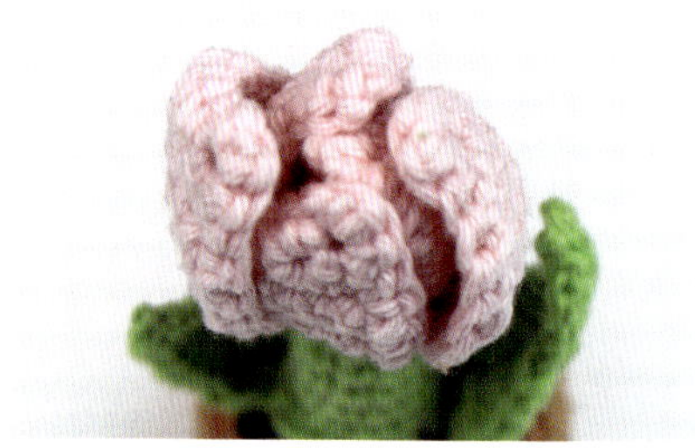

Blatt

1 kleines und 1 großes Blatt arb und an den Blütenstängel nähen.

Für das kleine Blatt in Pistazie 10 Lm und 1 Wende-Lm anschl.

Die Lm-Kette wie folgt mit fM umhäkeln.

2 Km, 2 fM, 2 hStb, 3 Stb, 3 Stb in 1 Lm, auf der anderen Seite 3 Stb, 2 hStb, 2 fM, 2 Km zurück häkeln (= 21 M).

Den Faden abschneiden, durch die letzte M ziehen und vernähen.

Das Blatt mit einem Faden in Pistazie unten an den Blütenstängel annähen.

Für das große Blatt in Pistazie 14 Lm und 1 Wende-Lm anschl.

Die Lm-Kette wie folgt mit fM umhäkeln.

2 Km, 2 fM, 4 hStb, 6 Stb, 3 Stb in 1 Lm, auf der anderen Seite 6 Stb, 4 hStb, 2 fM, 2 Km zurück häkeln (= 31 M).

Den Faden abschneiden und vernähen.

Das Blatt mit einem Faden in Pistazie gegenüber dem kleineren Blatt unten an den Blütenstängel annähen.

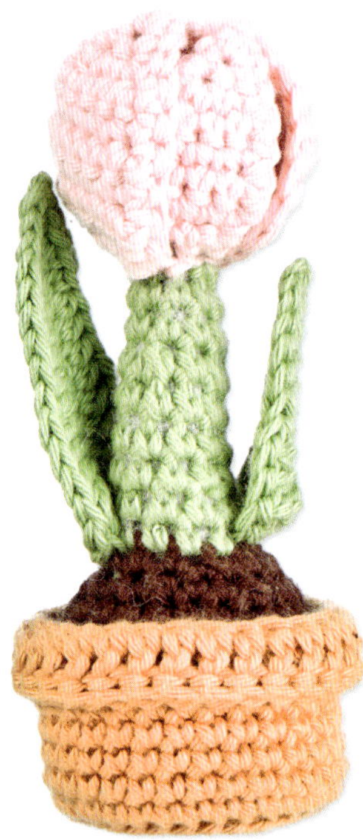

Biene

Körper

In Safran einen Magic-Ring anschl.

1. Rd: 6 fM in den Ring häkeln, festziehen (= 6 M).

Nun wie folgt fM in Spiralrd arb.

2. Rd: Jede fM verdoppeln (= 12 M).

3. Rd: 6x (1 fM, 1 fM verdoppeln) (= 18 M).

4.+5. Rd: Jeweils 18 fM häkeln.

6. Rd (Weiß): 6x (2 fM, 1 fM verdoppeln) (= 24 M).

7. Rd (Schwarz): 24 fM häkeln.

8.+9. Rd (Safran): Jeweils 24 fM häkeln.

10. Rd (Schwarz): 24 fM häkeln.

11. Rd (Safran): 24 fM häkeln.

12. Rd: 6x (2 fM, 2 fM zusammen abmaschen) (= 18 M).

13. Rd (Schwarz): 6x (1 fM, 2 fM zusammen abmaschen) (= 12 M).

Den Körper stopfen.

14. Rd (Safran): 3x (2 fM, 2 fM zusammen abmaschen) (= 9 M).

15. Rd: 3x (1 fM, 2 fM zusammen abmaschen) (= 6 M).

Den Körper nochmals stopfen.

Zum Verschließen den Faden ca. 15 cm lang abschneiden und durch die letzte M ziehen. Den Faden mit einer Sticknd von außen nach innen durch jedes vordere M-Glied der verbliebenen M führen. Den Faden festziehen und vernähen.

Fühler

In Schwarz an der 5. Rd des Körpers leicht rechts mit 1 stehenden Km anketten.

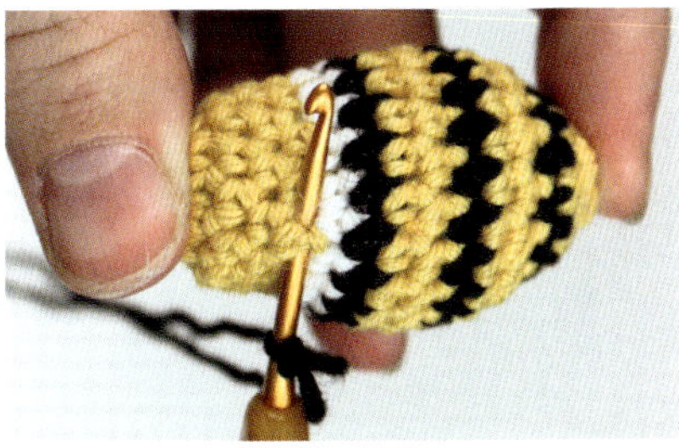

3 Lm und 1 Wende-Lm anschl, 3 fM zurück häkeln und mit 1 Km in die 1. M schließen.

Den Faden abschneiden, durch die letzte M ziehen und vernähen.

Den 2. Fühler genauso arb, jedoch leicht links anketten.

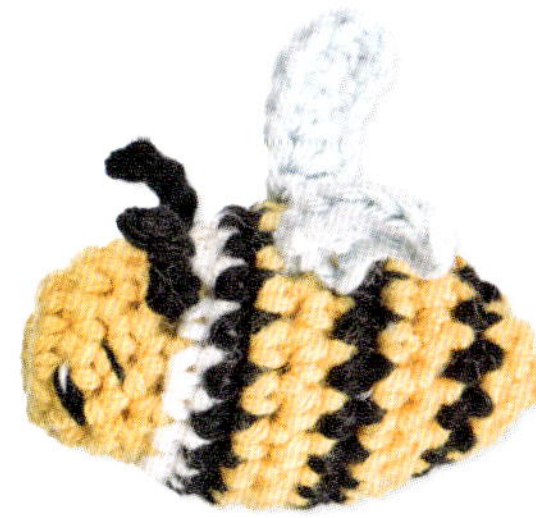

Flügel

Für einen Flügel in Hellblau 4 Lm und 2 Wende-Lm anschl.

Die Lm-Kette wie folgt umhäkeln.

2x (2 Stb in 1 Lm), 1 Stb, 2 hStb entlang der Lm-Kette zurück häkeln (= 7 M).

Den Faden abschneiden und durch die Schlaufe auf der Nd ziehen.

Den 2. Flügel genauso fertigen.

Anschließend beide Flügel zwischen der 8. und 9. Rd auf den Rücken der Biene festnähen.

Zum Schluss mit Stickgarn in Schwarz das Gesicht aufsticken. Mit Stickgarn in Weiß an den Augen Lichtpunkte ergänzen.

April

Wieder einmal macht der April, was er will!
Aber egal, ob die Sonne scheint, ob es regnet oder sogar schneit:
Die bunten Ostereier müssen pünktlich in ihren Nestern liegen.
Deshalb sieht man Oscar Osterhase in diesen Tagen so gut wie nie ohne Pinsel und Farbpallette. Fleißig bemalt er Eier in den schönsten Farben. Das kann ganz schön anstrengend sein, aber Oscar hat zum Glück immer eine Karotte als stärkenden Pausensnack dabei. Obwohl er alle Pfoten voll zu tun hat, ist der April Oscars Lieblingsmonat. Nichts bereitet ihm mehr Freude, als seine bunten Ostereier zu verstecken und den Kindern damit am Ostermorgen ein Lächeln in ihre Gesichter zu zaubern.

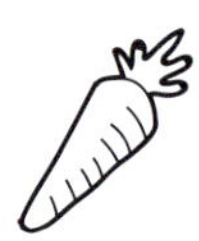

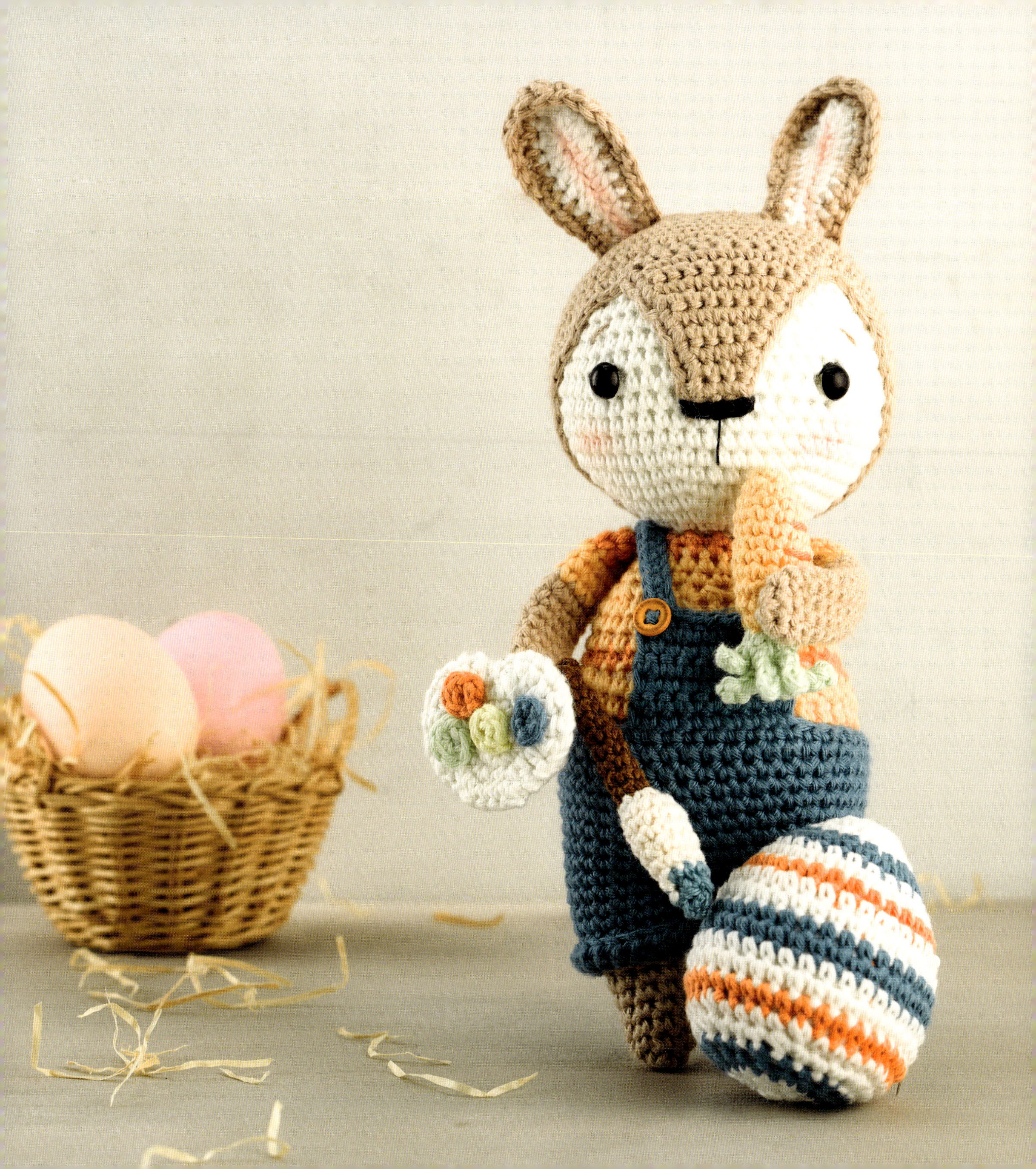

SCHWIERIGKEIT ●●○

Größe
ca. 23 cm

OSCAR OSTERHASE

Hase

Rico Design Creative RICORUMI DK (LL 57,5 m/25 g) in Beige (Fb 55), Jeans (Fb 34) und Creme (Fb 02), je 20 g, Apricot (Fb 70), 15 g, Smokey Orange (Fb 24), 10 g und Weiß (Fb 01), Rest

Stickgarn in Schwarz, Rest

Häkelnadel 2,5 mm

1 Paar Sicherheitsaugen in Schwarz, ø 8 mm

2 Knöpfe in Orange ø 6 mm (optional)

Rouge

Füllwatte

Maschenmarkierer

Stecknadeln

abgerundete Kinderschere als Ausstopfhilfe

Sticknadel zum Vernähen

Karotte

Rico Design Creative RICORUMI DK (LL 57,5 m/25 g) in Apricot (Fb 70) und Pastellgrün (Fb 45), je 10 g und Smokey Orange (Fb 24), Reste

Häkelnadel 2,5 mm

Füllwatte

abgerundete Kinderschere als Ausstopfhilfe

Sticknadel zum Vernähen

Osterei

Rico Design Creative RICORUMI DK (LL 57,5 m/25 g) in Weiß (Fb 01), 15 g, Jeans (Fb 34), 12 g und Smokey Orange (Fb 24), 8 g

Häkelnadel 2,5 mm

Füllwatte

Sticknadel zum Vernähen

Farbpalette

Rico Design Creative RICORUMI DK (LL 57,5 m/25 g) in Creme (Fb 02), 12 g, Pastellgrün (Fb 45), Smokey Orange (Fb 24), Jeans (Fb 34) und Vanille (Fb 05), Reste

Häkelnadel 2,5 mm

Sticknadel zum Vernähen

Elastikband, 0,5 cm breit, 2,5 cm lang (optional)

Pinsel

Häkelgarn (LL 125 m/50 g) in Dunkelbraun, 10 g, Creme und Blau, Reste

Häkelnadel 2,25 mm

Füllwatte

Sticknadel zum Vernähen

Beine

Die Beine nach der Basic-Anleitung S. 118 in Beige häkeln und verbinden. Dann die Beine sehr fest stopfen.

Körper

Nun den Körper in Spiralrd in Beige anhäkeln.
1. Rd: 4x (7 fM, 1 fM verdoppeln) (= 36 M).
2.-5. Rd: Jeweils 36 fM häkeln.
6.+7. Rd (Smokey Orange): Jeweils 36 fM häkeln.
8.+9. Rd (Apricot): Jeweils 36 fM häkeln.
10. Rd (Smokey Orange): 6x (4 fM, 2 fM zusammen abmaschen) (= 30 M).
11.-13. Rd (Apricot): Jeweils 30 fM häkeln.
14. Rd: 6x (3 fM, 2 fM zusammen abmaschen) (= 24 M).
15.+16. Rd: Jeweils 24 fM häkeln.
Den Körper sehr fest stopfen.
17. Rd (Smokey Orange): 6x (2 fM, 2 fM zusammen abmaschen) (= 18 M).
18. Rd: 6x (1 fM, 2 fM zusammen abmaschen) (= 12 M).
19. Rd (Creme): 12 fM häkeln.
Den Körper nochmals sehr fest stopfen. Den Faden nicht abschneiden, es geht mit dem Kopf weiter.

Kopf

Den Kopf in Spiralrd in Creme arb.
1. Rd: Jede fM verdoppeln (= 24 M).
2. Rd: 6x (3 fM, 1 fM verdoppeln) (= 30 M).
3. Rd: 6x (4 fM, 1 fM verdoppeln) (= 36 M).
4. Rd: 6x (5 fM, 1 fM verdoppeln) (= 42 M).
5. Rd: 6x (6 fM, 1 fM verdoppeln) (= 48 M).
6. Rd: 6x (7 fM, 1 fM verdoppeln) (= 54 M).
7.-16. Rd: Jeweils 54 fM häkeln.
17. Rd: 6x (7 fM, 2 fM zusammen abmaschen) (= 48 M).
18. Rd: 6x (6 fM, 2 fM zusammen abmaschen) (= 42 M).
Nun zwischen der 9. und 10. Rd des Kopfes die Sicherheitsaugen mit einem Abstand von 12 M anbringen. In Beige die Augenbrauen aufsticken.
Den Kopf sehr fest stopfen.
19. Rd: 6x (5 fM, 2 fM zusammen abmaschen) (= 36 M).
20. Rd: 6x (4 fM, 2 fM zusammen abmaschen) (= 30 M).
21. Rd: 6x (3 fM, 2 fM zusammen abmaschen) (= 24 M).
22. Rd: 6x (2 fM, 2 fM zusammen abmaschen) (= 18 M).
23. Rd: 6x (1 fM, 2 fM zusammen abmaschen) (= 12 M).
Den Kopf nochmals sehr fest stopfen.
24. Rd: 6x (2 fM zusammen abmaschen) (= 6 M).
Zum Verschließen den Faden ca. 15 cm lang abschneiden und durch die letzte M ziehen. Den Faden mit einer Sticknd von außen nach innen durch jedes vordere M-Glied der verbliebenen M führen. Den Faden festziehen und vernähen.

Kopfteil

In Beige einen Magic-Ring anschl.
1. Rd: 6 fM in den Ring häkeln, festziehen (= 6 M).
Nun wie folgt fM in Spiralrd arb.
2. Rd: Jede fM verdoppeln (= 12 M).
3. Rd: 6x (1 fM, 1 fM verdoppeln) (= 18 M).
4. Rd: 6x (2 fM, 1 fM verdoppeln) (= 24 M).
5. Rd: 6x (3 fM, 1 fM verdoppeln) (= 30 M).
6. Rd: 6x (4 fM, 1 fM verdoppeln) (= 36 M).
7. Rd: 6x (5 fM, 1 fM verdoppeln) (= 42 M).
8. Rd: 6x (6 fM, 1 fM verdoppeln) (= 48 M).
9. Rd: 6x (7 fM, 1 fM verdoppeln) (= 54 M).
10.-16. Rd: Jeweils 54 fM häkeln.
17. Rd: 6x (7 fM, 2 fM zusammen abmaschen) (= 48 M).
Nun in R das längliche Stück, das zur Schnauze führt, häkeln. Dabei am Ende jeder R 1 Lm arb und wenden. In der letzten R entfällt beides.
1.+2. R: Jeweils 10 fM häkeln.

3. R: 9 fM häkeln.
4. R: 8 fM häkeln.
5. R: 7 fM häkeln.
6. R: 6 fM häkeln.
7. R: 5 fM häkeln.
8. R: 4 fM häkeln.
9.+10. R: Jeweils 3 fM häkeln.

Von hier aus das Kopfteil wie folgt mit fM umhäkeln.

1 Lm, 10 fM zurück bis zur Kappe, 38 fM um die Kappe, 10 fM bis zur Spitze der Schnauze (= 58 M).

Den Faden ca. 20 cm lang abschneiden und durch die letzte M ziehen.

Das Kopfteil mit einer Stecknd so am Kopf des Hasen fixieren, dass das untere Ende etwa zwischen der 8. und 7. Rd des Kopfes anliegt (also etwa 1 Rd unter den Augen).

Das Kopfteil am Kopf festnähen.

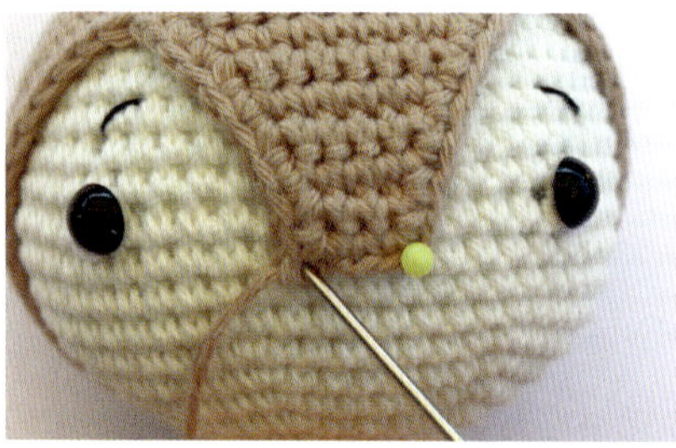

Nun am unteren Ende mit Stickgarn in Schwarz die Nase aufsticken.

Arm (2x)

Den Arm nach der Basic-Anleitung S. 120 2x mit folgendem Fb-Muster häkeln.

1.-12. Rd: Beige
13.-15. Rd: Apricot
16.-17. Rd: Smokey Orange

Die Arme bündig links und rechts am Körper zwischen der 16. und 17. Rd festnähen.

Ohr (4x)

Für beide Ohren werden je 1 Außenohr in Beige und 1 Innenohr in Creme benötigt, die anschließend miteinander verbunden werden. Das Ohr ist also insgesamt 4x zu häkeln: 2x in Beige und 2x in Creme.

Für ein Ohr in Creme 9 Lm und 1 Wende-Lm anschl.

Nun entlang der Lm-Kette beginnend mit der 2. M von der Nd aus wie folgt zurück häkeln.

3 fM, 3 hStb, 2 Stb, (3 Stb, 1 DStb, 3 Stb) in die letzte M der Lm-Kette, auf der anderen Seite der Lm-Kette noch 2 Stb, 3 hStb, 3 fM häkeln (= 23 M).

In gleicher Weise das Ohr noch 1x in Creme und 2x in Beige arb.

Die Fäden der cremefarbenen Innenohren abschneiden und vernähen.

Die Fäden der beigefarbenen Außenohren noch nicht abschneiden. Sie werden benötigt, um die Teile der Ohren miteinander zu verbinden.

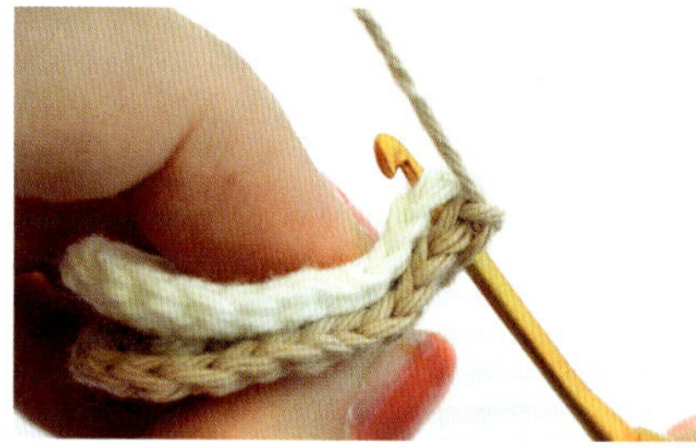

Nun 1 cremefarbenes Innenohr so in 1 beigefarbenes Außenohr legen, dass die gleichen M übereinander liegen. Am beigefarbenen Außenohr 1 Wende-Lm anschl und wie folgt in die M-Glieder des cremefarbenen Innenohrs und des beigefarbenen Außenohrs häkeln, um diese zu verbinden.

3 fM, 3 hStb, 3 Stb, 2 Stb in 1 M, 1 Stb, 2 DStb in die Spitze des Ohres, 1 Stb, 2 Stb in 1 M, 3 Stb, 3 hStb, 3 fM (= 26 M).

Den Faden ca. 15 cm lang abschneiden und durch die letzte M ziehen.

Für das 2. Ohr Innen- und Außenohr in gleicher Weise verbinden.

Auf die Innenohren etwas Rouge auftragen und die Ohren bündig links und rechts am Kopf des Hasen festnähen.

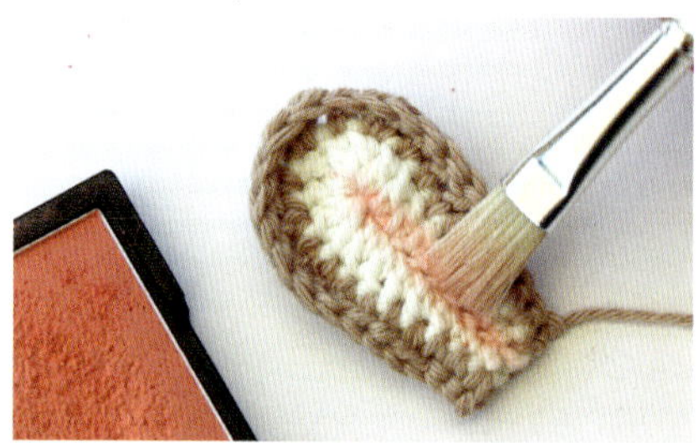

Latzhose

Nun erhält der Hase seine Latzhose.
In Jeans 42 Lm und 1 Wende-Lm anschl und 42 fM in die Lm-Kette zurück häkeln.
Mit 1 Km zum Ring schließen. Darauf achten, dass sich das Häkelstück nicht verdreht.
Nun wie folgt fM in Spiralrd arb.
1.-10. Rd: Jeweils 42 fM häkeln.
Für beide Hosenbeine geht es nun weiter in Spiralrd in Jeans.

Hosenbein 1

11. Rd: 20 fM häkeln und mit 1 Km in die 1. M zum Ring schließen. Die 1. M mit einem M-Markierer kennzeichnen.
12.-14. Rd: Jeweils 20 fM häkeln.
Nun noch 1 geschlossene Rd hStb möglichst locker arb.
15. Rd: 1 Km, 1 Steige-Lm, 20 hStb (= 20 M).
Mit 1 Km in die 1. M schließen, den Faden ca. 20 cm lang abschneiden und durch die letzte M ziehen. Die 15. Rd nach außen umklappen und beim Vernähen des Fadens mit ein paar Stichen fixieren.

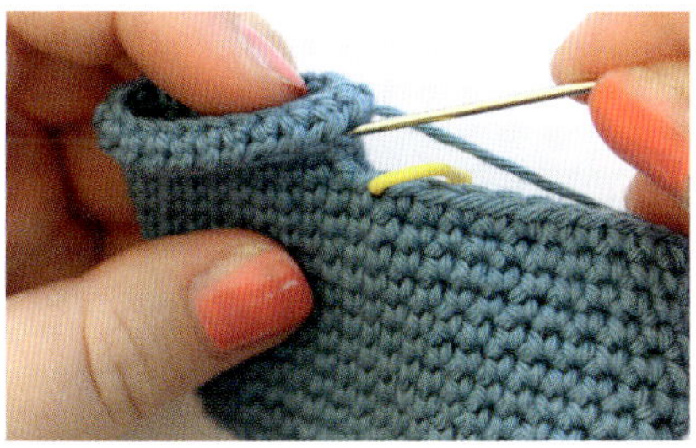

Hosenbein 2

Für das 2. Hosenbein in Jeans in der 2. M neben dem 1. Hosenbein anketten.
11. Rd: 20 fM häkeln und mit 1 Km in die 1. M zum Ring schließen.
Es bleiben 2 gegenüberliegende M der 10. Rd frei (im Bild gekennzeichnet durch den gelben M-Markierer).

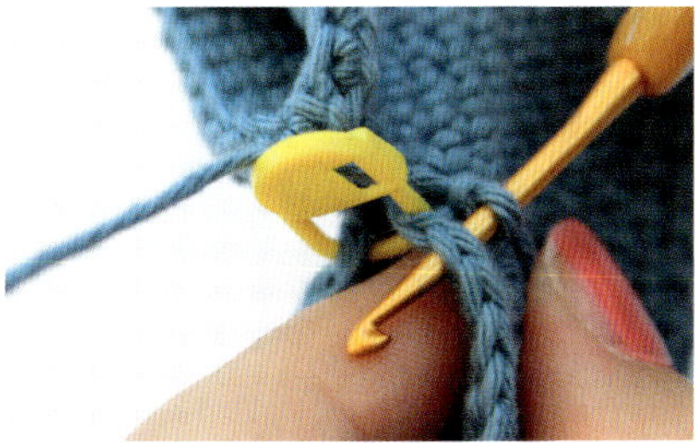

Nun die 12.-15. Rd wie beim 1. Hosenbein arb, schließen und die 15. Rd nach außen klappen und fixieren.
Die beiden gegenüberliegenden M zwischen den beiden Hosenbeinen mit ein paar Stichen zusammennähen, um das Loch zu schließen.

Latz

Für den Latz mit Hilfe der M-Markierer die 9 mittleren M an der Vorderseite der Hose kennzeichnen.

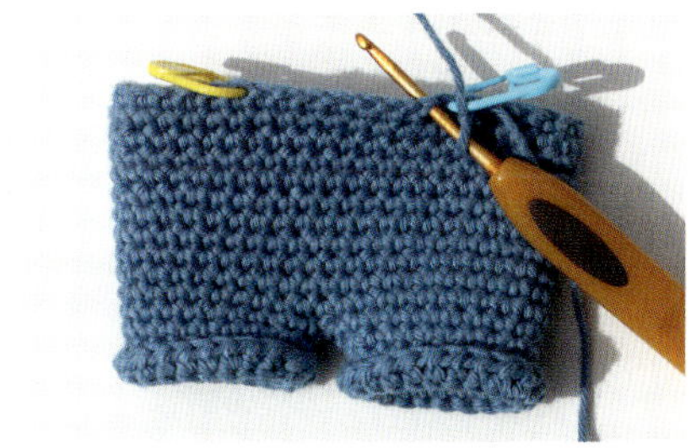

In Jeans an der 1. dieser 9 M anketten. Nun fM in R arb. Dabei am Ende jeder R 1 Lm arb und wenden. In der letzten R entfällt beides.
1.-5. R: Jeweils 9 fM häkeln.
Den Faden nicht abschneiden. Im nächsten Schritt werden die Träger angehäkelt.

Träger

Um die Träger anzuhäkeln, dem Hasen die Latzhose anziehen und so viele Lm anschl, bis die Lm-Kette lang genug ist, um als Träger zu dienen.

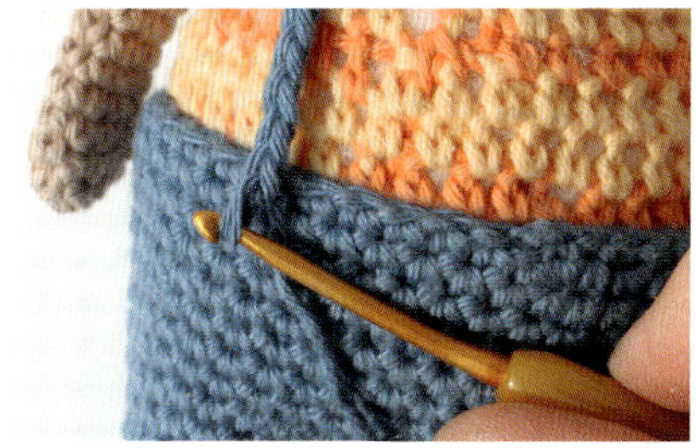

1 Wende-Lm arb, und fM zurück häkeln bis zum Ende der Lm-Kette. Mit 1 Km an der 2. M der 5. R anketten. Der 1. Träger ist fertig.

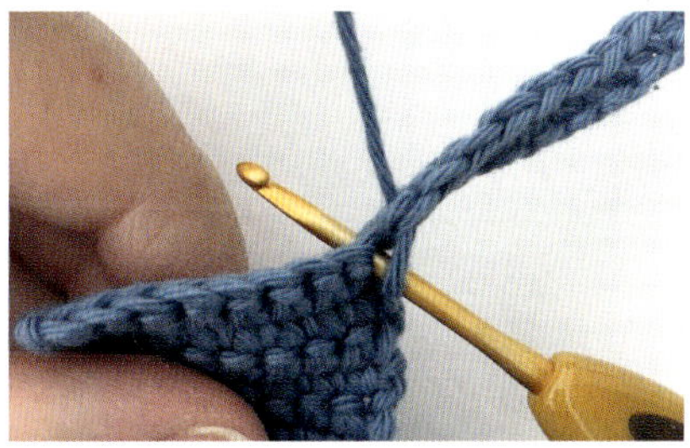

Für den 2. Träger zunächst 5 Km entlang der 5. R zur anderen Seite häkeln.

Ab hier den 2. Träger in gleicher Weise wie den 1. Träger fertigen. Mit 1 Km in die letzte M der 4. Rd schließen.
Nun die Träger hinten an der Hose festnähen. An der Vorderseite des Latzes können noch kleine Knöpfe aufgebracht werden.

Karotte

In Apricot einen Magic-Ring anschl.
1. Rd: 5 fM in den Ring häkeln, festziehen (= 5 M).
Nun wie folgt fM in Spiralrd arb.
2. Rd: 5 fM häkeln.
3. Rd: Jede fM verdoppeln (= 10 M).
4.+5. Rd: Jeweils 10 fM häkeln.
6. Rd: 2 x (4 fM, 1 fM verdoppeln) (= 12 M).
7.-9. Rd: Jeweils 12 fM häkeln.
10. Rd: 2 x (5 fM, 1 fM verdoppeln) (= 14 M).
11. Rd: 14 fM häkeln.
12. Rd: 2x (5 fM, 2 fM zusammen abmaschen) (= 12 M).
13. Rd: 3x (2 fM, 2 fM zusammen abmaschen) (= 9 M).

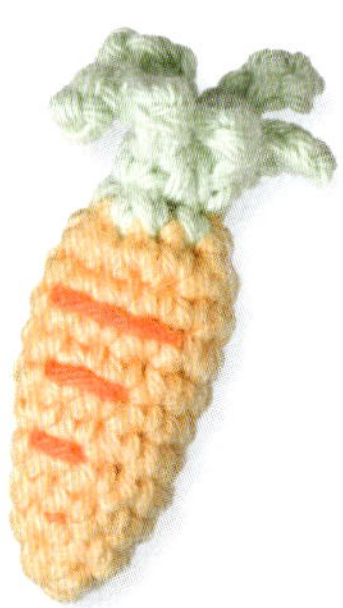

14. Rd (Pastellgrün): 3x (1 fM, 2 fM zusammen abmaschen) (= 6 M).
Die Karotte fest stopfen.
Den Faden nicht abschneiden, es geht mit Pastellgrün weiter.

Karottengrün

An der 14. Rd in Pastellgrün 5 Lm und 1 Wende-Lm anschl und 5 fM entlang der Lm-Kette zurück häkeln.
1 Km in die nächste M der 14. Rd arb.
Diese Schritte noch 5x wdh, um alle 6 Blätter des Karottengrüns zu häkeln.
Den Faden ca. 15 cm lang abschneiden und die Karotte oben zusammennähen.
In Smokey Orange 3 Streifen aufsticken.

Osterei

In Weiß einen Magic-Ring anschl.
1. Rd: 6 fM in den Ring häkeln, festziehen (= 6 M).
Nun wie folgt fM in Spiralrd arb.
2. Rd: Jede fM verdoppeln (= 12 M).
3. Rd: 12 fM häkeln.
4. Rd: 6x (1 fM, 1 fM verdoppeln) (= 18 M).
5. Rd (Jeans): 18 fM häkeln.
6. Rd (Weiß): 6x (2 fM, 1 fM verdoppeln) (= 24 M).
7. Rd: 24 fM häkeln.
8. Rd: 6x (3 fM, 1 fM verdoppeln) (= 30 M).
9. Rd (Smokey Orange): 30 fM häkeln.
10. Rd (Weiß): 6x (4 fM, 1 fM verdoppeln) (= 36 M).
11. Rd: 36 fM häkeln.

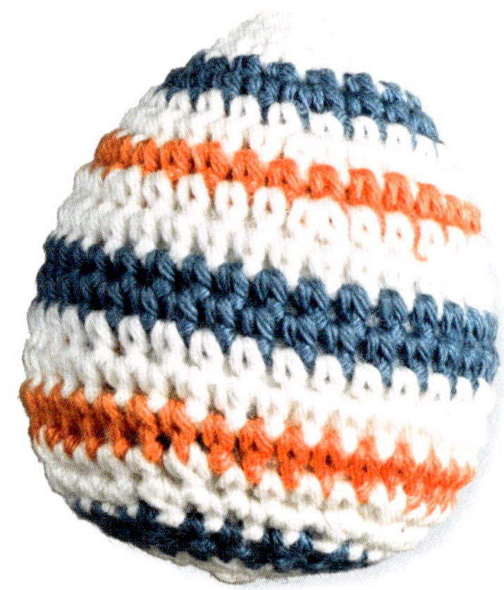

12.+13. Rd (Jeans): 36 fM häkeln.
14.+15. Rd (Weiß): 36 fM häkeln.
16. Rd (Smokey Orange): 36 fM häkeln.
17. Rd (Weiß): 36 fM häkeln.
18. Rd: 6x (4 fM, 2 fM zusammen abmaschen) (= 30 M).
19. Rd (Jeans): 6x (3 fM, 2 fM zusammen abmaschen) (= 24 M).
20. Rd: 6x (2 fM, 2 fM zusammen abmaschen) (= 18 M).
21. Rd (Weiß): 18 fM häkeln.
22. Rd: 6x (1 fM, 2 fM zusammen abmaschen) (= 12 M).
23. Rd: 6x (2 fM zusammen abmaschen) (= 6 M).
Zum Verschließen den Faden ca. 15 cm lang abschneiden und durch die letzte M ziehen. Den Faden mit einer Sticknd von außen nach innen durch jedes vordere M-Glied der verbliebenen M führen. Den Faden festziehen und vernähen.

Farbpalette

Farbkleckse

Aus Wollresten 4 kleine Kreise in Pastellgrün, Jeans, Smokey Orange und Vanille arb.

Dazu in der jeweiligen Fb einen Magic-Ring anschl, 5 fM in den Ring häkeln mit 1 Km in die 1. M schließen.

Den Faden ca. 15 cm lang abschneiden und durch die letzte M ziehen.

3 weitere Kreise in den anderen Fb genauso fertigen und zunächst zur Seite legen.

Alternativ können die Farbkleckse später auch auf die fertige Farbpalette aufgestickt werden.

Farbpalette

In Creme einen Magic-Ring anschl.

1. Rd: 6 fM in den Ring häkeln, festziehen (= 6 M).

Nun wie folgt fM in Spiralrd arb.

2. Rd: Jede fM verdoppeln 2 (= 12 M).

3. Rd: 6x (1 fM, 1 fM verdoppeln) (= 18 M).

4. Rd: 2 hStb, 3x (2 Stb in 1 fM), 1 hStb, 2 Km, 1 hStb, 3x (2 Stb in 1 fM), 2 hStb, 4 fM (= 25 M).

Den Faden abschneiden und vernähen.

Die Farbkleckse aufbringen.

Eine 2. Farbpalette genauso fertigen, jedoch den Faden ca. 20 cm lang abschneiden und beide Paletten damit aufeinander nähen.

An der Rückseite der Farbpalette evtl. einen Streifen Elastikband anbringen, um sie am Arm des Hasen zu befestigen.

Pinsel

Pinselstiel

In Dunkelbraun mit Häkelnd 2,25 mm einen Magic-Ring anschl.

1. Rd: 5 fM in den Ring häkeln, festziehen (= 5 M).

Nun wie folgt fM in Spiralrd häkeln.

2.-11. Rd: Jeweils 5 fM häkeln.

Den Pinselstiel stopfen. Den Faden nicht abschneiden.

Pinselspitze

Die Pinselspitze in Spiralrd in Creme arb.

12. Rd (Crème): Jede fM verdoppeln (= 10 M).

13. Rd: 2x (4 fM, 1 fM verdoppeln) (= 12 M).

14. Rd: 12 fM häkeln.

15. Rd: 2x (4 fM, 2 fM zusammen abmaschen) (= 10 M).

16. Rd: 2 x (3 fM, 2 fM zusammen abmaschen) (= 8 M).

17.+18. Rd (Blau): Jeweils 8 fM häkeln.

19. Rd: 4x (2 fM zusammen abmaschen) (= 4 M).

Die Pinselspitze stopfen. Den Faden ca. 15 cm lang abschneiden und durch die letzte M ziehen. Zum Verschließen den Faden mit einer Sticknd von außen nach innen durch jedes vordere M-Glied der verbliebenen M führen. Den Faden festziehen und vernähen.

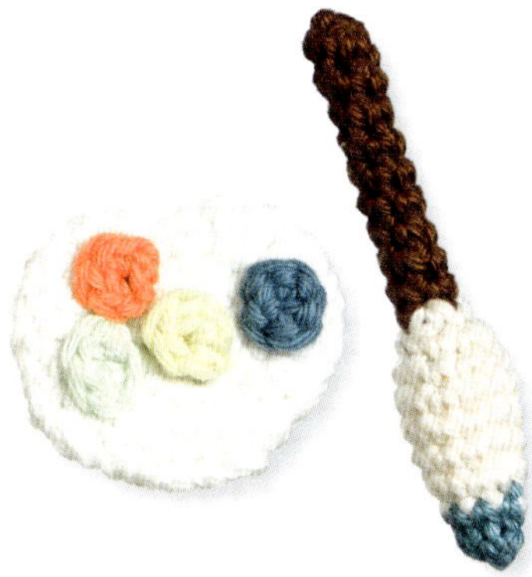

Mai

Es ist Mai, die Tage sind endlich wieder länger und bunter und die Regenwolken zeigen sich nicht mehr so oft am Himmel. Jetzt ist Louis Lama am liebsten von morgens bis abends draußen. Nicht mal zum Essen kommt er nach Hause. Mit Decke und gepacktem Picknickkorb zieht Louis los. Gemeinsam mit seinen Freunden lässt er sich den knackigen Apfel, die saftige Mandarine, eine Flasche Milch und seinen selbstgebackenen Schokoladenkuchen nach Oma Lamas Geheimrezept schmecken. Louis ist ein richtiges Schleckermaul, aber auch ein bisschen eitel. Um seine Frisur kümmert er sich mindestens genauso eifrig wie um ein stets abwechslungsreiches Picknick-Buffet.

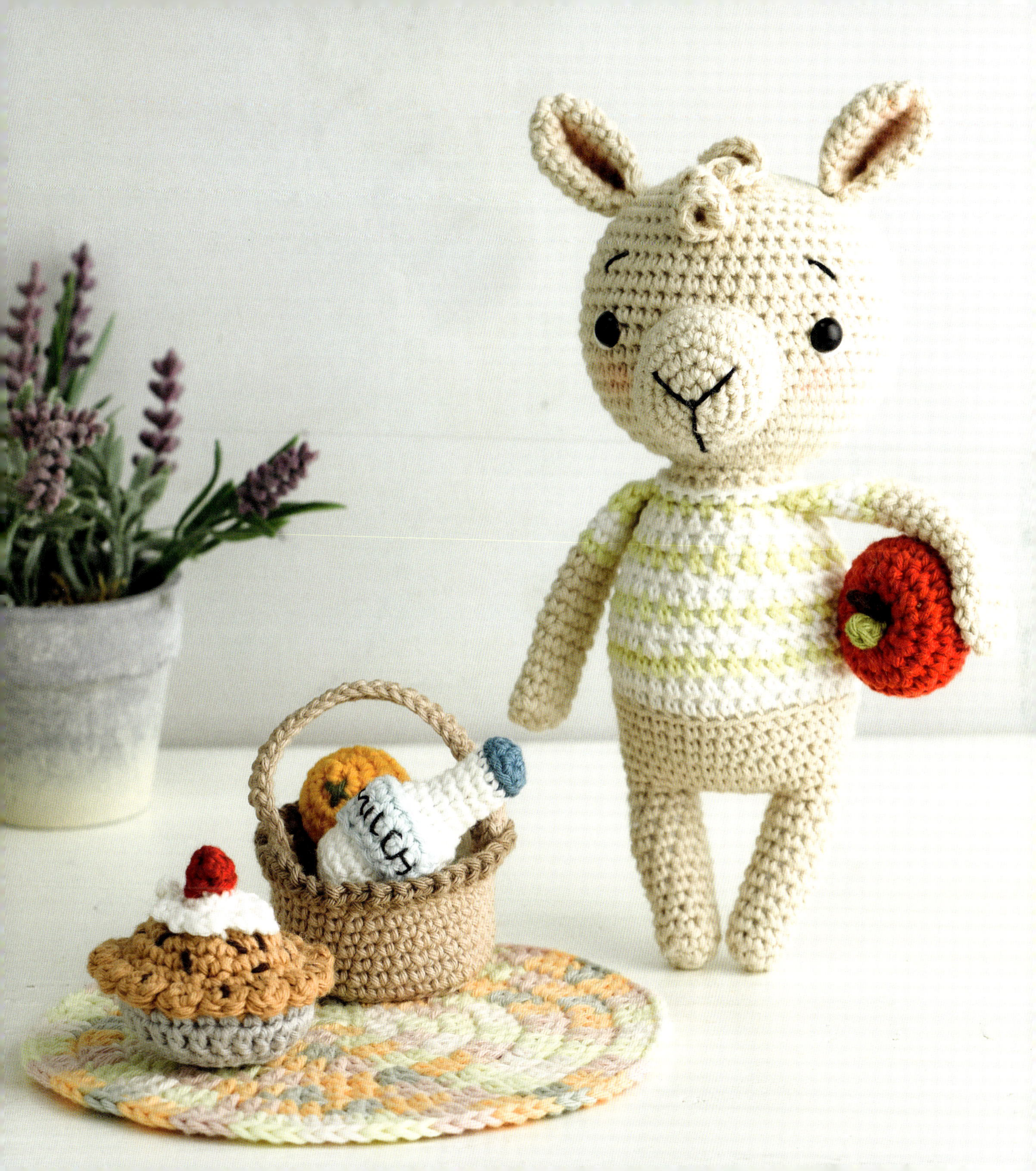
MILCH

SCHWIERIGKEIT ●○○

Größe
ca. 21 cm

LOUIS LAMA

Lama

Rico Design Creative RICO-RUMI DK (LL 57,5 m/25 g) in Natur (Fb 54), 30 g, Pastellgelb (Fb 62) und Weiß (Fb 01), je 15 g

Stickgarn in Schwarz, Rest

Häkelnadel 2,5 mm

1 Paar Sicherheitsaugen in Schwarz, ø 8 mm

Rouge

Füllwatte

Maschenmarkierer

Stecknadeln

abgerundete Kinderschere als Ausstopfhilfe

Sticknadel zum Vernähen

Picknickdecke

Rico Design Creative RICORUMI Print DK (LL 57,5 m/25 g) in Rosa-Gelb (Fb 01), 20 g

Häkelnadel 2,5 mm

Sticknadel zum Vernähen

Picknickkorb

Rico Design Creative RICO-RUMI DK (LL 57,5 m/25 g) in Beige (Fb 55), 20 g und Nougat (Fb 56), 10 g

Häkelnadel 2,5 mm

Sticknadel zum Vernähen

Schokoladenkuchen

Rico Design Creative RICO-RUMI DK (LL 57,5 m/25 g) in Karamell (Fb 53) und Hellgrau (Fb 03), je 15 g, Weiß (Fb 02), 10 g, Rot (Fb 28), 7 g und Schokolade (Fb 57), Rest

Häkelnadel 2,5 mm

Füllwatte

Sticknadel zum Vernähen

Apfel

Rico Design Creative RICO-RUMI DK (LL 57,5 m/25 g) in Rot (Fb 28), 15 g, Schokolade (Fb 57), 7 g und Pistazie (Fb 47), 5 g

Häkelnadel 2,5 mm

Füllwatte

Sticknadel zum Vernähen

stumpfe Stopfnadel

Mandarine

Rico Design Creative RICO-RUMI DK (LL 57,5 m/25 g) in Mandarine (Fb 26), 15 g und Pistazie (Fb 47), Rest

Häkelnadel 2,5 mm

Füllwatte

Sticknadel zum Vernähen

stumpfe Stopfnadel

Milchflasche

Rico Design Creative RICO-RUMI DK (LL 57,5 m/25 g) in Weiß (Fb 01), 15 g, Blau (Fb 32) und Hellblau (Fb 33), je 8 g

Stickgarn in Schwarz, Rest

Häkelnadel 2,5 mm

Füllwatte

Sticknadel zum Vernähen

Beine

Die Beine nach der Basic-Anleitung S. 118 in Natur häkeln und verbinden. Dann die Beine sehr fest stopfen.

Körper

Nun den Körper in Spiralrd in Natur anhäkeln.
1. Rd: 4x (7 fM, 1 fM verdoppeln) (= 36 M).
2.-6. Rd: Jeweils 36 fM häkeln.
7. Rd (Weiß): 36 fM nur in die hinteren M-Glieder arb.
8. Rd: 36 fM häkeln.
9. Rd (Pastellgelb): 36 fM häkeln.
10. Rd (Weiß): 6x (4 fM, 2 fM zusammen abmaschen) (= 30 M).
11. Rd: 30 fM häkeln.
12. Rd (Pastellgelb): 30 fM häkeln.
13. Rd (Weiß): 30 fM häkeln.
14. Rd: 6x (3 fM, 2 fM zusammen abmaschen) (= 24 M).
15. Rd (Pastellgelb): 24 fM häkeln.
16. Rd (Weiß): 24 fM häkeln.
17. Rd: 24 fM häkeln.
Den Körper sehr fest stopfen.
18. Rd (Pastellgelb): 6x (2 fM, 2 fM zusammen abmaschen) (= 18 M).
19. Rd (Natur): 18 fM nur in die hinteren M-Glieder arb.
20.-22. Rd: Jeweils 18 fM häkeln.
Den Körper nochmals fest stopfen und darauf achten, dass der lange Hals besonders fest und stabil gestopft ist.
Den Faden nicht abschneiden, es geht mit dem Kopf weiter.

Kopf

Den Kopf in Spiralrd in Natur arb.
1. Rd: Jede fM verdoppeln (= 36 M).
2. Rd: 6x (5 fM, 1 fM verdoppeln) (= 42 M).
3. Rd: 6x (6 fM, 1 fM verdoppeln) (= 48 M).
4. Rd: 6x (7 fM, 1 fM verdoppeln) (= 54 M).
5.-15. Rd: Jeweils 54 fM häkeln.
16. Rd: 6x (7 fM, 2 fM zusammen abmaschen) (= 48 M).
17. Rd: 6x (6 fM, 2 fM zusammen abmaschen) (= 42 M).
Nun zwischen der 9. und 10. Rd des Kopfes die Sicherheitsaugen mit einem Abstand von 12 M anbringen. In Weiß die Lichtpunkte und mit Stickgarn in Schwarz die Augenbrauen aufsticken. Den Kopf sehr fest stopfen.
18. Rd: 6x (5 fM, 2 fM zusammen abmaschen) (= 36 M).
19. Rd: 6x (4 fM, 2 fM zusammen abmaschen) (= 30 M).
20. Rd: 6x (3 fM, 2 fM zusammen abmaschen) (= 24 M).
21. Rd: 6x (2 fM, 2 fM zusammen abmaschen) (= 18 M).
22. Rd: 6x (1 fM, 2 fM zusammen abmaschen) (= 12 M).
Den Kopf nochmals sehr fest stopfen.
23. Rd: 6x (2 fM zusammen abmaschen) (= 6 M).
Zum Verschließen den Faden ca. 15 cm lang abschneiden und durch die letzte M ziehen. Den Faden mit einer Sticknd von außen nach innen durch jedes vordere M-Glied der verbliebenen M führen. Den Faden festziehen und vernähen.

Kragen

In Weiß mit 1 stehenden Km an der 18. Rd des Körpers anketten und rundherum in die vorderen M-Glieder 18 fM häkeln. Mit 1 Km schließen. Den Faden abschneiden und vernähen.

Arm (2x)

Den Arm nach der Basic-Anleitung S. 120 2x mit folgendem Fb-Muster häkeln.
1.-12. Rd: Natur
13. Rd: Pastellgelb
14.+15. Rd: Weiß
16. Rd: Pastellgelb
17. Rd: Weiß
Die Arme bündig links und rechts am Körper unterhalb des Kragens festnähen.

Ohr (2x)

In Natur einen Magic-Ring anschl.
1. Rd: 6 fM in den Ring häkeln, festziehen (= 6 M).
Nun wie folgt fM in Spiralrd arb.
2. Rd: Jede fM verdoppeln (= 12 M).

3. Rd: 6x (1 fM, 1 fM verdoppeln) (= 18 M).
4.-7. Rd: Jeweils 18 fM häkeln.
Das Ohr längs in der Mitte falten und 1 Lm und 9 fM arb, um das Ohr zu schließen.

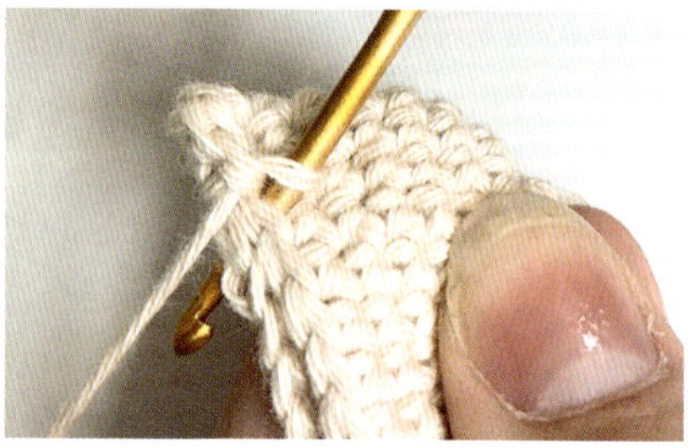

Anschließend auch diese 9 fM aufeinander falten und 1 Lm und 4 fM arb, um das Ohr zu schließen.

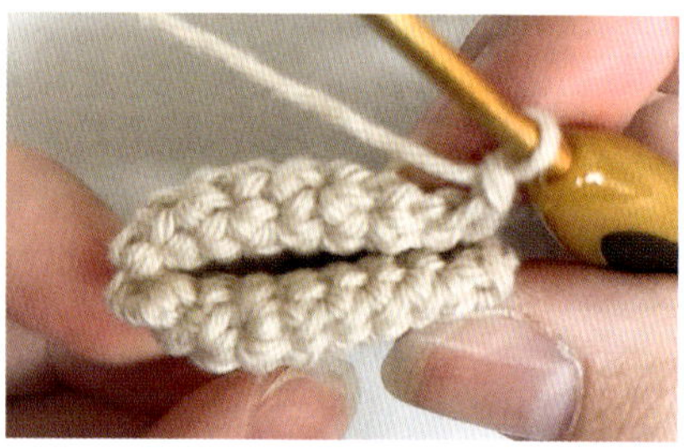

Den Faden ca. 20 cm lang abschneiden und durch die letzte M ziehen.
Das 2. Ohr genauso fertigen.
Die Ohren links und rechts am Kopf des Lamas festnähen und auf die Innenohren etwas Rouge auftragen.

Schwanz

In Natur einen Magic-Ring anschl.
1. Rd: 5 fM in den Ring häkeln, festziehen (= 5 M).
Nun wie folgt fM in Spiralrd arb.
2. Rd: 5 fM häkeln.
3. Rd: Jede fM verdoppeln (= 10 M).
4.+5. Rd: Jeweils 10 fM häkeln.
Nun die Öffnung an der Unterseite des Schwanzes zusammendrücken und mit 5 Km verschließen.
Den Faden ca. 15 cm lang abschneiden und durch die letzte M ziehen.
Den Schwanz am Rücken des Lamas unterhalb des Pullovers festnähen.

Schnauze

In Natur einen Magic-Ring anschl.
1. Rd: 6 fM in den Ring häkeln, festziehen (= 6 M).
Nun wie folgt fM in Spiralrd arb.
2. Rd: Jede fM verdoppeln (= 12 M).
3. Rd: 6x (1 fM, 1 fM verdoppeln) (= 18 M).
4. Rd: 6x (2 fM, 1 fM verdoppeln) (= 24 M).
5.+6. Rd: Jeweils 24 fM häkeln.
Mit 1 Km schließen.
Den Faden ca. 20 cm lang abschneiden und durch die letzte M ziehen.
Nun mit Stickgarn in Schwarz vorne auf die Schnauze die Nase in Y-Form aufsticken. Den Faden auf der Innenseite der Schnauze vernähen.
Die Schnauze so mittig am Kopf festnähen, dass sie oben auf Höhe der Augen abschließt. Dabei nach und nach stopfen.

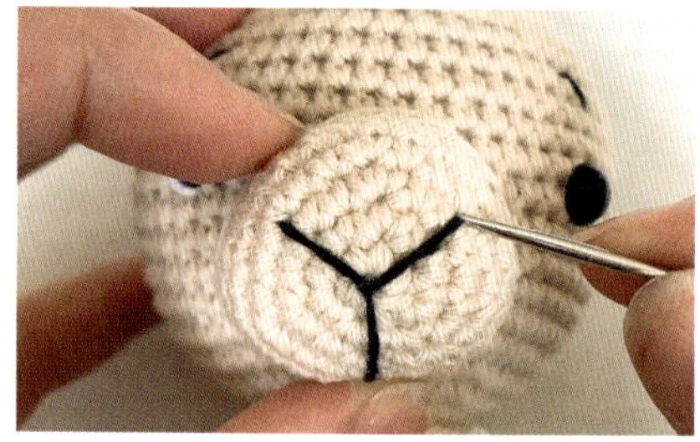

Haarlocke

In Natur mittig an der Oberseite des Kopfes anketten.

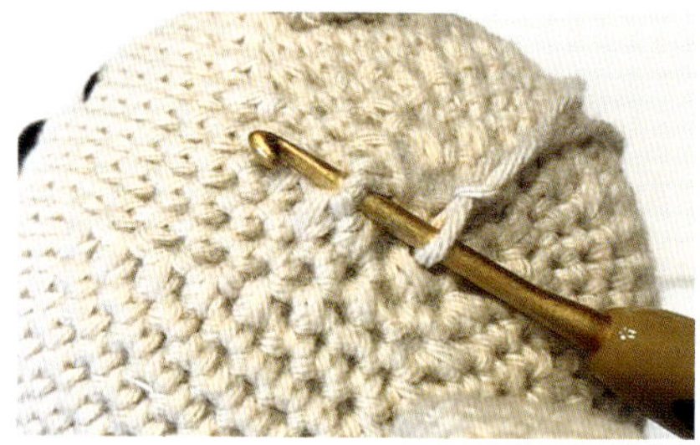

18 Lm und 1 Wende-Lm anschl und wie folgt zurück häkeln.
1 fM, 4x (2 fM in 1 M), 10x (2 hStb in 1 M), je 1 Stb in die verbliebenen 3 Lm (= 32 M).
1 Km neben die M der Garnaufnahme arb.

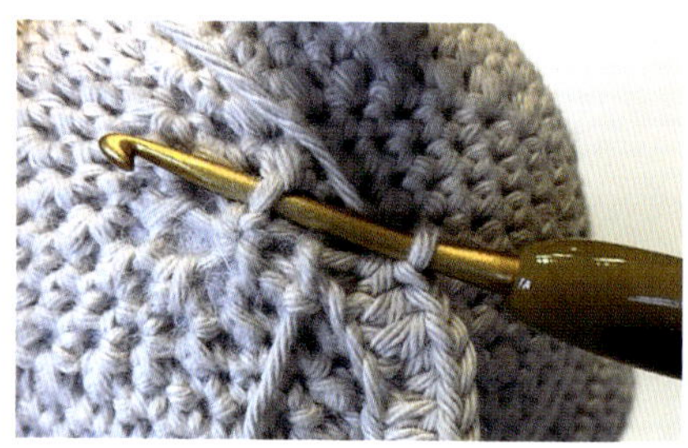

Die Haarlocke sieht jetzt noch etwas wild aus und steht nach oben ab. Um die Frisur des Lamas in Ordnung zu bringen, die Haarlocke aufrollen und mit ein paar Stichen an der Stirn des Lamas befestigen.

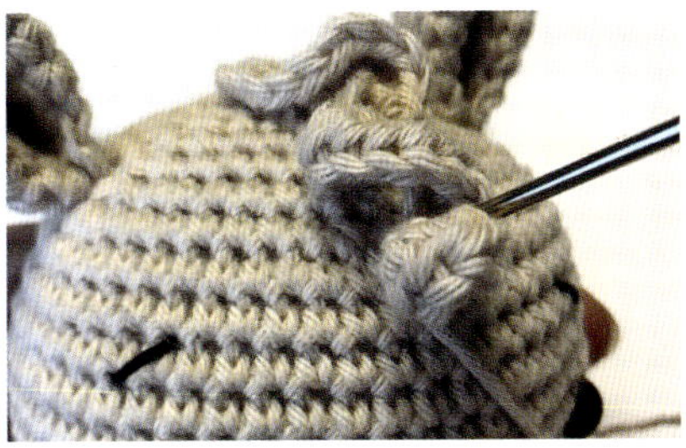

Tipp: Nach Belieben können mehrere Haarlocken gehäkelt werden. Auch die Länge lässt sich durch mehr oder weniger Lm variieren. Damit sich die Lm-Kette lockig aufrollt, immer mindestens 2 M in 1 Lm häkeln.

Picknickdecke

In Rosa-Gelb einen Magic-Ring anschl.
1. Rd: 6 Stb in den Ring häkeln, festziehen (= 6 M).
Nun wie folgt Stb in geschlossenen Rd arb. Dabei jede Rd mit 2 Steige-Lm beginnen und mit 1 Km schließen.
2. Rd: Jedes Stb verdoppeln (= 12 M).
3. Rd: Jedes Stb verdoppeln (= 24 M).
4. Rd: 12x (1 Stb, 1 Stb verdoppeln) (= 36 M).
5. Rd: 12x (2 Stb, 1 Stb verdoppeln) (= 48 M).
6. Rd: 12x (3 Stb, 1 Stb verdoppeln) (= 60 M).
7. Rd: 12x (4 Stb, 1 Stb verdoppeln) (= 72 M).
8. Rd: 18x (3 Stb, 1 Stb verdoppeln) (= 90 M).
Den Faden abschneiden, die Rd unsichtbar schließen und den Faden vernähen.

Picknickkorb

In Beige einen Magic-Ring anschl.
1. Rd: 6 fM in den Ring häkeln, festziehen (= 6 M).
Nun wie folgt fM in Spiralrd arb.
2. Rd: Jede fM verdoppeln (= 12 M).
3. Rd: 6x (1 fM 1 fM verdoppeln) (= 18 M).
4. Rd: 6x (2 fM, 1 fM verdoppeln) (= 24 M).
5. Rd: 6x (3 fM, 1 fM verdoppeln) (= 30 M).
6. Rd: 6x (4 fM, 1 fM verdoppeln) (= 36 M).
7. Rd: 36 fM nur in die hinteren M-Glieder arb.
8.-12. Rd: Jeweils 36 fM häkeln.
13. Rd (Nougat): 36x (1 Lm, 1 fM) (= 72 M).
Den Faden abschneiden, die Rd unsichtbar schließen und den Faden vernähen.
Nun für den Henkel des Korbs 33 Lm und 1 Wende-Lm anschl. Anschließend 33 fM entlang der Lm-Kette zurück häkeln.
Den Faden durch die letzte M ziehen, abschneiden und mit einem Knoten fixieren.
Den Henkel links und rechts an den Innenseiten des Korbs festnähen.

Tipp: Soll der Henkel fest stehen, diesen vor dem Annähen in Zuckerwasser tauchen und zum Trocknen in Form legen.

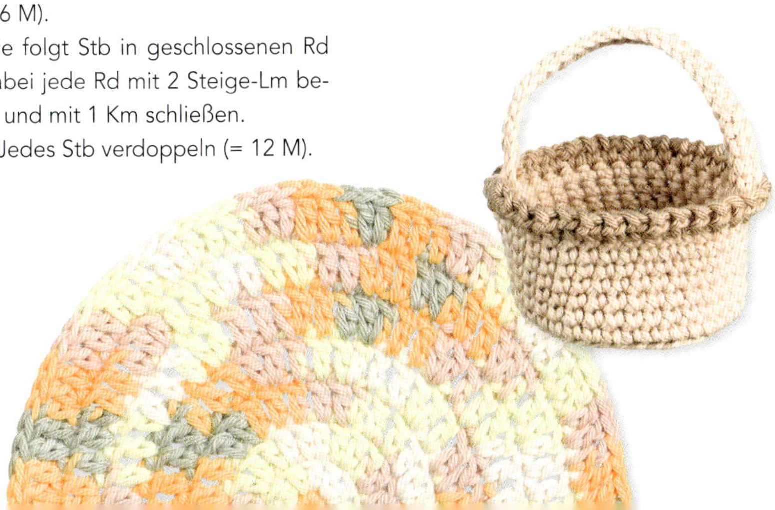

Schokoladenkuchen

In Karamell einen Magic-Ring anschl.
1. Rd: 6 fM in den Ring häkeln, festziehen (= 6 M).
Nun wie folgt fM in Spiralrd arb.
2. Rd: Jede fM verdoppeln (= 12 M).
3. Rd: 6x (1 fM, 1 fM verdoppeln) (= 18 M).

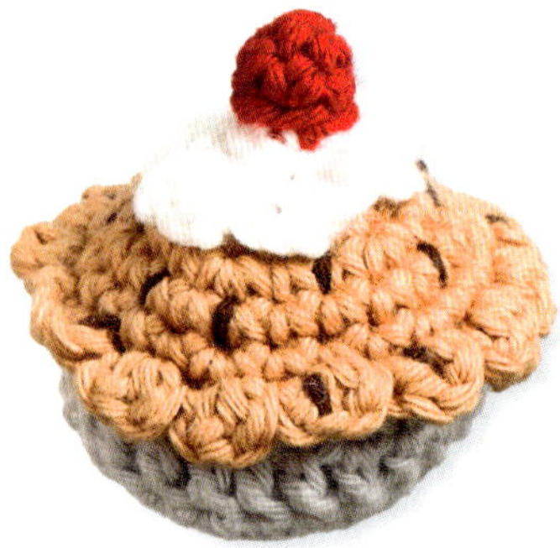

4. Rd: 6x (2 fM, 1 fM verdoppeln) (= 24 M).
5. Rd: Jeweils 24 fM häkeln.
6. Rd: 6x (3 fM, 1 fM verdoppeln) (= 30 M).
7. Rd: In die hinteren M-Glieder arb: 6x (3 fM, 2 fM zusammen abmaschen) (= 24 M).
8. Rd (Hellgrau): 24 fM häkeln.
Mit 1 Km schließen und 1 geschlossene Rd Stb wie folgt arb.
9. Rd: 2 Steige-Lm, 24 Stb, 1 Km (= 24 M).
Nun wie folgt fM in Spiralrd arb.
10. Rd: 24 fM häkeln.
11. Rd: In die hinteren M-Glieder arb: 6x (2 fM, 2 fM zusammen abmaschen) (= 18 M).
18. Rd: 6x (1 fM, 2 fM zusammen abmaschen) (= 12 M).
19. Rd: 6x (2 fM zusammen abmaschen) (= 6 M).
Den Kuchen stopfen.
Zum Verschließen den Faden ca. 15 cm lang abschneiden und durch die letzte M ziehen. Den Faden mit einer Sticknd von außen nach innen durch jedes vordere M-Glied der verbliebenen M führen. Den Faden festziehen und vernähen.

Kuchenrand

Für den gewellten Kuchenrand in Karamell an ein vorderes M-Glied der 6. Rd anketten und in geschlossenen Rd wie folgt häkeln.
10x (1 Km, 3 Stb in die nächste M, 1 Km) (= 50 M).
Den Faden abschneiden, durch die letzte M ziehen und vernähen.
In Schokolade die Schokostreusel aufsticken.

Kirsche und Sahnehaube

In Rot einen Magic-Ring anschl.
1. Rd: 5 fM in den Ring häkeln, festziehen (= 5 M).
Nun wie folgt fM in Spiralrd arb.
2. Rd: 5 fM häkeln.
3. Rd (Weiß): 5 fM häkeln.
4. Rd: Jede fM verdoppeln (= 10 M).
5. Rd: 10x (3 Lm, 1 Km in die nächste M) (= 40 M).
Den Faden ca. 15 cm lang abschneiden und durch die letzte M ziehen. Die Kirsche mittig auf dem Kuchen festnähen.

Apfel

In Rot einen Magic-Ring anschl.
1. Rd: 6 fM in den Ring häkeln, festziehen (= 6 M).
Nun wie folgt fM in Spiralrd arb.
2. Rd: Jede fM verdoppeln (= 12 M).
3. Rd: 6x (1 fM, 1 fM verdoppeln) (= 18 M).
4. Rd: 18 fM häkeln.
5. Rd: 6x (2 fM, 1 fM verdoppeln) (= 24 M).
6.+7. Rd: Jeweils 24 fM häkeln.
8. Rd: 6x (2 fM, 2 fM zusammen abmaschen) (= 18 M).
9. Rd: 6x (1 fM, 2 fM zusammen abmaschen) (= 12 M).
10. Rd: 6x (2 fM zusammen abmaschen) (= 6 M).
Den Apfel fest stopfen.
Zum Verschließen den Faden ca. 15 cm lang abschneiden und durch die letzte M ziehen. Den Faden mit einer Sticknd von außen nach innen durch jedes vordere M-Glied der verbliebenen M ziehen. Den Faden festziehen und vernähen.

Stiel

In Schokolade 4 Lm und 1 Wende-Lm anschl und 4 fM zurück häkeln.
Den Faden durch die letzte M ziehen, abschneiden und mit einem Knoten fixieren.
Den Stiel mittig oben auf den Apfel nähen.

Blatt

In Pistazie 3 Lm und 1 Wende-Lm anschl und 1 fM, 1 Stb, 1 fM zurück häkeln.
Den Faden durch die letzte M ziehen, abschneiden und mit einem Knoten fixieren.
Das Blatt neben den Stiel auf den Apfel nähen.

Nun den Apfel zusammenziehen. Dafür eine ausreichende Menge Garn in Rot (ca. 20 cm) abschneiden. Mit einer stumpfen Stopfnd an der Unterseite des Apfels in eine M dicht neben der Mitte einstechen und das Garn einmal durch den Apfel nach oben ziehen. Das Garn auf die gleiche Weise von oben nach unten durch den Apfel führen. Nun fest am Garn, das unten aus dem Apfel herausschaut, ziehen und die obere und untere Seite zueinander bringen.

Zum Schluss den Faden an der Unterseite vernähen.

Mandarine

In Mandarine einen Magic-Ring anschl.

1. Rd: 6 fM in den Ring häkeln, festziehen (= 6 M).

Nun wie folgt fM in Spiralrd arb.

2. Rd: Jede fM verdoppeln (= 12 M).

3. Rd: 6x (1 fM, 1 fM verdoppeln) (= 18 M).

4.+5. Rd: Jeweils 18 fM häkeln.

6. Rd: 6x (1 fM, 2 fM zusammen abmaschen) (= 12 M).

7. Rd: 6x (2 fM zusammen abmaschen) (= 6 M).

Die Mandarine fest stopfen.

Zum Verschließen den Faden ca. 15 cm lang abschneiden und durch die letzte M ziehen. Den Faden mit einer Sticknd von außen nach innen durch jedes vordere M-Glied der verbliebenen M ziehen. Den Faden festziehen und vernähen.

In Pistazie oben und unten jeweils ein kleines Kreuz auf die Mandarine sticken.

Milchflasche

In Blau einen Magic-Ring anschl.

1. Rd: 6 fM in den Ring häkeln, festziehen (= 6 M).

Nun wie folgt fM in Spiralrd arb.

2. Rd: 6x (1 fM, 1 fM verdoppeln) (= 9 M).

3. Rd (Weiß): 9 fM nur in die hinteren M-Glieder arb.

4.-7. Rd: Jeweils 9 fM häkeln.

8. Rd: 3x (2 fM, 1 fM verdoppeln) (= 12 M).

9. Rd: 6x (1 fM, 1 fM verdoppeln) (= 18 M).

10.-15. Rd: Jeweils 18 fM häkeln.

16. Rd: 6x (1 fM, 2 fM zusammen abmaschen) (= 12 M).

Die Flasche stopfen.

17. Rd: 6x (2 fM zusammen abmaschen) (= 6 M).

Zum Verschließen den Faden ca. 15 cm lang abschneiden und durch die letzte M ziehen. Den Faden mit einer Sticknd von außen nach innen durch jedes vordere M-Glied der verbliebenen M ziehen. Den Faden festziehen und vernähen.

Etikett

In Hellblau 7 Lm und 1 Wende-Lm anschl. Nun wie folgt fM in R arb. Dabei am Ende jeder R 1 Lm arb und wenden. Beides entfällt in der letzten R.

1.-4. R: Jeweils 7 fM häkeln.

Den Faden ca. 20 cm lang abschneiden und durch die letzte M ziehen.

Nun mit Stickgarn in Schwarz das Wort „Milch" auf das Etikett sticken. Den Faden auf der Rückseite des Etiketts vernähen.

Anschließend das Etikett auf die Flasche nähen.

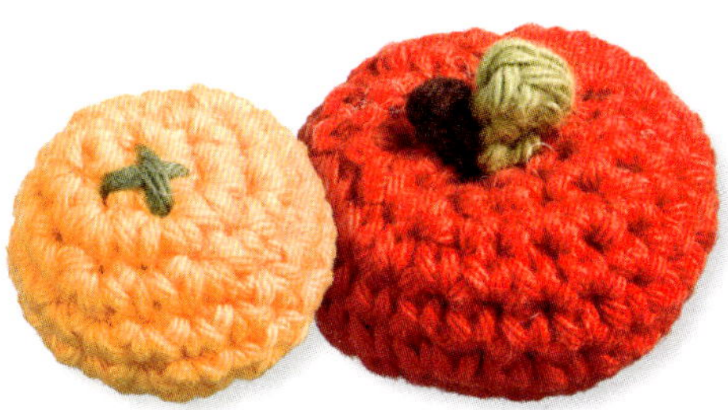

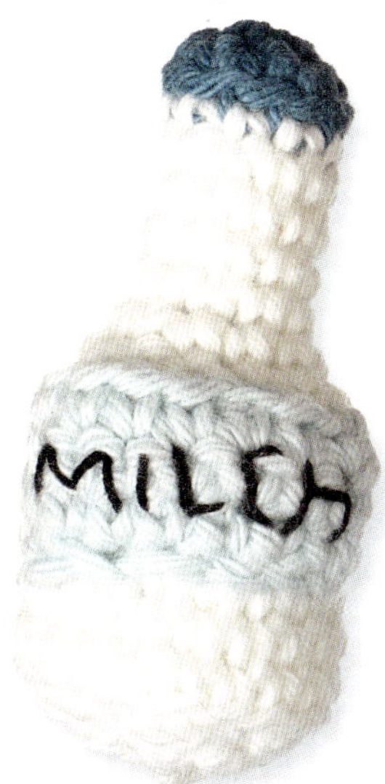

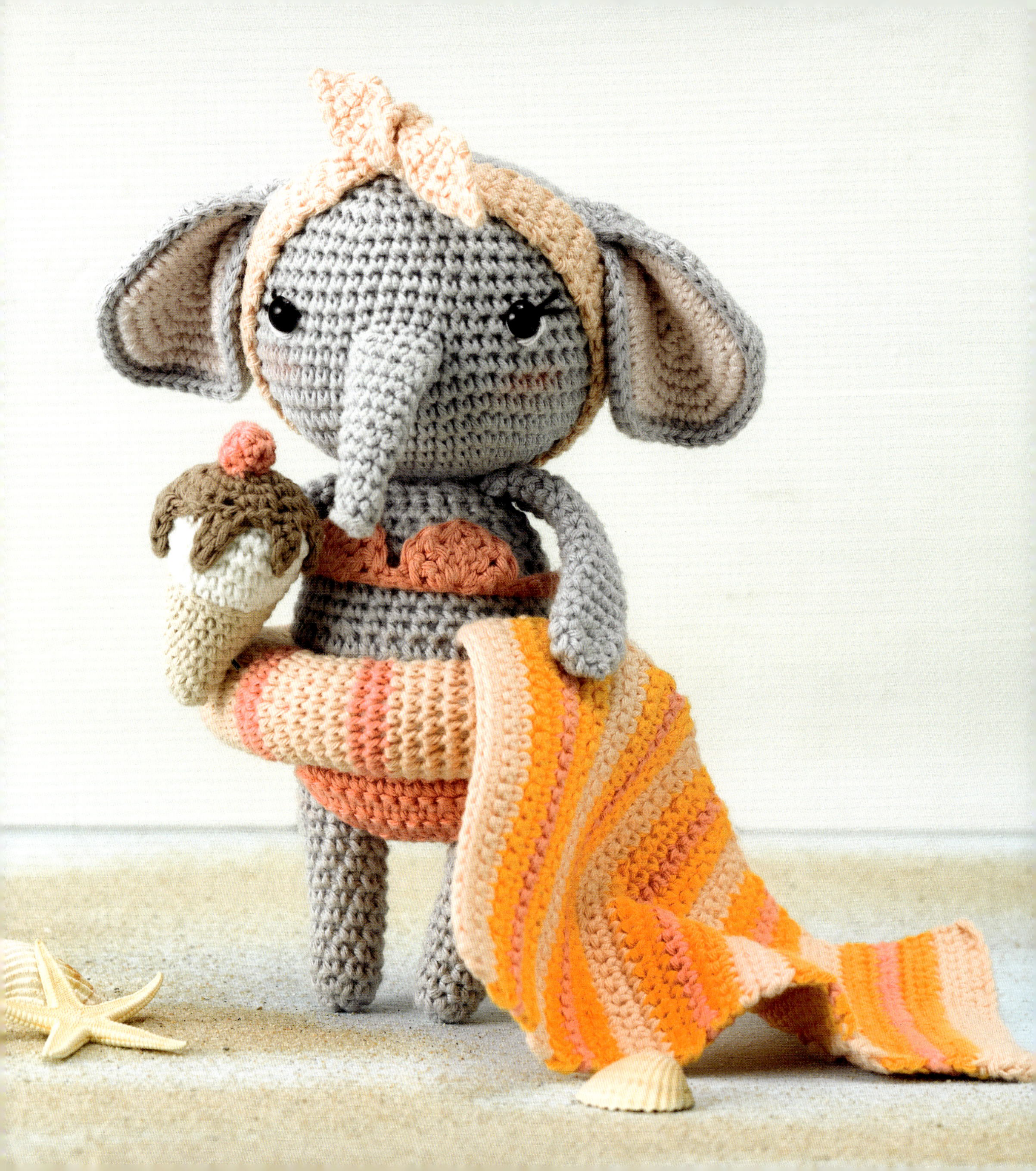

Juni

Mit dem Juni kommt endlich der Sommer und die Badesaison beginnt. Emmi Elefant hat gerade noch rechtzeitig den perfekten Bikini gefunden. Ihr Lieblingsbandana passt ausgezeichnet dazu. Das trägt Emmi natürlich nur, wenn sie auf ihrem Handtuch entspannt, sich im Schwimmring von den Wellen umherschaukeln lässt oder bei einem gemütlichen Strandspaziergang ein leckeres Eis verputzt. Dieser süßen Verführung kann Emmi einfach nicht widerstehen. Aber sie ist auch eine ausgezeichnete Schwimmerin und dreht gleich noch eine Runde. Für Emmi dürfte es immer Sommer sein.

SCHWIERIGKEIT ●●○

Größe
ca. 20 cm

EMMI ELEFANT

Elefant

Rico Design Creative RICO-RUMI DK (LL 57,5 m/25 g) in Silbergrau (Fb 58), 30 g, Rosa (Fb 11) und Lachs (Fb 21), je 20 g, Nude (Fb 23), 12 g und Weiß (Fb 01), Rest

Stickgarn in Schwarz, Rest

Häkelnadel 2,5 mm

1 Paar Sicherheitsaugen in Schwarz, ø 8 mm

Rouge

Füllwatte

Maschenmarkierer

Stecknadeln

abgerundete Kinderschere als Ausstopfhilfe

Sticknadel zum Vernähen

Schwimmring

Rico Design Creative RICO-RUMI DK (LL 57,5 m/25 g) in Lachs (Fb 21) und Nude (Fb 23), je 20 g

Füllwatte

Kinderschere als Ausstopfhilfe

Sticknadel zum Vernähen

Strandtuch

Rico Design Creative RICO-RUMI DK (LL 57,5 m/25 g) in Nude (Fb 23) und Mandarine (Fb 26), je 20 g und Lachs (Fb 21), 15 g

Sticknadel zum Vernähen

Eis

Rico Design Creative RICO-RUMI DK (LL 57,5 m/25 g) in Natur (Fb 54), 15 g, Creme (Fb 21) und Nougat (Fb 46), je 10 g und Himbeere (Fb 13), 5 g

Füllwatte

Sticknadel zum Vernähen

Eis

Eiswaffel

In Natur einen Magic-Ring anschl.

1. Rd: 6 fM in den Ring häkeln, festziehen (= 6 M).

Nun wie folgt fM in Spiralrd häkeln.

2. Rd: 2x (2 fM, 1 fM verdoppeln) (= 8 M).

3. Rd: 2x (3 fM, 1 fM verdoppeln) (= 10 M).

4. Rd: 2x (4 fM, 1 fM verdoppeln) (= 12 M).

5. Rd: 2x (5 fM, 1 fM verdoppeln) (= 14 M).

6. Rd: 2x (6 fM, 1 fM verdoppeln) (= 16 M).

7. Rd: 2x (7 fM, 1 fM verdoppeln) (= 18 M).

8. Rd: 18 fM häkeln.

9. Rd (Creme): In die hinteren M-Glieder arb: 6x (2 fM, 1 fM verdoppeln) (= 24 M).

10.-12. Rd: Jeweils 24 fM häkeln.

13. Rd: 6x (2 fM, 2 fM zusammen abmaschen) (= 18 M).

14. Rd: 6x (1 fM, 2 fM zusammen abmaschen) (= 12 M).

15. Rd: 3x (2 fM, 2 fM zusammen abmaschen) (= 9 M).

16. Rd: 3x (1 fM, 2 fM zusammen abmaschen) (= 6 M).

Zum Verschließen den Faden ca. 15 cm lang abschneiden und durch die letzte M ziehen. Den Faden mit einer Sticknd von außen nach innen durch jedes vordere M-Glied der verbliebenen M führen. Den Faden festziehen und vernähen.

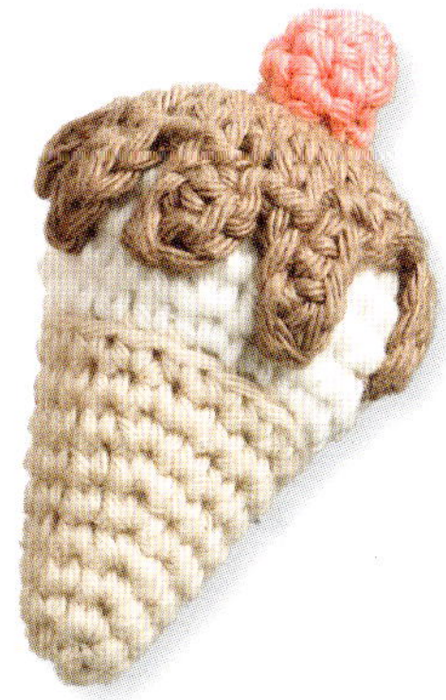

Schokoladenglasur

In Himbeere einen Magic-Ring anschl.

1. Rd: 6 fM in den Ring häkeln, festziehen (= 6 M).

Nun wie folgt fM in Spiralrd häkeln.

2.-3. Rd: 6 fM häkeln.

4. Rd (Nougat): Jede fM verdoppeln (= 12 M).

5. Rd: 6x (1 fM, 1 fM verdoppeln) (= 18 M).

In der 6. Rd wird eine Sequenz gehäkelt, die bis Ende der Rd 3x wiederholt wird.

6. Rd: 2 fM, 4 Lm, 3 fM entlang der Lm zurück, 2 fM, 3 Lm, 2 fM entlang der Lm zurück häkeln (= 16 M).

Den Faden ca. 15 cm lang abschneiden und die Glasur auf das Eis nähen.

Tipp: Als Alternative zur Glasur können mit Wollresten bunte Streusel auf das Eis gestickt werden.

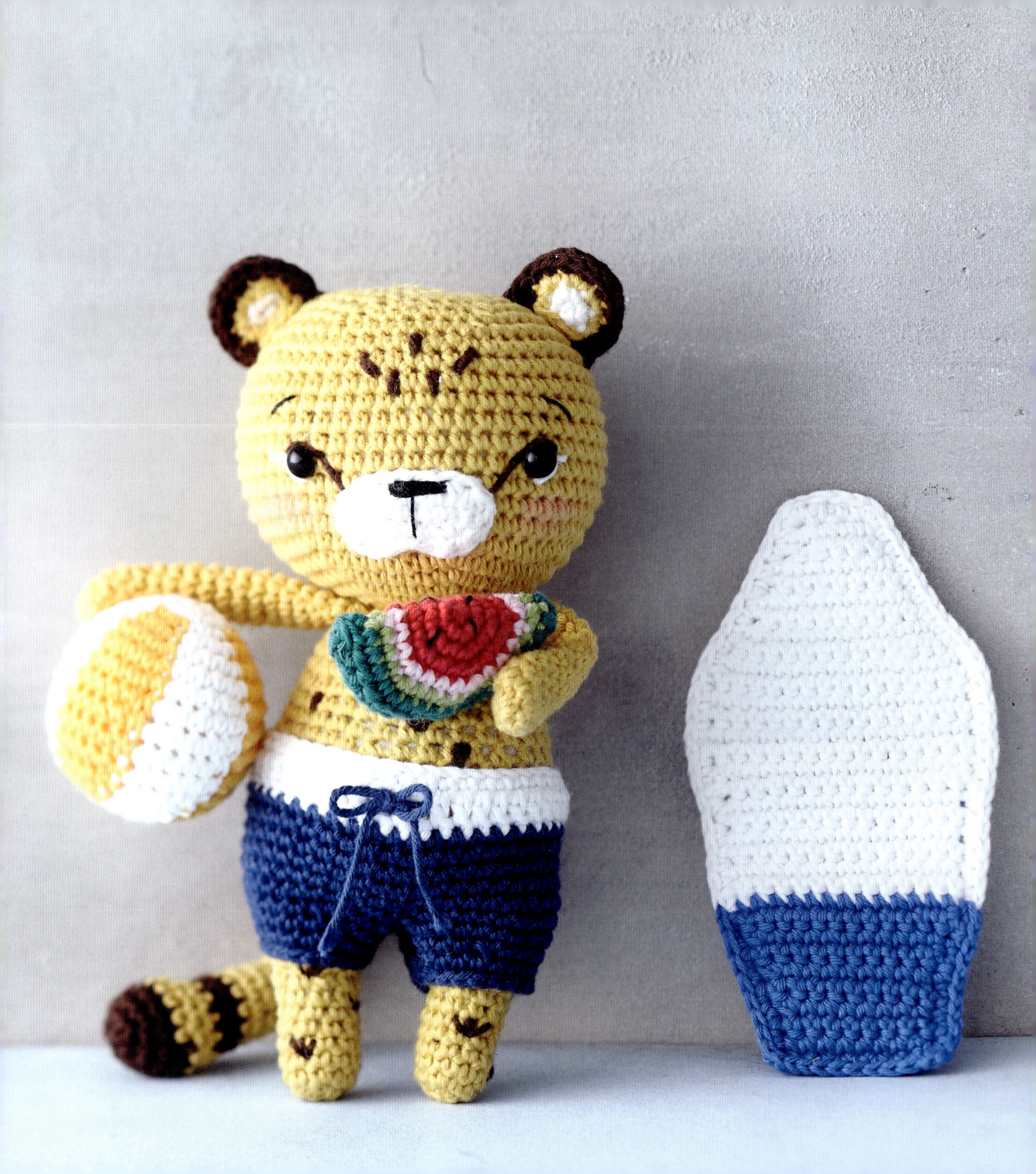

Juli

Das ganze Jahr über fiebert Gino Gepard dem Juli entgegen, denn dann geht es endlich in die Ferien. Nichts liebt der sportliche Gino mehr als das Surfen. An den Stränden von Spanien, Frankreich und Kalifornien ist er schon einige Wellen geritten. Nun wartet das nächste Abenteuer. Gino freut sich darauf, im Urlaub neue Freunde zu finden und mit ihnen Wasserball zu spielen. Wenn der energiegeladene Gepard mal eine Pause braucht, ist ein erfrischendes Stück Melone sein liebster Snack. Und der schmeckt Gino mit seinen Freunden am allerbesten.

SCHWIERIGKEIT ●●○

Größe
ca. 19 cm

GINO GEPARD

Gepard

Rico Design Creative RICO-RUMI DK (LL 57,5 m/25 g) in Safran (Fb 63), 35 g, Schokolade (Fb 57), 17 g, Nachtblau (Fb 35), 20 g, Creme (Fb 02) und Weiß (Fb 01), je 10 g

Stickgarn in Schwarz, Rest

Häkelnadeln 2,25 mm und 2,5 mm

1 Paar Sicherheitsaugen in Schwarz, ø 8 mm

Rouge

Chenilledraht, 10 cm lang (optional)

Füllwatte

Maschenmarkierer

Stecknadeln

abgerundete Kinderschere als Ausstopfhilfe

Sticknadel zum Vernähen

Surfboard

Rico Design Creative RICO-RUMI DK (LL 57,5 m/25 g) in Weiß (Fb 01), 20 g und Blau (Fb 32), 15 g

Häkelnadel 2,5 mm

Pappe, ca. 7 cm x 16 cm

Schere und Bleistift

Sticknadel zum Vernähen

Ball

Rico Design Creative RICO-RUMI DK (LL 57,5 m/25 g) in Mandarine (Fb 26) und Weiß (Fb 01), je 15 g

Häkelnadel 2,5 mm

Füllwatte

Sticknadel zum Vernähen

Wassermelone

Rico Design Creative RICO-RUMI DK (LL 57,5 m/25 g) in Himbeere (Fb 13), 15 g, Efeu (Fb 43), 12 g, Bonbonrosa (Fb 12) und Pistazie (Fb 47), je 10 g

Stickgarn in Schwarz, Rest

Häkelnadel 2,5 mm

Füllwatte

Sticknadel zum Vernähen

Schnauze

Wenn nicht anders angegeben Häkelnd 2,5 mm verwenden. In Creme 6 Lm und 1 Wende-Lm anschl. Die Lm-Kette wie folgt mit fM umhäkeln.
2 fM in 1 Lm, 4 fM, 3 fM in die letzte Lm, auf der anderen Seite 5 fM zurück häkeln (= 14 M).
Nun 1 Rd wie folgt arb.
2 fM in 1 M der Vorrd, 2 Stb in 1 M der Vorrd, 1 Stb, 2 fM, 1 Stb, 2 Stb in 1 M der Vorrd, 2 fM in 1 M der Vorrd, 2 Stb in 1 M der Vorrd, 1 fM, 2 Km, 1 fM, 2 Stb in 1 M der Vorrd (= 20 M).
Mit 1 Km in die 1. M der 2. Rd schließen.

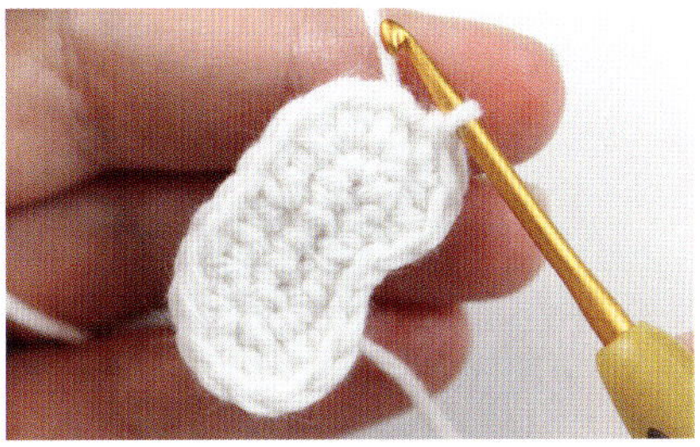

Den Faden ca. 20 cm lang abschneiden und durch die letzte M ziehen.
Mit Stickgarn in Schwarz in T-Form die Nase aufsticken und den Faden auf der Rückseite vernähen.

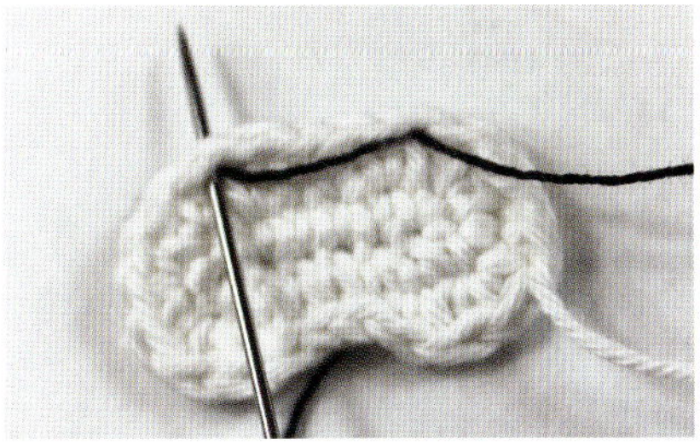

Die Schnauze zunächst zur Seite legen.

Beine

Die Beine nach der Basic-Anleitung S. 118 in Safran häkeln und verbinden. Dann die Beine sehr fest stopfen.
Nun die Beine mit dem Fellmuster besticken. Dafür in Schokolade verteilt kleine Striche und eine V-Form, die ebenfalls durch Striche ergänzt wird, sticken.
Die Beine sehr fest stopfen.

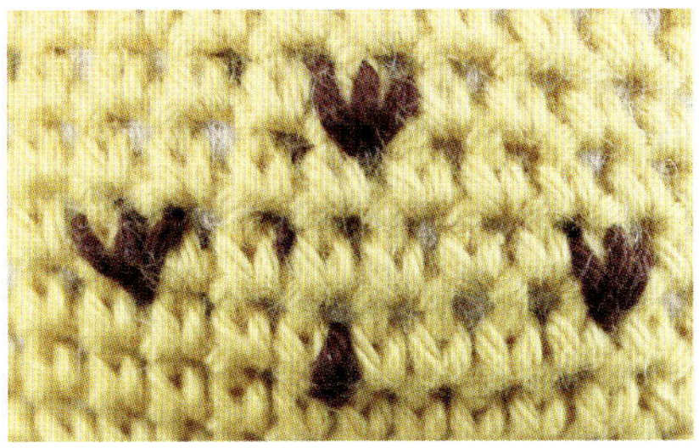

Körper

Nun den Körper in Spiralrd in Safran anhäkeln. Dabei nach und nach in Schokolade das Fellmuster aufsticken.
1. Rd: 4x (7 fM, 1 fM verdoppeln) (= 36 M).
2.-9. Rd: Jeweils 36 fM häkeln. Die 2. und 4. Rd mit einem M-Markierer kennzeichnen.
10. Rd: 6x (4 fM, 2 fM zusammen abmaschen) (= 30 M).
11.-13. Rd: Jeweils 30 fM häkeln.
14. Rd: 6x (3 fM, 2 fM zusammen abmaschen) (= 24 M).
15.+16. Rd: Jeweils 24 fM häkeln.
Auf den bis hierhin gehäkelten Teil des Körpers nochmals das Fellmuster in Schokolade aufsticken.
Den Körper sehr fest stopfen.
17. Rd: 6x (2 fM, 2 fM zusammen abmaschen) (= 18 M).
18. Rd: 6x (1 fM, 2 fM zusammen abmaschen) (= 12 M).
19. Rd: 12 fM häkeln.
Den Faden nicht abschneiden, es geht mit dem Kopf weiter.
Den Körper nochmals fest stopfen.

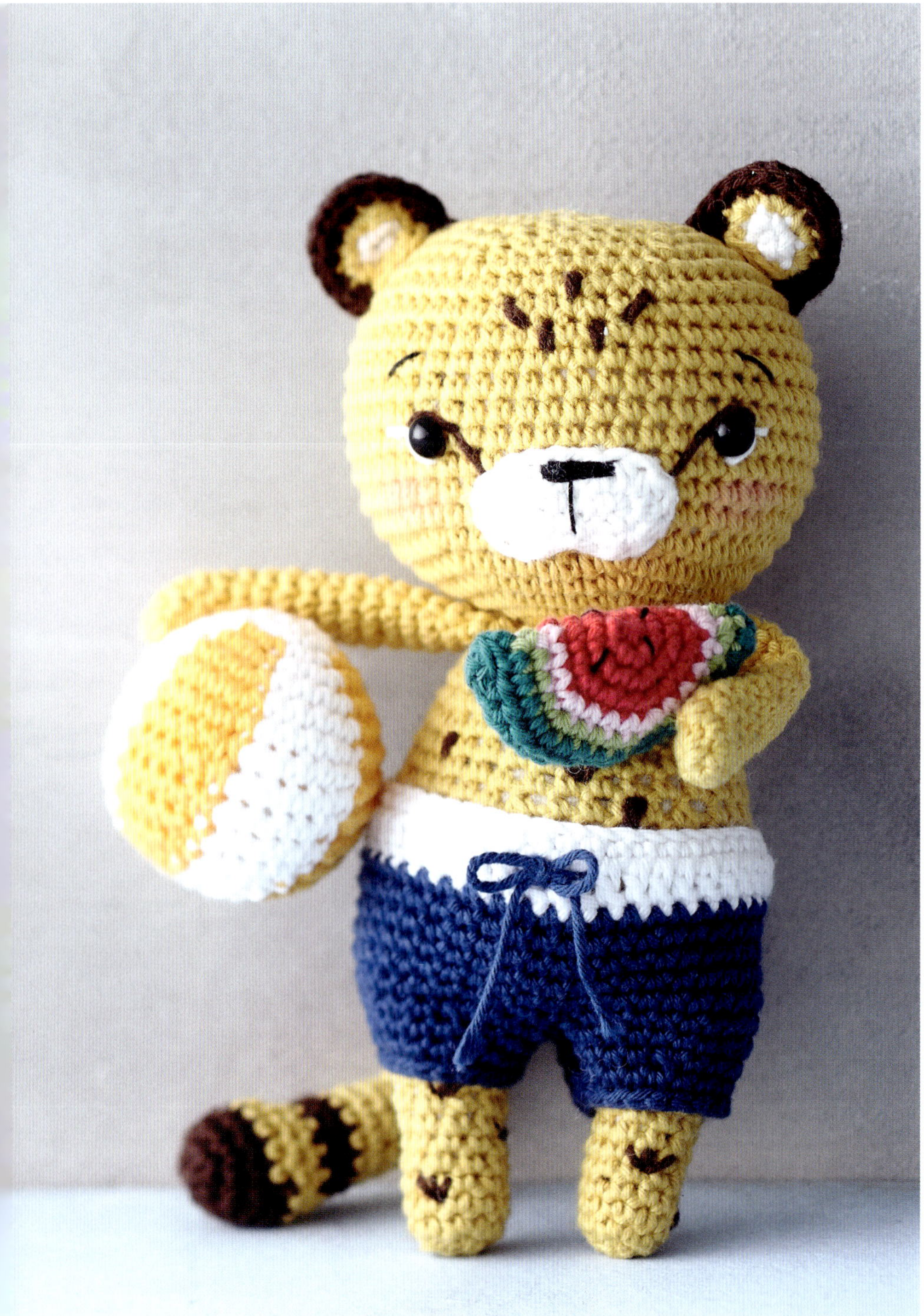

Kopf

Den Kopf in Spiralrd in Safran arb.
1. Rd: Jede fM verdoppeln (= 24 M).
2. Rd: 6x (3 fM, 1 fM verdoppeln) (= 30 M).
3. Rd: 6x (4 fM, 1 fM verdoppeln) (= 36 M).
4. Rd: 6x (5 fM, 1 fM verdoppeln) (= 42 M).
5. Rd: 6x (6 fM, 1 fM verdoppeln) (= 48 M).
6. Rd: 6x (7 fM, 1 fM verdoppeln) (= 54 M).
7.–16. Rd: Jeweils 54 fM häkeln.
17. Rd: 6x (7 fM, 2 fM zusammen abmaschen) (= 48 M).
18. Rd: 6x (6 fM, 2 fM zusammen abmaschen) (= 42 M).
Nun zwischen der 9. und 10. Rd des Kopfes die Sicherheitsaugen mit einem Abstand von 12 M anbringen. In Weiß die Lichtpunkte aufsticken.
19. Rd: 6x (5 fM, 2 fM zusammen abmaschen) (= 36 M).
20. Rd: 6x (4 fM, 2 fM zusammen abmaschen) (= 30 M).
21. Rd: 6x (3 fM, 2 fM zusammen abmaschen) (= 24 M).
Anschließend die Schnauze zur Hand nehmen und am Kopf vorn mittig etwa 1 Rd unterhalb der Augen zunächst mit Stecknd fixieren.

Nun das Fellmuster auf den Kopf sticken. Dafür in Schokolade auf beiden Seiten je 1 Strich von der Oberseite der Augen über die Innenseite zur Schnauze sticken. Dann an der Stirn 5 kleine Striche in der Länge 1 Rd aufbringen.
Nun auch die Schnauze festnähen.
Mit Stickgarn in Schwarz die Augenbrauen aufsticken.
In Weiß den Lichtpunkt und einen kleinen waagrechten Strich mittig an den Außenseiten der Augen aufsticken.
Auf die Wangen etwas Rouge auftragen.

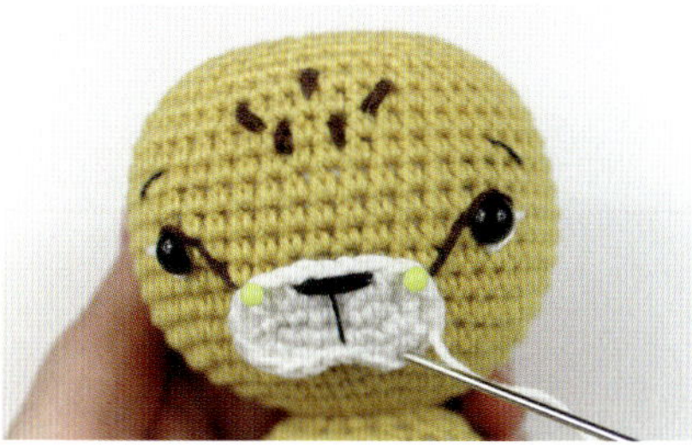

Nun weiter wie folgt fM in Spiralrd arb.
22. Rd: 6x (2 fM, 2 fM zusammen abmaschen) (= 18 M).
23. Rd: 6x (1 fM, 2 fM zusammen abmaschen) (= 12 M).
Kopf und Hals nochmals sehr fest stopfen.
24. Rd: 6x (2 fM zusammen abmaschen) 6x (= 6 M).
Zum Verschließen den Faden ca. 15 cm lang abschneiden und durch die letzte M ziehen. Den Faden mit einer Sticknd von außen nach innen durch jedes vordere M-Glied der verbliebenen M führen. Den Faden festziehen und vernähen.

Arm (2x)

Den Arm nach der Basic-Anleitung S. 120 2x in Safran häkeln.
Die Arme bündig links und rechts am Körper zwischen der 16. und 17. Rd festnähen.

Ohr (2x)

Für das Ohr 2 Kreise arb und miteinander verbinden.
Für den 1. Kreis in Creme einen Magic-Ring anschl.
1. Rd: 6 fM in den Ring häkeln, festziehen (= 6 M).
2. Rd (Safran): Jede fM verdoppeln (= 12 M).
Den Faden abschneiden, die Rd unsichtbar schließen und den Faden vernähen.
Für den 2. Kreis in Schokolade einen Magic-Ring anschl.
1. Rd: 6 fM in den Ring häkeln, festziehen (= 6 M).
2. Rd: Jede fM verdoppeln (= 12 M).
Den Faden nicht abschneiden. Er wird benötigt, um die Kreise zu verbinden.

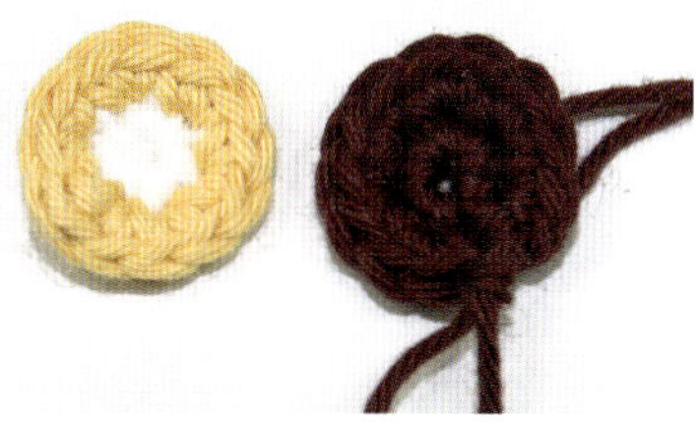

Dafür die Kreise M auf M aufeinanderlegen und wie folgt in die M-Glieder beider Kreise arb, dabei bleiben 3 M der Vorrd frei.
1 fM verdoppeln, 2 fM, 3x (2 hStb in 1 M der Vorrd), 2 fM, 1 fM verdoppeln (= 14 M).

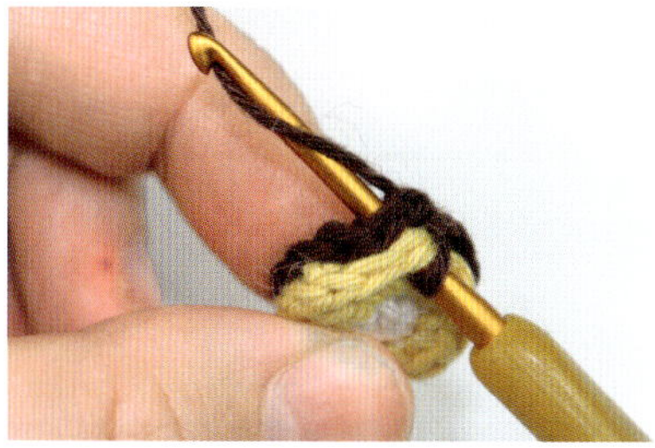

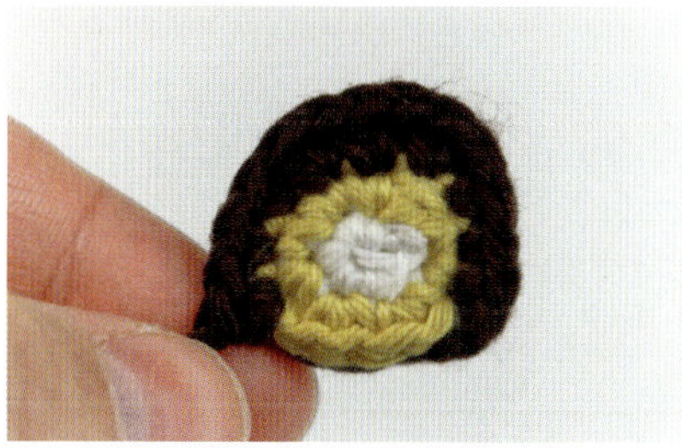

Den Faden ca. 20 cm lang abschneiden und das Ohr seitlich am Kopf festnähen. Darauf achten, in Schokolade nur die

3 hinteren M, die in dieser Fb gefertigt wurden, festzunähen. Die vorderen M in Safran befestigen.

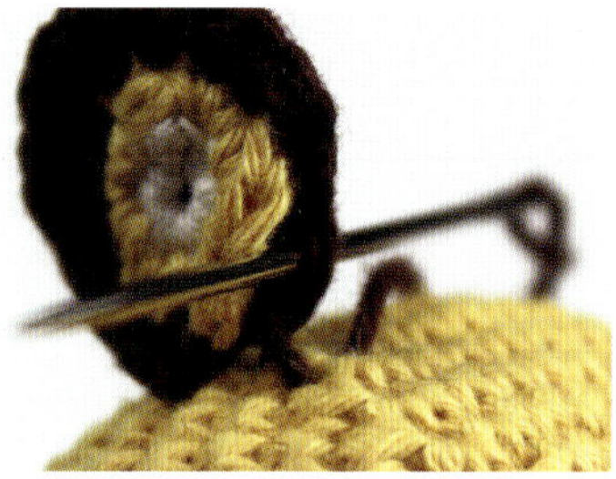

Das 2. Ohr genauso fertigen und an der anderen Kopfseite festnähen.

Badehose

Nun erhält der Gepard seine Badehose. Für eine gute Passform sollte sie mit einer kleineren Häkelnd (2,25 mm) und möglichst fest gehäkelt werden, das gilt insbesondere für die Stb.

In Weiß mit Häkelnd 2,25 mm 42 Lm und 1 Wende-Lm anschl und 42 fM in die Lm-Kette zurück häkeln.

Mit 1 Km zum Ring schließen. Darauf achten, dass sich das Häkelstück nicht verdreht.

Nun 1 R Stb wie folgt arb.

1. R: 2 Steige-Lm, 42 Stb häkeln.

Es geht weiter in Spiralrd in Nachtblau.

1. Rd (Nachtblau): 42 fM häkeln.

In der nächsten Rd wird eine Aussparung für den Schwanz gearb.

2. Rd: 1 fM, 6 Lm, 6 M überspringen, 35 fM bis zum Ende der Rd häkeln (= 36 M).

3. Rd: 1 fM, 6 fM in die 6 Lm der Vorrd, 35 fM bis zum Ende der Rd häkeln (= 42 M).

4.+5. Rd: Jeweils 42 fM häkeln.

Nun wird der Steg zwischen den beiden Hosenbeinen gearbeitet. Dafür nach der 5. Rd 4-5 fM häkeln, um unter die Mitte der Aussparung zu gelangen. Von hier aus zunächst 21 M nach links abzählen und einen M-Markierer in die 21. M setzen.

6 Lm anschl und die Lm-Kette rechts neben die markierte M anketten.

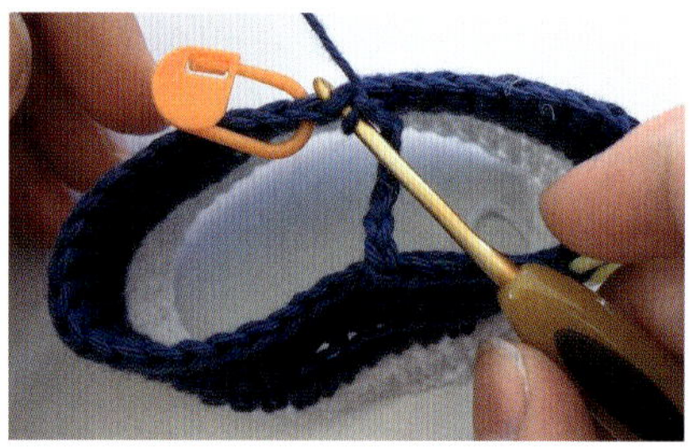

Für beide Hosenbeine geht es nun weiter in Spiralrd in Nachtblau. Die Zählung der Rd beginnt für jedes Hosenbein neu.

Hosenbein 1

6. Rd: 21 fM, 6 fM entlang der Lm häkeln (= 27 M).

7. Rd: 3x (7 fM, 2 fM zusammen abmaschen) (= 24 M).

8. Rd: 4x (4 fM, 2 fM zusammen abmaschen) (= 20 M).

9. Rd: 20 fM häkeln.

10. Rd: 20 Km nur in die vorderen M-Glieder arb.

Den Faden abschneiden, die Rd unsichtbar schließen und den Faden vernähen.

Hosenbein 2

Für das 2. Hosenbein auf der Rückseite der Hose in die 1. M neben dem 1. Hosenbein einstechen.

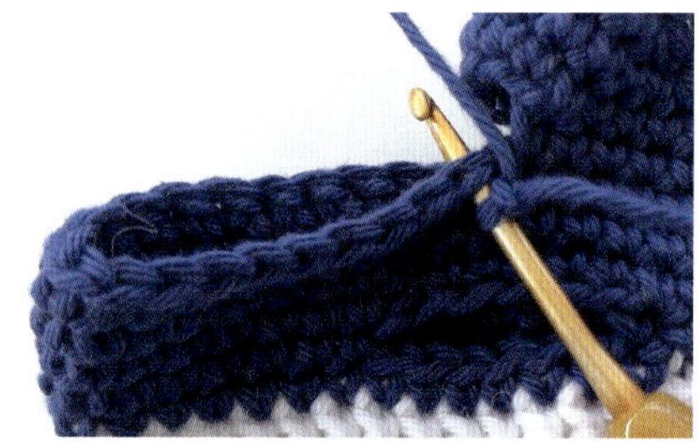

Nun die 6.-10. Rd wie beim 1. Hosenbein arb, jedoch für Rd 1 auf der anderen Seite der Lm-Kette einstechen.

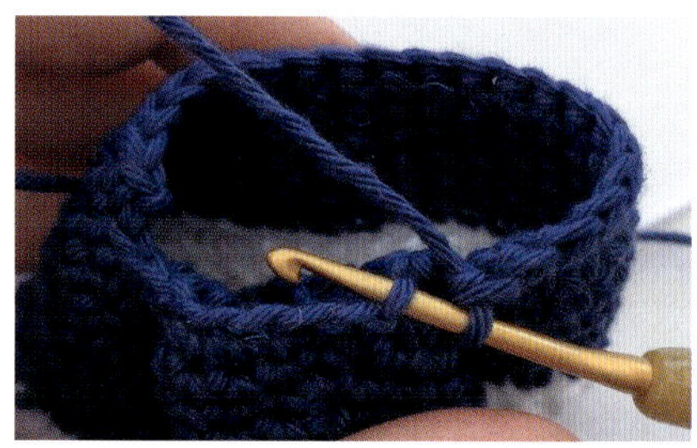

Den Faden abschneiden, die Runde unsichtbar schließen und den Faden vernähen.

Zum Abschluss kann mit einem etwa 10 cm langen Faden in Nachtblau vorne an der Badehose eine Schleife zwischen die mittigen Stb gebunden werden. Dafür von außen nach innen durch ein mittiges Stäbchen einstechen, ca. 2-3 Stäbchen daneben den Faden wieder nach vorne holen und dort zu einer Schleife binden.

Schwanz

In Schokolade einen Magic-Ring anschl.

1. Rd: 6 fM in den Ring häkeln, festziehen (= 6 M).

Nun wie folgt fM in Spiralrd arb und dabei den Schwanz nach und nach stopfen. Nach Wunsch ein ca. 10 cm langes Stück Chenilledraht einschieben und umhäkeln, dann lässt sich der Schwanz biegen.

2. Rd: Jede fM verdoppeln (= 12 M).
3. Rd: 3x (3 fM, 1 fM verdoppeln) (= 15 M).
4. Rd: 15 fM häkeln.
5. Rd (Safran): 15 fM häkeln.
6. Rd: 3x (3 fM, 2 fM zusammen abmaschen) (= 12 M).
7. Rd: 12 fM häkeln.
8.+9. Rd (Schokolade): 12 fM häkeln.
10. Rd (Safran): 12 fM häkeln.
11.+12. Rd: Jeweils 12 fM häkeln.
13. Rd: 3x (2 fM, 2 fM zusammen abmaschen) (= 9 M).
14.-25. Rd: Jeweils 9 fM häkeln.
15. Rd: 3x (1 fM, 2 fM zusammen abmaschen) (= 6 M).

Mit 1 Km schließen.

Den Faden ca. 20 cm lang abschneiden und durch die letzte M ziehen.

Vor dem Annähen des Schwanzes der Figur die Badehose anziehen und die Stelle, wo sich das Loch befindet, mit Stecknd markieren. Nun die Badehose wieder ausziehen und den Schwanz an der markierten Stelle festnähen.

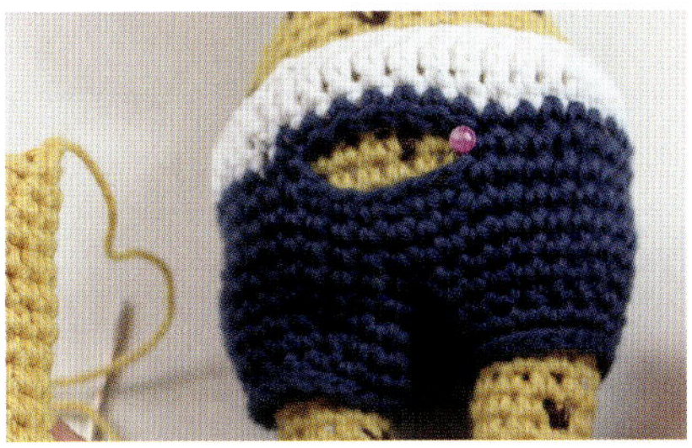

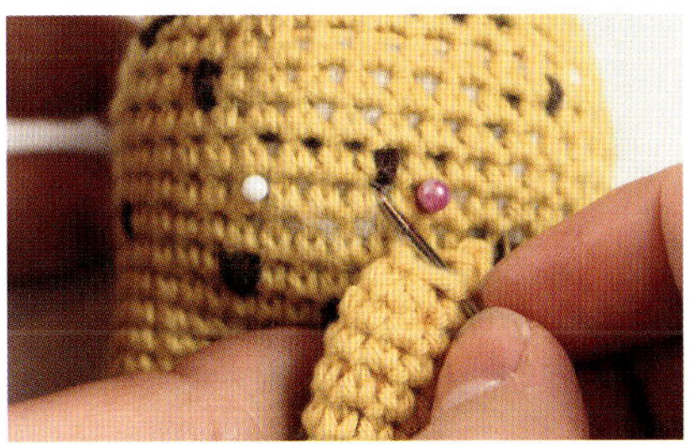

Surfboard

Für das Surfboard werden 2 identische Teile (Vorder- und Rückseite) in R gearbeitet und später zusammengehäkelt.

Für die Vorderseite in Weiß 4 Lm und 1 Wende-Lm anschl.

Nun wie folgt fM in R arb. Dabei jede R mit 1 Lm beginnen und am Ende wenden. In der letzten R entfällt beides.

1. R: 4 fM häkeln.
2. R: 1 fM verdoppeln, 2 fM, 1 fM verdoppeln (= 6 M).
3. R: 6 fM häkeln.
4. R: 1 fM verdoppeln, 4 fM, 1 fM verdoppeln (= 8 M).
5. R: 8 fM häkeln.
6. R: 1 fM verdoppeln, 6 fM, 1 fM verdoppeln (= 10 M).
7. R: 10 fM häkeln.
8. R: 1 fM verdoppeln, 8 fM, 1 fM verdoppeln (= 12 M).
9. R: 1 fM verdoppeln, 10 fM, 1 fM verdoppeln (= 14 M).
10. R: 1 fM verdoppeln, 12 fM, 1 fM verdoppeln (= 16 M).
11.-16. R: Jeweils 16 fM häkeln.
17. R: 2 fM zusammen abmaschen, 12 fM, 2 fM zusammen abmaschen (= 14 M).
18.-23. R: Jeweils 14 fM häkeln.
24. R (Blau): 14 fM häkeln.

25. R: 2 fM zusammen abmaschen, 12 fM (= 13 M).
26. R: 2 fM zusammen abmaschen, 11 fM (= 12 M).
27. R: 2 fM zusammen abmaschen, 10 fM (= 11 M).
28. R: 2 fM zusammen abmaschen, 9 fM (= 10 M).
29. R: 10 fM häkeln.
30. R: 2 fM zusammen abmaschen, 8 fM (= 9 M).
31.+32. R: Jeweils 9 fM häkeln.
Den Faden abschneiden, durch die letzte M ziehen und vernähen.
Die Rückseite genauso fertigen.
Damit das Surfboard seine Form behält, ein Stück Pappe zwischen beide Häkelstücke legen.

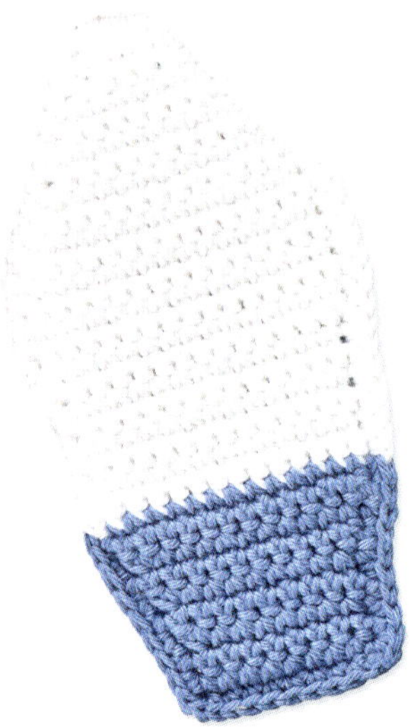

Für den Zuschnitt eines der beiden Häkelstücke auf die Pappe legen und rundherum zeichnen. Auf jeder Seite ca. 1 cm abnehmen und das Pappstück zuschneiden.

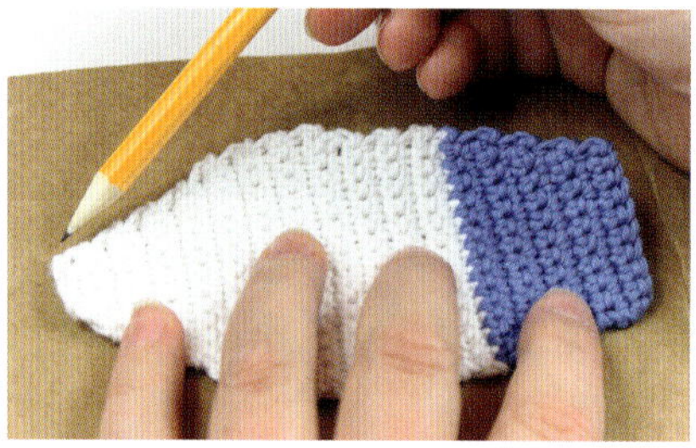

Nun beide Seiten M auf M aufeinanderlegen und die Pappe dazwischenschieben.

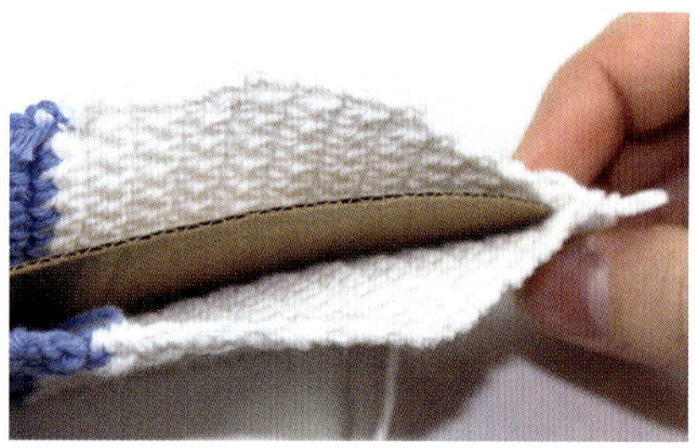

Mit fM wie folgt zusammenhäkeln, beginnend in der linken Ecke des unteren blauen Teils.
9 fM bis zur anderen Ecke, 3 fM in die Ecke, 32 fM nach oben, 2 fM in die 1. Lm, 2 hbSt in die 2. Lm, 2 hStb in die 3. Lm, 2 fM in die 4. Lm, 31 fM, 3 fM in die Ecke häkeln.
Mit 1 Km in die 1. fM schließen.

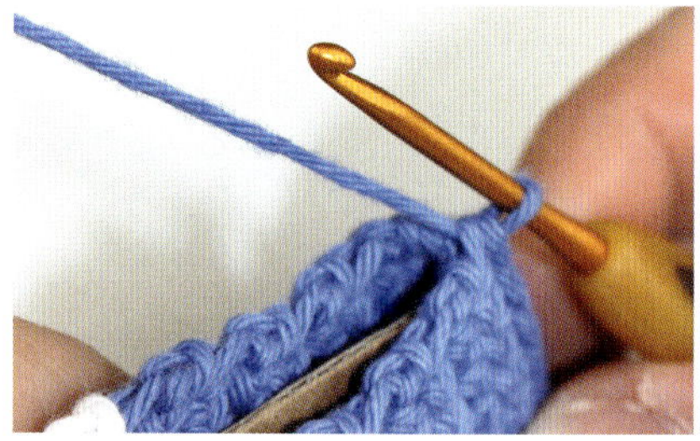

Den Faden abschneiden, die Rd unsichtbar schließen und den Faden nach innen vernähen.

Ball

In Weiß einen Magic-Ring anschl.
1. Rd: 6 fM in den Ring häkeln, festziehen (= 6 M).
Nun weiter fM in geschlossenen Rd arb. Dabei jede Rd mit 1 Steige-Lm beginnen und mit 1 Km schließen.
2. Rd: Jede fM verdoppeln (= 12 M).
In den folgenden Rd im Wechsel in Mandarine und in Weiß arb. Dabei den Faden der nicht benötigten Fb überhäkeln (d. h. hinter den M mitführen). Nach dem letzten Fb-Wechsel den Faden abschneiden und vernähen.

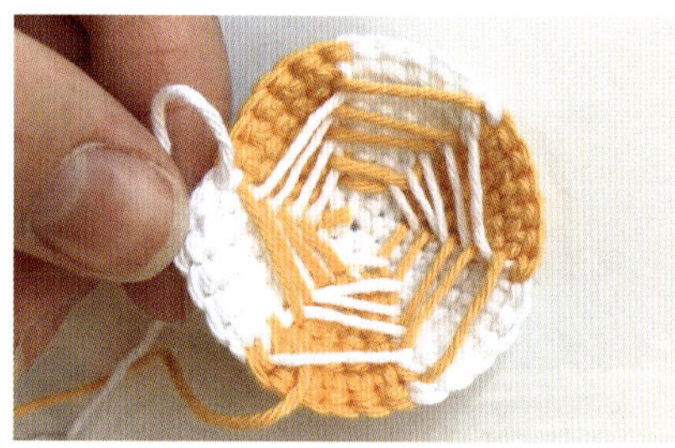

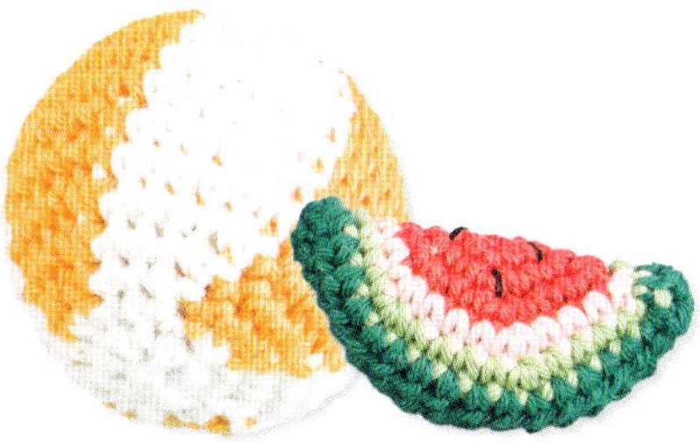

3. Rd: 3x (1 fM, 1 fM verdoppeln in Mandarine, 1 fM, 1 fM verdoppeln in Weiß) (= 18 M).
4. Rd: 3x (2 fM, 1 fM verdoppeln in Mandarine, 2 fM, 1 fM verdoppeln in Weiß) (= 24 M).
5. Rd: 3x (3 fM, 1 fM verdoppeln in Mandarine, 3 fM, 1 fM verdoppeln in Weiß) (= 30 M).
6. Rd: 3x (4 fM, 1 fM verdoppeln in Mandarine, 4 fM, 1 fM verdoppeln in Weiß) (= 36 M).
7.-10. Rd: Jeweils 3x (6 fM in Mandarine, 6 fM in Weiß) häkeln (= 36 M).
11. Rd: 3x (4 fM, 2 fM zusammen abmaschen in Mandarine, 4 fM, 2 fM zusammen abmaschen in Weiß) (= 30 M).
12. Rd: 3x (3 fM, 2 fM zusammen abmaschen in Mandarine, 3 fM, 2 fM zusammen abmaschen in Weiß) (= 24 M).
Den Ball stopfen.
13. Rd: 3x (2 fM, 2 fM zusammen abmaschen in Mandarine, 2 fM, 2 fM zusammen abmaschen in Weiß) (= 18 M).
14. Rd (Weiß): 6x (1 fM, 2 fM zusammen abmaschen) (= 12 M).
15. Rd: 6x (2 fM zusammen abmaschen) (= 6 M).
Den Ball nochmals stopfen.
Zum Verschließen den Faden ca. 15 cm lang abschneiden und durch die letzte M ziehen. Den Faden mit einer Sticknd von außen nach innen durch jedes vordere M-Glied der verbliebenen M führen. Den Faden festziehen und vernähen.

Wassermelone

In Himbeere einen Magic-Ring anschl.
1. Rd: 6 fM in den Ring häkeln, festziehen.
Nun wie folgt fM in Spiralrd arb.
2. Rd: Jede fM verdoppeln (= 12 M).
3. Rd: 6x (1 fM, 1 fM verdoppeln) (= 18 M).
4. Rd: 6x (2 fM, 1 fM verdoppeln) (= 24 M).
5. Rd (Bonbonrosa): 6x (3 fM, 1 fM verdoppeln) (= 30 M).
6. Rd (Pistazie): 6x (4 fM, 1 fM verdoppeln) (= 36 M).
7. Rd (Efeu): 1 Steige-Lm, 36 hStb (= 36 M).
Den Faden ca. 20 lang abschneiden und durch die Schlaufe auf der Nd ziehen.
Für die Kerne mit Stickgarn in Schwarz kleine Striche aufsticken.

Das Häkelstück mittig zu einem Halbkreis zusammenfalten, M auf M zusammennähen und dabei nach und nach stopfen.

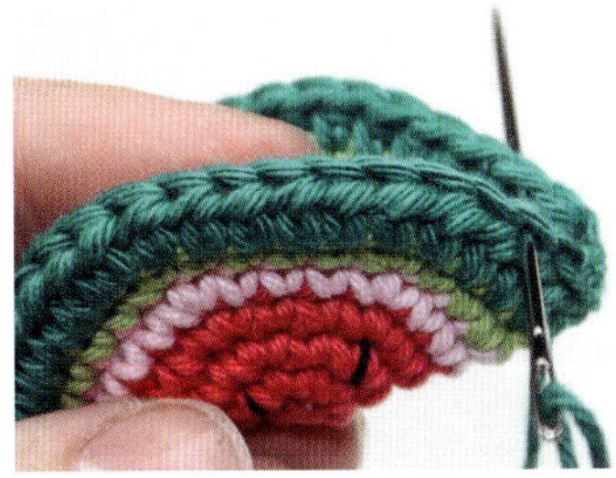

August

Die lauen, sternenklaren Nächte des August sind für Zoey Zebra das Schönste am Sommer. Dann geht es zum Camping hinaus in die Natur. Dafür braucht Zoey nicht viel. Alles passt bequem in ihren Rucksack, der sie schon auf vielen Touren begleitet hat. Eine Taschenlampe darf natürlich nicht fehlen, denn ausgiebige Nachtwanderungen gehören für das abenteuerlustige Zebra zu jedem Campingurlaub. Inzwischen ist das Zelt zu ihrem zweiten Zuhause geworden. Mit ihm will Zoey am liebsten die ganze Welt bereisen. Davon träumt sie, wenn die Grillen sie in den Augustnächten in den Schlaf zirpen.

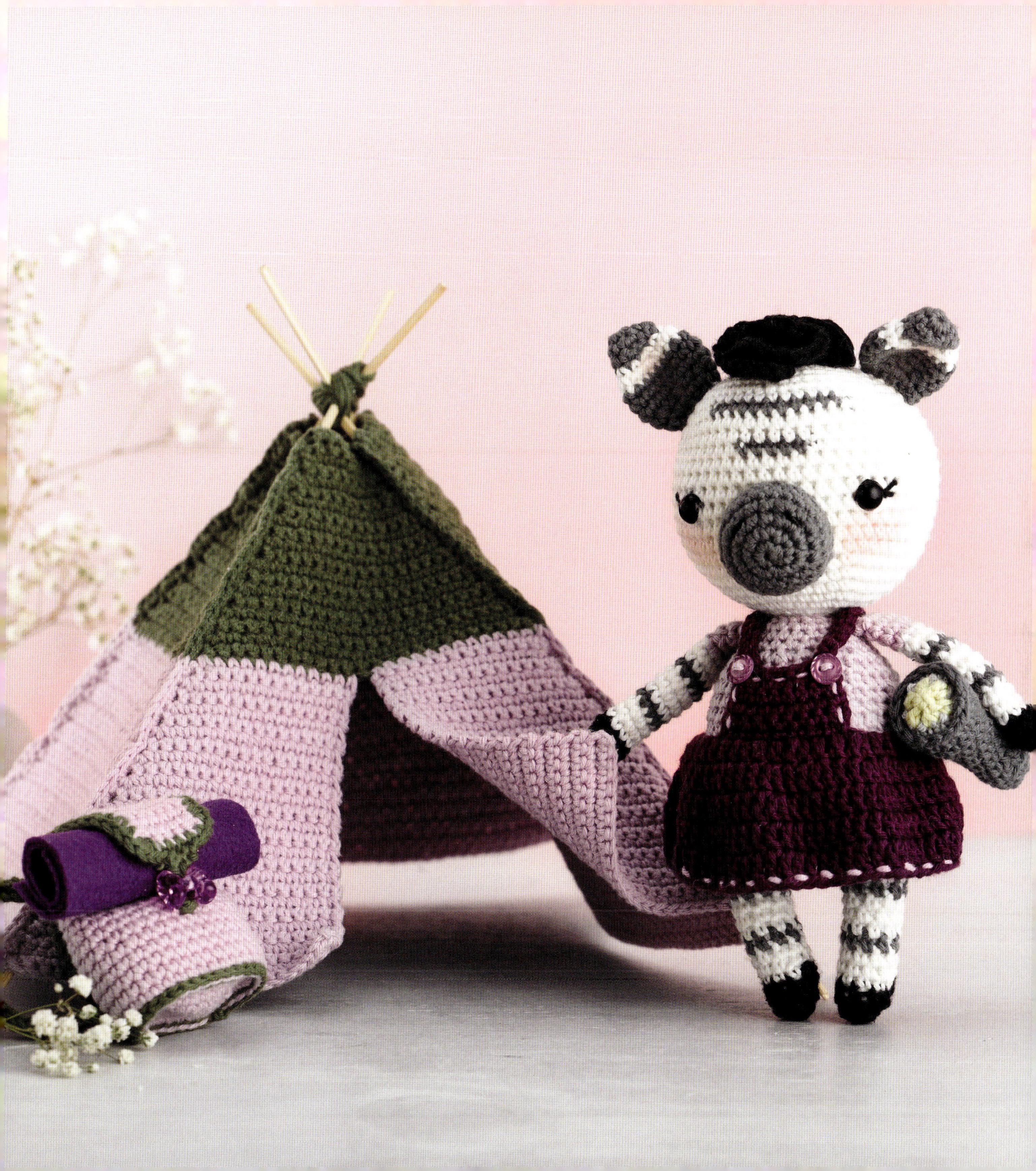

SCHWIERIGKEIT ●●○

Größe
ca. 20 cm

ZOEY ZEBRA

Zebra

Rico Design Creative RICO-RUMI DK (LL 57,5 m/25 g) in Creme (Fb 02) und Mausgrau (Fb 59), je 30 g, Schwarz (Fb 60), Flieder (Fb 17) und Lila (Fb 20), je 25 g und Weiß (Fb 01), Rest

Stickgarn in Schwarz, Rest

Häkelnadel 2,5 mm

1 Paar Sicherheitsaugen in Schwarz, ø 8 mm

2 Knöpfe in Lila, ø 6 mm

Rouge

Füllwatte

Maschenmarkierer

Stecknadeln

abgerundete Kinderschere als Ausstopfhilfe

Sticknadel zum Vernähen

Rucksack

Rico Design Creative RICO-RUMI DK (LL 57,5 m/25 g) in Flieder (Fb 17), 20 g und Oliv (Fb 48), 10 g

Häkelnadel 2,5 mm

Füllwatte

kleiner Knopf, z. B. in Schleifenform, ca. 1 cm lang

Sticknadel zum Vernähen

Bastelfilz in Lila, ca. 14,5 cm x 7,5 cm

Zelt

Rico Design Creative RICO-RUMI DK (LL 57,5 m/25 g) in Flieder (Fb 17), 50 g und Oliv (Fb 48), 30 g

4 Schaschlikspieße aus Holz, je 30 cm lang

Häkelnadel 2,5 mm

Sticknadel zum Vernähen

Taschenlampe

Rico Design Creative RICO-RUMI DK (LL 57,5 m/25 g) in Mausgrau (Fb 59), 15 g, Pastellgelb (Fb 62), 10 g und Hellgrau (Fb 03), 5 g

Häkelnadel 2,5 mm

Füllwatte

Sticknadel zum Vernähen

Beine

Die Beine nach der Basic-Anleitung S. 118 mit folgendem Fb-Muster häkeln und in Flieder verbinden.

1.-3. Rd: Schwarz

4. Rd: In die hinteren M-Glieder arb: Creme

5.-6. Rd: Creme

7. Rd: Mausgrau

8.-10. Rd: Creme

11. Rd: Mausgrau

12. Rd: Flieder

Dann die Beine sehr fest stopfen.

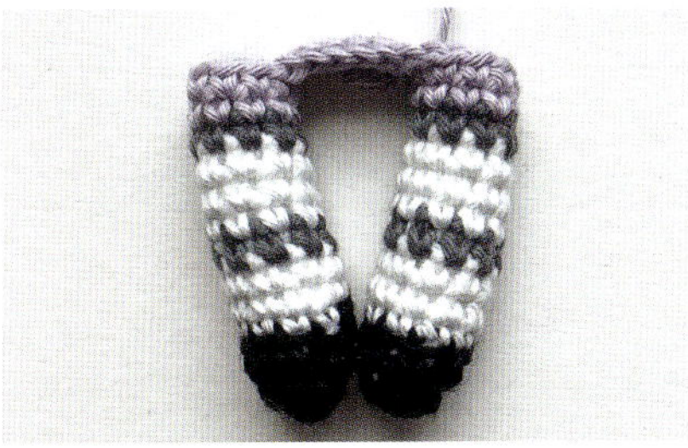

Körper

Nun den Körper in Spiralrd in Flieder anhäkeln.

1. Rd: 4x (7 fM, 1 fM verdoppeln) (= 36 M).

2.-8. Rd: Jeweils 36 fM häkeln.

9. Rd: 36 fM nur in die hinteren M-Glieder arb.

10. Rd: 6x (4 fM, 2 fM zusammen abmaschen) (= 30 M).

11.-13. Rd: Jeweils 30 fM häkeln.

14. Rd: 6x (3 fM, 2 fM zusammen abmaschen) (= 24 M).

15.+16. Rd: Jeweils 24 fM häkeln.

Den Körper sehr fest stopfen.

17. Rd: 6x (2 fM, 2 fM zusammen abmaschen) (= 18 M).

18. Rd: 6x (1 fM, 2 fM zusammen abmaschen) (= 12 M).

19. Rd (Creme): 12 fM häkeln.

Den Körper nochmals sehr fest stopfen. Den Faden nicht abschneiden, es geht mit dem Kopf weiter.

Kopf

Den Kopf in Spiralrd in Creme arb.

1. Rd: Jede fM verdoppeln (= 24 M).

2. Rd: 6x (3 fM, 1 fM verdoppeln) (= 30 M).

3. Rd: 6x (4 fM, 1 fM verdoppeln) (= 36 M).

4. Rd: 6x (5 fM, 1 fM verdoppeln) (= 42 M).

5. Rd: 6x (6 fM, 1 fM verdoppeln) (= 48 M).

6. Rd: 6x (7 fM, 1 fM verdoppeln) (= 54 M).

7.-12. Rd: Jeweils 54 fM häkeln.

Nun zwischen der 9. und 10. Rd des Kopfes die Sicherheitsaugen mit einem Abstand von 12 M anbringen. In Weiß die Lichtpunkte und mit Stickgarn in Schwarz die Wimpern aufsticken. Auf die Wangen etwas Rouge auftragen.

In der 13. und 16. Rd jeweils Fb-Wechsel für die Streifen an der Stirn des Zebras arb. Es ist wichtig, diese genau in der Mitte zu platzieren, dabei an den Augen orientieren. Um sicher zu gehen, dass in die richtigen M gearbeitet wird, können sie mit Stecknd oder M-Markierern gekennzeichnet werden. Je nachdem, wie fest gehäkelt wird, kann die Anzahl M bis zur Mitte variieren.

Für die 13. Rd also vorne in der Mitte 5 M markieren. Dann wie folgt häkeln.

13. Rd: Bis zur Markierung etwa 31 fM, innerhalb der Markierung 5 fM in Mausgrau und hinter der Markierung etwa 18 fM in Creme arb (= 54 M).

14.+15. Rd: Jeweils 54 fM häkeln.

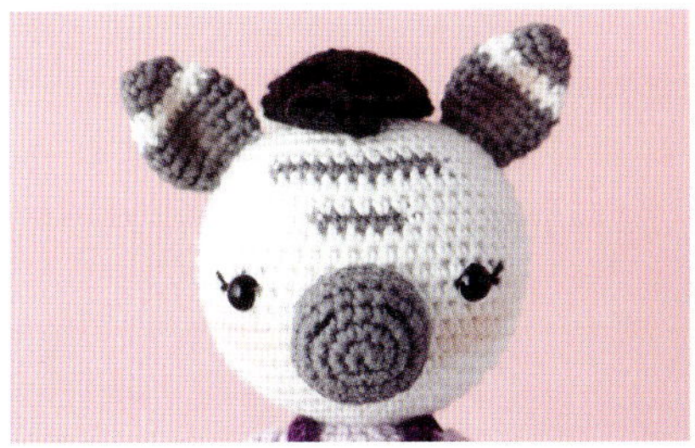

Für die 16. Rd in der Mitte 11 fM markieren. Dann wie folgt häkeln.

16. Rd: Bis zur Markierung etwa 29 fM, innerhalb der Markierung 11 fM in Mausgrau und hinter der Markierung etwa 14 fM in Creme arb (= 54 M).

17. Rd: 6x (7 fM, 2 fM zusammen abmaschen) (= 48 M).

18. Rd: 6x (6 fM, 2 fM zusammen abmaschen) (= 42 M).

19. Rd: 6x (5 fM, 2 fM zusammen abmaschen) (= 36 M).

20. Rd: 6x (4 fM, 2 fM zusammen abmaschen) (= 30 M).

21. Rd: 6x (3 fM, 2 fM zusammen abmaschen) (= 24 M).

22. Rd: 6x (2 fM, 2 fM zusammen abmaschen) (= 18 M).
23. Rd: 6x (1 fM, 2 fM zusammen abmaschen) (= 12 M).
Den Kopf nochmals sehr fest stopfen.
24. Rd: 6x (2 fM zusammen abmaschen) (= 6 M).
Auf die Wangen etwas Rouge auftragen.
Zum Verschließen den Faden ca. 15 cm lang abschneiden und durch die letzte M ziehen. Den Faden mit einer Sticknd von außen nach innen durch jedes vordere M-Glied der verbliebenen M führen. Den Faden festziehen und vernähen.

Arm (2x)

Den Arm nach der Basic-Anleitung S. 120 2x mit folgendem Fb-Muster häkeln.
1.-3. Rd: Schwarz
4.-6. Rd: Creme
7. Rd: Mausgrau
8.-10. Rd: Creme
11. Rd: Mausgrau
12.-14. Rd: Creme
15.-17. Rd: Flieder
Die Arme bündig links und rechts am Körper zwischen der 16. und 17. Rd festnähen.

Schnauze

In Mausgrau einen Magic-Ring anschl.
1. Rd: 6 fM in den Ring häkeln, festziehen (= 6 M).
Nun wie folgt fM in Spiralrd arb.
2. Rd: Jede fM verdoppeln (= 12 M).
3. Rd: 6x (1 fM, 1 fM verdoppeln) (= 18 M).
4. Rd: 6x (2 fM, 1 fM verdoppeln) (= 24 M).
5.+6. Rd: Jeweils 24 fM häkeln.
Die letzte Rd mit 1 Km schließen.
Den Faden ca. 20 cm lang abschneiden und durch die letzte M ziehen.
Die Schnauze so mittig am Kopf festnähen, dass sie oben auf Höhe der Augen abschließt. Dabei die Schnauze nach und nach stopfen.

Ohr (2x)

In Mausgrau einen Magic-Ring anschl.
1. Rd: 6 fM in den Ring häkeln, festziehen (= 6 M).
Nun wie folgt fM in Spiralrd arb.
2. Rd: 3x (1 fM, 1 fM verdoppeln) (= 9 M).
3. Rd: 9 fM häkeln.
4. Rd (Creme): 3x (2 fM, 1 fM verdoppeln) (= 12 M).
5. Rd: 6x (1 fM, 1 fM verdoppeln) (= 18 M).
6.+7. Rd (Mausgrau): Jeweils 18 fM häkeln.
8. Rd: 6x (1 fM, 2 fM zusammen abmaschen) (= 12 M).
9. Rd: 12 fM häkeln.
Nun die Öffnung an der Unterseite des Ohres zusammendrücken und mit 5 Km verschließen.
Den Faden ca. 20 cm lang abschneiden und durch die letzte M ziehen.
Das 2. Ohr genauso arb.
Um die Ohren richtig am Kopf positionieren zu können, zunächst die Mähne häkeln.

Mähne

Die Mähne besteht aus 2 Teilen in Schwarz und 1 Teil in Creme.
In Schwarz 35 Lm und 2 Wende-Lm anschl.
Nun ab der 3. M von der Nd aus 3 Stb in jede Lm häkeln (= 105 M).
Den Faden ca. 20 cm lang abschneiden und durch die letzte M ziehen. Er wird benötigt, um die Mähne am Kopf festzunähen.
In gleicher Weise je noch 1 Teil in Schwarz und 1 Teil in Creme fertigen.
Anschließend die Teile der Mähne nacheinander mit den Lm nach unten so in Zickzackform am Kopf festnähen, dass Wellen entstehen. Mit 1 Teil in Schwarz beginnen, 1 Teil in Creme in die Mitte setzen und mit 1 Teil in Schwarz abschließen. Dabei darauf achten, die Zacken nicht zu eng zu machen, da die

Länge der Mähne ansonsten nicht ausreicht.

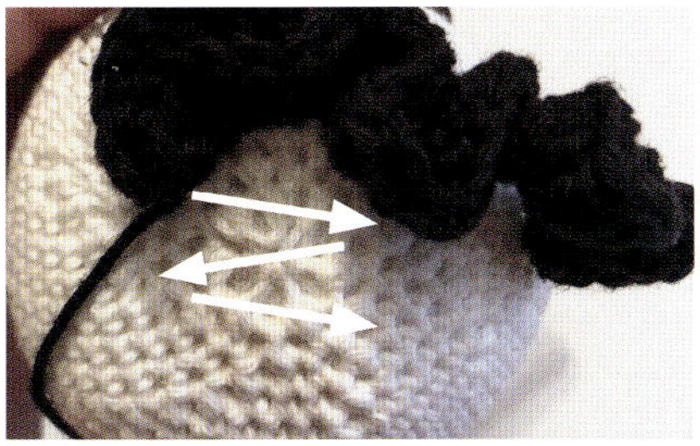

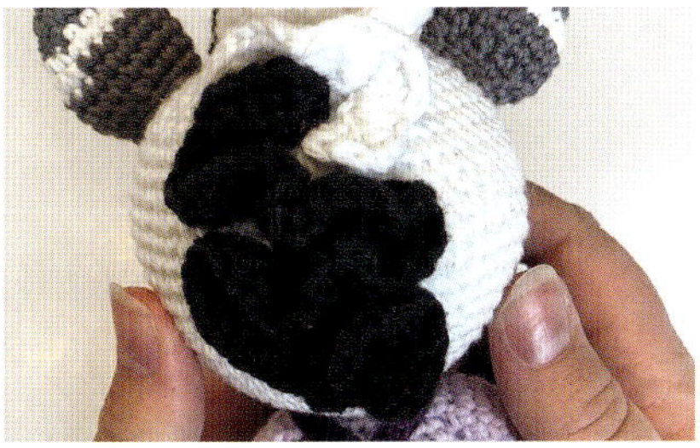

Tipp: Wenn die Mähne dichter werden soll, können weitere Teile ergänzt werden.

Nun die Ohren links und rechts am Kopf festnähen und auf den hellen Teil der Ohren etwas Rouge auftragen.

Kleid

Für das Kleid zunächst einen Rock an die Figur häkeln. Dazu die Figur auf den Kopf drehen.

Den Faden in Lila an die 8. Rd auf der Rückseite des Körpers mit 1 stehenden Km anketten und wie folgt 1 geschlossene Rd fM arb.

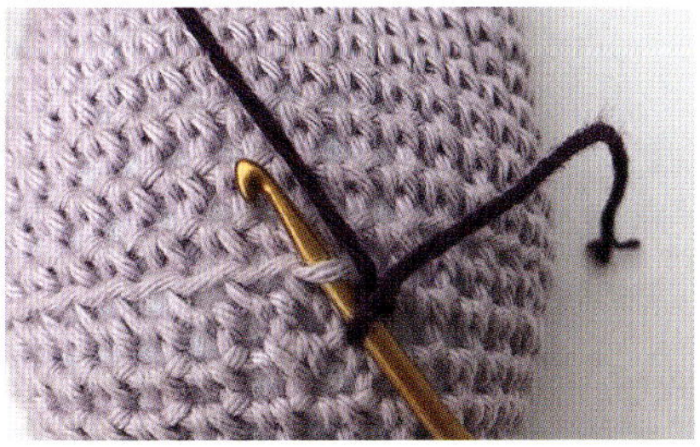

1. Rd: 1 Lm, 36 fM, 1 Km in die Lm (= 36 M).

Für die nächste Rd vorne in der Mitte 9 M abzählen und mit Stecknd markieren. Hier wird später der Latz angehäkelt.

Nun 1 Rd Stb wie folgt häkeln, dabei in die 9 fM innerhalb der Markierung nur in die hinteren M-Glieder arb.

2. Rd: 2 Steige-Lm, 12x (2 Stb, 1 Stb verdoppeln) (= 48 M).

Mit 1 Km schließen.

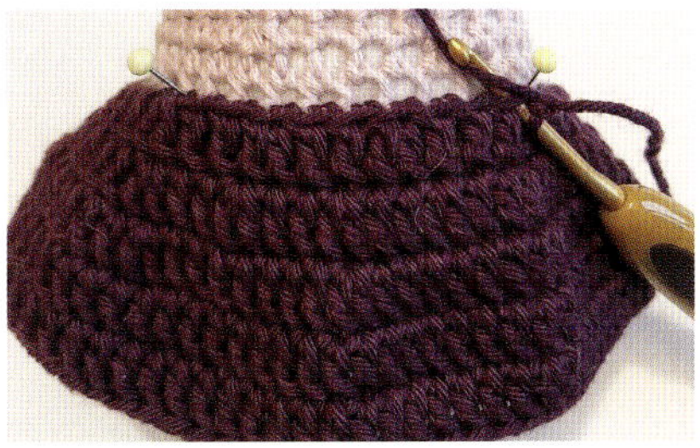

Das Bild zeigt die spätere Position des Latzes am fertigen Rock (M zwischen den Stecknd).

Nun wie folgt Stb in geschlossenen Rd häkeln. Dabei jede Rd mit 2 Steige-Lm beginnen und mit 1 Km schließen.

3. Rd: 16x (2 Stb, 1 Stb verdoppeln) (= 64 M).

4. Rd: 8x (7 Stb, 1 Stb verdoppeln) (= 72 M).

5.+6. Rd: Jeweils 72 Stb häkeln.

Den Faden abschneiden, die Rd unsichtbar schließen und den Faden vernähen.

Latz

Nun innerhalb der Markierungen den Latz anhäkeln. Dafür in Lila mit 1 stehenden Km an ein vorderes M-Glied der 1. Rd anketten und wie folgt fM in R arb. Dabei jede R mit 1 Lm beginnen und am Ende wenden. In der letzten R entfällt beides.

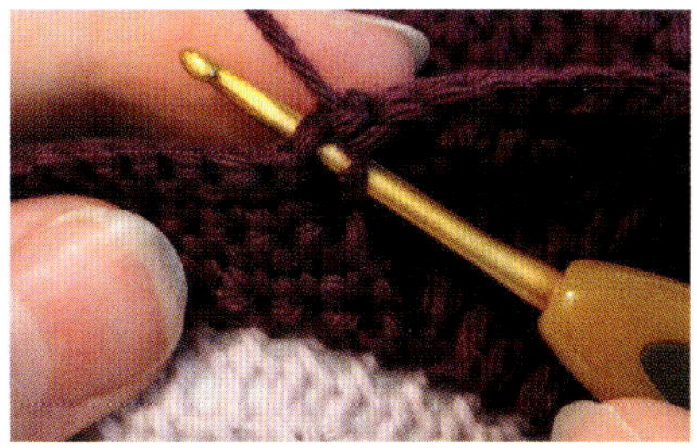

1.-5. R: Jeweils 9 fM häkeln.

Träger

Im Anschluss die Träger anhäkeln.

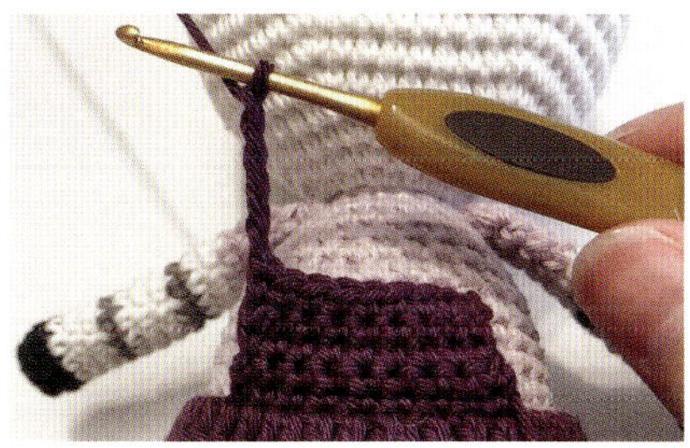

Dafür so viele Lm anschl, dass sich die Lm-Kette über die Schulter des Zebras bis zur hinteren Mitte des Rocks legen lässt. Für das Modell wurden 25 Lm benötigt.

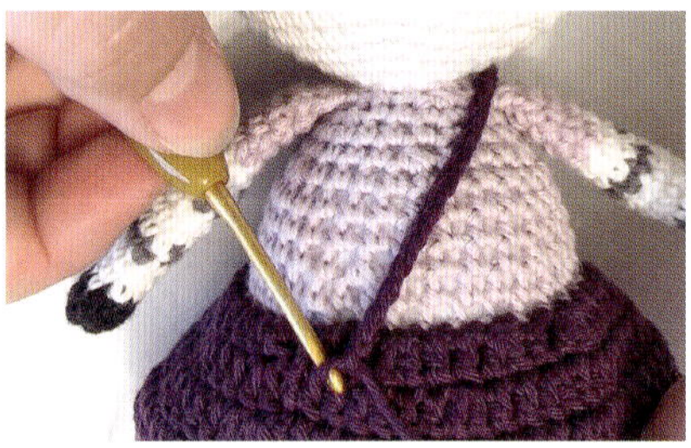

Noch 1 Wende-Lm anschl und fM zurück bis zum Ende der Lm-Kette häkeln. Mit 1 Km an der 2. M der 5. R anketten. Der 1. Träger ist fertig.

Für den 2. Träger zunächst 5 Km entlang der 5. R zur anderen Seite häkeln. Von hier aus den 2. Träger wie den 1. Träger fertigen.

Die Träger am Rücken über Kreuz legen und jeweils 3 M links und rechts der Mitte hinten am Rock festnähen. Vorne am Latz die Knöpfe anbringen.

In Flieder den Saum des Kleides und die Außenkanten des Latzes mit kleinen Strichen besticken.

Rucksack

In Flieder 6 Lm und 1 Wende-Lm anschl.

Die Lm-Kette wie folgt mit fM umhäkeln.

1. Rd: 1 fM verdoppeln, 4 fM, 3 fM die letzte Lm, auf der anderen Seite 5 fM bis zum Beginn der Rd zurück häkeln (= 14 M).

Nun wie folgt fM in Spiralrd arb.

2. Rd: 2x (1 fM verdoppeln), 4 fM, 3x (1 fM verdoppeln), 4 fM, 1 fM verdoppeln (= 20 M).

3. Rd: 2x (1 fM, 1 fM verdoppeln), 4 fM, 3x (1 fM, 1 fM verdoppeln), 5 fM, 1 fM verdoppeln (= 26 M).

4. Rd: 2x (2 fM, 1 fM verdoppeln), 4 fM, 3x (2 fM, 1 fM verdoppeln), 6 fM, 1 fM verdoppeln (= 32 M).

5. Rd: 32 fM nur in die hinteren M-Glieder arb.

6.-10. Rd: Jeweils 32 fM häkeln.

11. Rd: 2x (14 fM, 2 fM zusammen abmaschen) (= 30 M).

12.-14. Rd: Jeweils 30 fM häkeln.

15. Rd: 6x (3 fM, 2 fM zusammen abmaschen) (= 24 M).

16.+17. Rd: Jeweils 24 fM häkeln.

Für die Lasche des Rucksacks wie folgt fM in R arb. Dabei jede R mit 1 Lm beginnen und am Ende wenden. In der letzten R entfällt beides.

1 Lm häkeln und wenden.

1.-3. R: 11 fM häkeln.

4. R: 2 fM zusammen abmaschen, 7 fM, 2 fM zusammen abmaschen (= 9 M).

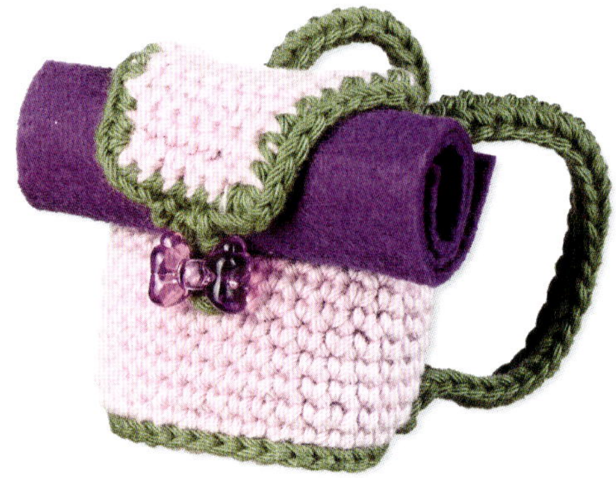

5.+6. R: Jeweils 9 fM häkeln.

7. R: 2 fM zusammen abmaschen, 5 fM, 2 fM zusammen abmaschen (= 7 M).

8. R: 7 fM häkeln.

9. R: 2 fM zusammen abmaschen, 3 fM, 2 fM zusammen abmaschen (= 5 M).

Den Faden abschneiden, durch die letzte M ziehen und vernähen.

Nun die Lasche umhäkeln. Dafür von hinten in die 1. M der 1. R der Lasche einstechen und in Oliv anketten.

Die Lasche so mit fM umhäkeln, dass vorne in der Mitte eine kleine Schlaufe für den Verschluss entsteht.

Dafür etwa 13 fM bis zur Mitte der 9. R häkeln, 5 Lm anschl, in die gleiche M einstechen und etwa 12 fM bis zum Ende der Lasche häkeln.

Den Faden abschneiden, durch die letzte M ziehen und vernähen.

Für den unteren Zierrand in Oliv mit 1 stehenden Km an die 5. Rd des Rucksacks anketten und runderum 32 fM häkeln. Dabei nur in die vorderen M-Glieder arb. Den Faden abschneiden, die Rd unsichtbar schließen und den Faden vernähen.

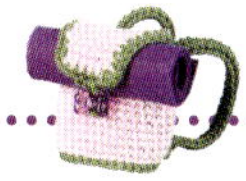

Träger

In Oliv 25 Lm und 1 Wende-Lm anschl, wieder 25 fM zurück häkeln und 1 Km in die letzte M arb.

Den Faden ca. 20 cm lang abschneiden und durch die letzte M ziehen.

Den 2. Träger genauso fertigen.

Anschließend die Träger jeweils rechts und links oben und unten auf der Rückseite des Rucksacks festnähen.

Der Rucksack kann gestopft werden oder leer bleiben. Zur Dekoration ein Stück Bastelfilz in Lila zusammenrollen und unter die Lasche klemmen. Nun mit einer Stecknd oder einem M-Markierer die Stelle markieren, an der der Knopf aufgebracht werden soll. Den Knopf festnähen und den Rucksack verschließen.

Zelt

Je nachdem, wie eng oder locker gehäkelt wird, ändern sich die Größe des Zeltes und die Anzahl der benötigten R und M. Deshalb die 4 Spieße vor dem Häkeln zu einem Tipi zusammenstellen, um zu ermitteln, wie groß die einzelnen Teile später sein müssen. Dafür immer 2 der Stäbchen zu einem V zusammenlegen und oben an der Spitze mit einem Faden zusammenbinden. Die beiden anderen Stäbchen dann jeweils rechts und links befestigen.

Für die 4 Zeltwände werden 3 gleiche Dreiecke sowie 1 Dreieck als Zelteingang benötigt.

Für eine geschlossene Zeltwand in Oliv 5 Lm und 1 Wende-Lm anschl. Nun wie folgt in R arb. Dabei jede R mit 1 Lm beginnen und am Ende wenden. In der letzten R entfällt beides.

Während des Häkelns die Zeltwand alle paar R an die Holzkonstruktion halten, um zu sehen, ob das Häkelstück passt. Ggf. die Anzahl der M und R anpassen.

1. R: 5 fM häkeln.
2. R: 1 fM verdoppeln, 4 fM (= 6 M).
3. R: 1 fM verdoppeln, 5 fM (= 7 M).
4. R: 1 fM verdoppeln, 6 fM (= 8 M).
5. R: 1 fM verdoppeln, 7 fM (= 9 M).
6. R: 1 fM verdoppeln, 8 fM (= 10 M).
7. R: 1 fM verdoppeln, 9 fM (= 11 M).
8. R: 1 fM verdoppeln, 10 fM (= 12 M).
9. R: 1 fM verdoppeln, 11 fM (= 13 M).
10. R: 1 fM verdoppeln, 12 fM (= 14 M).
11. R: 1 fM verdoppeln, 13 fM (= 15 M).
12. R: 1 fM verdoppeln, 14 fM (= 16 M).
13. R: 1 fM verdoppeln, 15 fM (= 17 M).
14. R: 1 fM verdoppeln, 16 fM (= 18 M).
15. R: 1 fM verdoppeln, 17 fM (= 19 M).
16. R: 1 fM verdoppeln, 18 fM (= 20 M).
17. R: 1 fM verdoppeln, 19 fM (= 21 M).
18. R: 1 fM verdoppeln, 20 fM (= 22 M).
19. R: 1 fM verdoppeln, 21 fM (= 23 M).
20. R: 1 fM verdoppeln, 22 fM (= 24 M).
21. R: 1 fM verdoppeln, 23 fM (= 25 M).
22. R (Flieder): 1 fM verdoppeln, 24 fM (= 26 M).
23. R: 1 fM verdoppeln, 25 fM (= 27 M).
24. R: 1 fM verdoppeln, 26 fM (= 28 M).
25. R: 1 fM verdoppeln, 27 fM (= 29 M).
26. R: 1 fM verdoppeln, 28 fM (= 30 M).
27. R: 1 fM verdoppeln, 29 fM (= 31 M).
28. R: 1 fM verdoppeln, 30 fM (= 32 M).
29. R: 1 fM verdoppeln, 31 fM (= 33 M).
30. R: 1 fM verdoppeln, 32 fM (= 34 M).
31. R: 1 fM verdoppeln, 33 fM (= 35 M).
32. R: 1 fM verdoppeln, 34 fM (= 36 M).
33. R: 1 fM verdoppeln, 35 fM (= 37 M).
34. R: 1 fM verdoppeln, 36 fM (= 38 M).
35. R: 1 fM verdoppeln, 37 fM (= 39 M).
36. R: 1 fM verdoppeln, 38 fM (= 40 M).
37. R: 1 fM verdoppeln, 39 fM (= 41 M).
38. R: 1 fM verdoppeln, 40 fM (= 42 M).
39. R: 1 fM verdoppeln, 41 fM (= 43 M).
40. R: 1 fM verdoppeln, 42 fM (= 44 M).
41. R: 1 fM verdoppeln, 43 fM (= 45 M).
42. R: 1 fM verdoppeln, 44 fM (= 46 M).
43. R: 1 fM verdoppeln, 45 fM (= 47 M).
44. R: 1 fM verdoppeln, 46 fM (= 48 M).
45. R: 1 fM verdoppeln, 47 fM (= 49 M).
46. R: 1 fM verdoppeln, 48 fM (= 50 M).

Den Faden abschneiden, durch die letzte M ziehen und vernähen.

Noch 2 weitere Zeltwände genauso fertigen.

Wand mit dem Zelteingang

In Oliv die 1.-21. R wie bei der geschlossenen Zeltwand arb. Ab der 22. R die Seiten links und rechts neben dem Eingang separat in Flieder häkeln. Zunächst also nur über die 1. Hälfte der R arb. Dafür in Flieder an der 1. M der 21. R anketten und wie folgt weiter fM in R ab.

22. R: 1 fM verdoppeln, 11 fM (= 13 M).
23. R: 13 fM häkeln.
24. R: 1 fM verdoppeln, 12 fM (= 14 M).
25. R: 14 fM häkeln.
26. R: 1 fM verdoppeln, 13 fM (= 15 M).
27. R: 15 fM häkeln.
28. R: 1 fM verdoppeln, 14 fM (= 16 M).
29. R: 16 fM häkeln.
30. R: 1 fM verdoppeln, 15 fM (= 17 M).
31. R: 17 fM häkeln.
32. R: 1 fM verdoppeln, 16 fM (= 18 M).
33. R: 18 fM häkeln.
34. R: 1 fM verdoppeln, 17 fM (= 19 M).
35. R: 19 fM häkeln.
36. R: 1 fM verdoppeln, 18 fM (= 20 M).
37. R: 20 fM häkeln.
38. R: 1 fM verdoppeln, 19 fM (= 21 M).
39. R: 21 fM häkeln.
40. R: 1 fM verdoppeln, 20 fM (= 22 M).
41. R: 22 fM häkeln.
42. R: 1 fM verdoppeln, 21 fM (= 23 M).
43. R: 24 fM häkeln.
44. R: 1 fM verdoppeln, 22 fM(= 24 fM).
45. R: 25 fM häkeln.
46. R: 1 fM verdoppeln, 23 fM (= 25 M).
Den Faden abschneiden, durch die letzte M ziehen und vernähen.

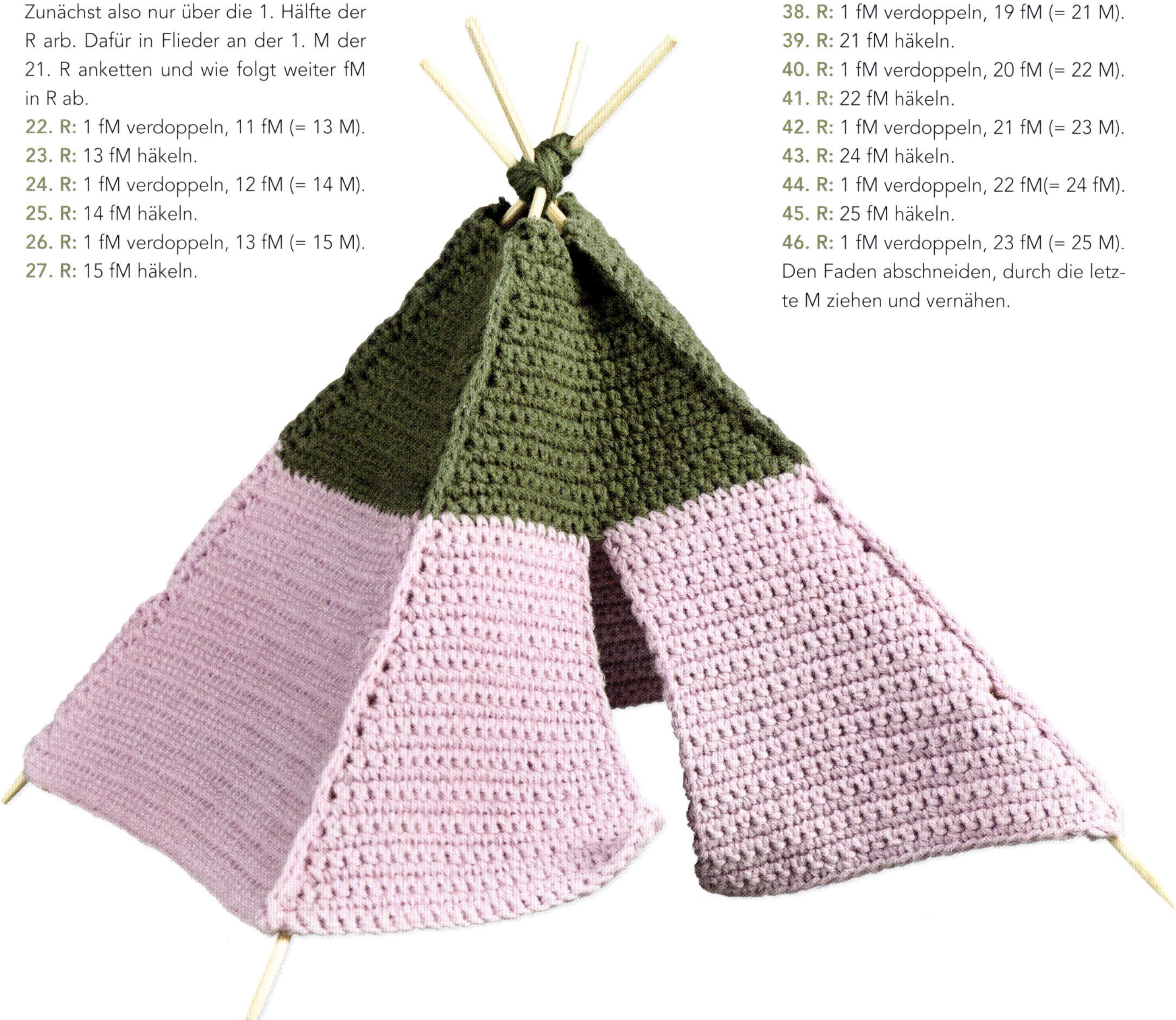

Nun die rechte Seite neben dem Eingang arb. Dafür in Flieder an der 13. M der 21. R anketten und weiter in R häkeln.
22. R: 13 fM häkeln.
23. R: 1 fM verdoppeln, 12 fM (= 14 M).
24. R: 14 fM häkeln.
25. R: 1 fM verdoppeln, 13 fM (= 15 M).
26. R: 15 fM häkeln.
27. R: 1 fM verdoppeln, 14 fM (= 16 M).
28. R: 16 fM häkeln.
29. R: 1 fM verdoppeln, 15 fM (= 17 M).
30. R: 17 fM häkeln.
31. R: 1 fM verdoppeln, 16 fM (= 18 M).
32. R: 18 fM häkeln.
33. R: 1 fM verdoppeln, 17 fM (= 19 M).
34. R: 19 fM häkeln.
35. R: 1 fM verdoppeln, 18 fM (= 20 M).
36. R: 20 fM häkeln.
37. R: 1 fM verdoppeln, 19 fM (= 21 M).
38. R: 21 fM häkeln.
39. R: 1 fM verdoppeln, 20 fM (= 22 M).
40. R: 22 fM häkeln.
41. R: 1 fM verdoppeln, 21 fM (= 23 M).
42. R: 23 fM häkeln.
43. R: 1 fM verdoppeln, 22 fM (= 24 M).
44. R: 25 fM häkeln.
45. R: 1 fM verdoppeln, 23 fM häkeln.
46. R: 25 fM häkeln.
Den Faden abschneiden, durch die letzte M ziehen und vernähen.
Wenn sich die Zeltwände wellen, evtl. kurz bügeln.
Nun die 4 Seiten mit fM zusammenhäkeln. Dabei den Fb-Wechsel in der 22. Rd beachten.

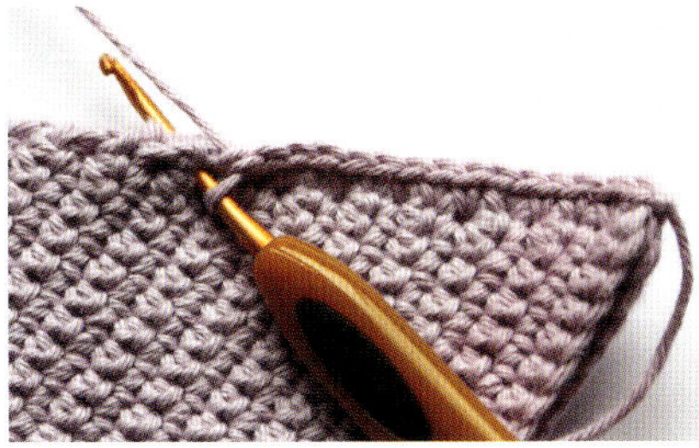

Anschließend die Spieße innen entlang der Nähte in das Zelt schieben und mit ein paar Stichen fixieren.
Die Spieße oben so miteinander verbinden, dass alle Zeltwände möglichst straff sind. Die spitzen Enden abknipsen.

Tipp: Für eine möglichst stabile Zeltkonstruktion die Spieße an der Spitze des Tipis mit einem Haushaltsgummi verbinden oder mit Heißkleber zusammenkleben. Diese Stelle mit etwas Garn in Oliv umwickeln, um sie zu verdecken.

Taschenlampe

In Mausgrau einen Magic-Ring anschl.
1. Rd: 6 fM in den Ring häkeln, festziehen (= 6 M).
Nun wie folgt in Spiralrd arb.
2. Rd: 3x (1 fM, 1 fM verdoppeln) (= 9 M).
3. Rd: 9 fM nur in die hinteren M-Glieder arb.
4.-8. Rd: Jeweils 9 fM häkeln.
9. Rd: 3x (2 fM, 1 fM verdoppeln) (= 12 M).
10. Rd: 2x (5 fM, 1 fM verdoppeln) (= 14 M).
11. Rd: 14 fM häkeln.
12. Rd (Hellgrau): In die hinteren M-Glieder arb: 2x (5 fM, 2 fM zusammen abmaschen) (= 12 M).
Die Lampe fest stopfen.
13. Rd (Pastellgelb): 6x (2 fM zusammen abmaschen) (= 6 M).
Zum Verschließen den Faden ca. 15 cm lang abschneiden und durch die letzte M ziehen. Den Faden mit einer Sticknd von außen nach innen durch jedes M-Glied der letzten Rd führen. Den Faden festziehen und vernähen.
Anschließend in Mausgrau an ein vorderes M-Glied von der 11. Rd anketten und rundherum 14 Km in die vorderen M-Glieder arb.
Den Faden abschneiden, durch die letzte M ziehen und vernähen.

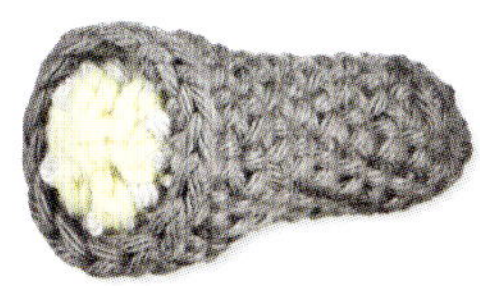

September

Endlich ist der September da, Timmy Tiger ist ein Schulkind! Den brandneuen Ranzen hat er längst gepackt und in den letzten Tagen fleißig das Schreiben auf der Tafel geübt. Timmy möchte aber noch viel mehr lernen: Lesen, Schreiben und Rechnen wie die Großen will er können und natürlich alles über seine Lieblingstiere, die Dinosaurier, erfahren. Für seinen ersten Schultag hat Timmy sich richtig herausgeputzt. Die Fliege sitzt und die Schultüte in seinen Lieblingsfarben lässt er gar nicht mehr aus den Augen. Was da wohl drin ist?

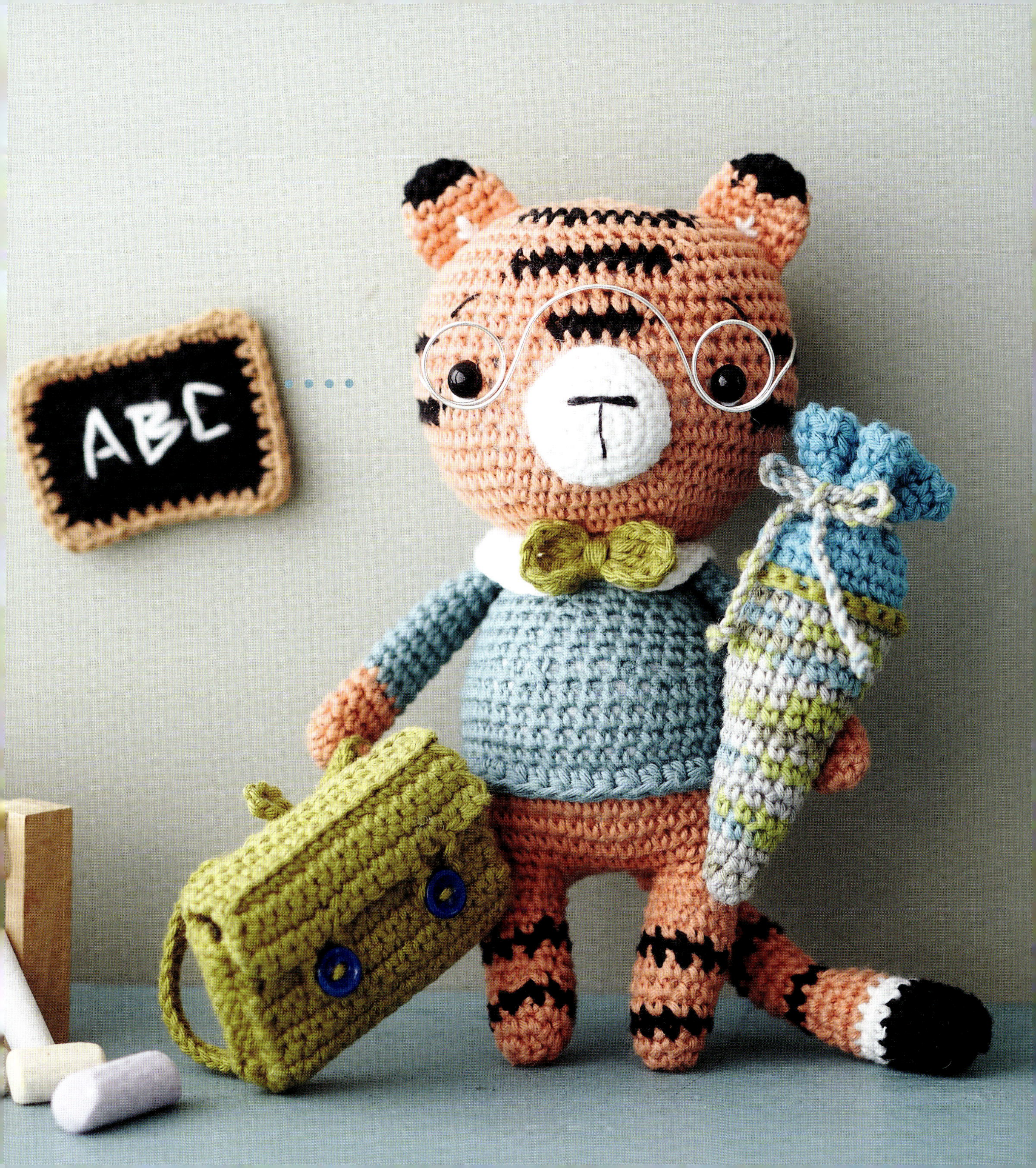
ABC

SCHWIERIGKEIT

●●○

Größe
ca. 19 cm

TIMMY TIGER

Tiger

Rico Design Creative RICO-RUMI DK (LL 57,5 m/25 g) in Papaya (Fb 68), 30 g, Schwarz (Fb 60), Creme (Fb 02) und Aqua (Fb 74), je 20 g, Erbse (Fb 77), 10 g und Weiß (Fb 01), Rest

Stickgarn in Schwarz, Rest

Häkelnadel 2,5 mm

1 Paar Sicherheitsaugen in Schwarz, ø 8 mm

Rouge

Chenilledraht, ca. 10 cm lang (optional)

Füllwatte

Maschenmarkierer

Stecknadeln

abgerundete Kinderschere als Ausstopfhilfe

Sticknadel zum Vernähen

Schultüte

Rico Design Creative RICORUMI Print DK (LL 57,5 m/25 g) in Grün Mix (Fb 05), 20 g

Rico Design Creative RICO-RUMI DK (LL 57,5 m/25 g) in Türkis (Fb 39), 15 g und Erbse (Fb 77), 10 g

Häkelnadel 2,5 mm

Füllwatte

Sticknadel zum Vernähen

Schulranzen

Rico Design Creative RICO-RUMI DK (LL 57,5 m/25 g) in Erbse (Fb 77), 25 g

Häkelnadel 2,5 mm

2 Knöpfe in Blau, ø 9 mm

Streichholzschachtel, ca. 5 cm x 3,5 cm x 1,5 cm

Sticknadel zum Vernähen

Tafel

Rico Design Creative RICO-RUMI DK (LL 57,5 m/25 g) in Karamell (Fb 53) und Schwarz (Fb 60), je 15 g und Creme (Fb 02), Rest

Häkelnadel 2,5 mm

Sticknadel zum Vernähen

Brille

Basteldraht in Silber, ø 1,0 mm, ca. 20 cm lang

Lineal

Stift, ø 5,5 mm

Klebestift, ø 8,5 mm

Seitenschneider

abgerundete Kinderschere

Heißkleber (optional)

Beine

Die Beine nach der Basic-Anleitung S. 118 mit folgendem Fb-Muster häkeln und in Papaya verbinden.

1.-3. Rd: Papaya
4. Rd: Schwarz
5.-7. Rd: Papaya
8. Rd: Schwarz
9.-12. Rd: Papaya
Dann die Beine sehr fest stopfen.

Körper

Nun den Körper in Spiralrd in Papaya anhäkeln.

1. Rd: 4x (7 fM, 1 fM verdoppeln) (= 36 M).
2.-4. Rd: Jeweils 36 fM häkeln.
5. Rd (Aqua): 36 fM häkeln.
6. Rd: 36 fM nur in die hinteren M-Glieder arb.
7.-9. Rd: Jeweils 36 fM häkeln.
10. Rd: 6x (4 fM, 2 fM zusammen abmaschen) (= 30 M).
11.-13. Rd: Jeweils 30 fM häkeln.
14. Rd: 6x (3 fM, 2 fM zusammen abmaschen) (= 24 M).
15.+16. Rd: Jeweils 24 fM häkeln.
Den Körper sehr fest stopfen.
17. Rd: 6x (2 fM, 2 fM zusammen abmaschen) (= 18 M).
18. Rd: 6x (1 fM, 2 fM zusammen abmaschen) (= 12 M).
19. Rd (Papaya): 12 fM häkeln.
Den Körper nochmals sehr fest stopfen. Den Faden nicht abschneiden, es geht mit dem Kopf weiter.

Kopf

Den Kopf in Spiralrd in Papaya arb.

1. Rd: Jede fM verdoppeln (= 24 M).
2. Rd: 6x (3 fM, 1 fM verdoppeln) (= 30 M).
3. Rd: 6x (4 fM, 1 fM verdoppeln) (= 36 M).
4. Rd: 6x (5 fM, 1 fM verdoppeln) (= 42 M).
5. Rd: 6x (6 fM, 1 fM verdoppeln) (= 48 M).
6. Rd: 6x (7 fM, 1 fM verdoppeln) (= 54 M).
7.+8. Rd: Jeweils 54 fM häkeln.
In der 9., 12., 13. und 19. Rd jeweils Fb-Wechsel für die Streifen an den Wangen und an der Stirn des Tigers arb. Um diese richtig zu platzieren, ist es wichtig, die Zählung der M hier immer ab der hinteren Mitte zu beginnen. Wenn nötig, in der Vor-Rd jeweils fM bis zur hinteren Mitte arb. Dort befindet sich der neue Rd-Beginn.

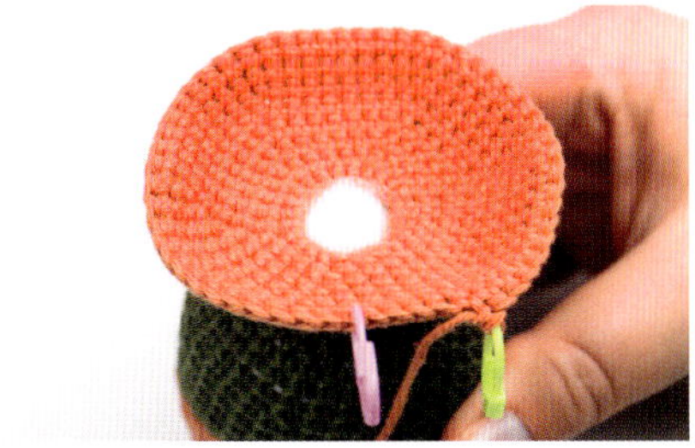

Den unteren Streifen auf den Wangen wie folgt arb.

9. Rd: In Papaya 8 fM, in Schwarz 11 fM, in Papaya 17 fM, in Schwarz 11 fM, in Papaya 7 fM (= 54 M).
10.+11. Rd (Papaya): Jeweils 54 fM bis zur hinteren Mitte häkeln.
Nun zwischen der 9. und 10. Rd des Kopfes die Sicherheitsaugen mit einem Abstand von 11 M anbringen. In Weiß die Lichtpunkte und mit Stickgarn in Schwarz die Augenbrauen aufsticken.
Den oberen Streifen auf den Wangen wie folgt arb.
12. Rd: In Papaya 9 fM, in Schwarz 9 fM, in Papaya 19 fM, in Schwarz 9 fM, in Papaya 8 fM (= 54 M).
Den unteren Streifen auf der Stirnmitte wie folgt arb.
13. Rd: In Papaya 25 fM, in Schwarz 5 fM in Schwarz, in Papaya 24 fM (= 54 M).
14.+15. Rd (Papaya): Jeweils 54 fM häkeln.

Den mittleren Streifen auf der Stirnmitte wie folgt arb.

16. Rd: In Papaya 23 fM, in Schwarz 10 fM, in Papaya 21 fM (= 54 M).

17. Rd (Papaya): 6x (7 fM, 2 fM zusammen abmaschen) (= 48 M).

18. Rd: 6x (6 fM, 2 fM zusammen abmaschen) (= 42 M).

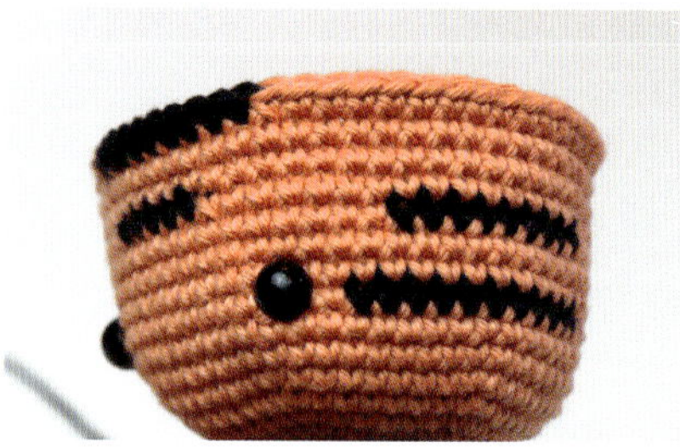

Den oberen Streifen auf der Stirnmitte wie folgt arb.

19. Rd: In Papaya 2x (5 fM, 2 fM zusammen abmaschen), 3 fM, in Schwarz 2 fM, 2 fM zusammen abmaschen, 5 fM, 2 fM zusammen abmaschen, 2 fM, in Papaya 3 fM, 2 fM zusammen abmaschen, 5 fM, 2 fM zusammen abmaschen (= 36 M).

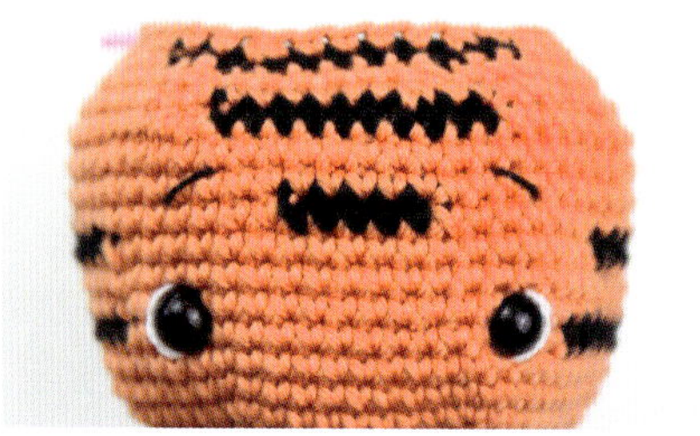

20. Rd (Papaya): 6x (4 fM, 2 fM zusammen abmaschen) (= 30 M).

21. Rd: 6x (3 fM, 2 fM zusammen abmaschen) (= 24 M).

22. Rd: 6x (2 fM, 2 fM zusammen abmaschen) (= 18 M).

23. Rd: 6x (1 fM, 2 fM zusammen abmaschen) (= 12 M).

Kopf nochmals sehr fest stopfen.

24. Rd: 6x (2 fM zusammen abmaschen) (= 6 M).

Zum Verschließen den Faden ca. 15 cm lang abschneiden und durch die letzte M ziehen. Den Faden mit einer Sticknd von außen nach innen durch jedes vordere M-Glied der verbliebenen M führen. Den Faden festziehen und vernähen.

Bündchen

Nun an die 5. Rd des Körpers das Bündchen des Pullovers wie folgt anhäkeln.

In die vorderen M-Glieder arb: In Aqua mit 1 stehenden Km an die 5. Rd anketten, 1 Steige-Lm anschl und rundherum 36 hStb häkeln.

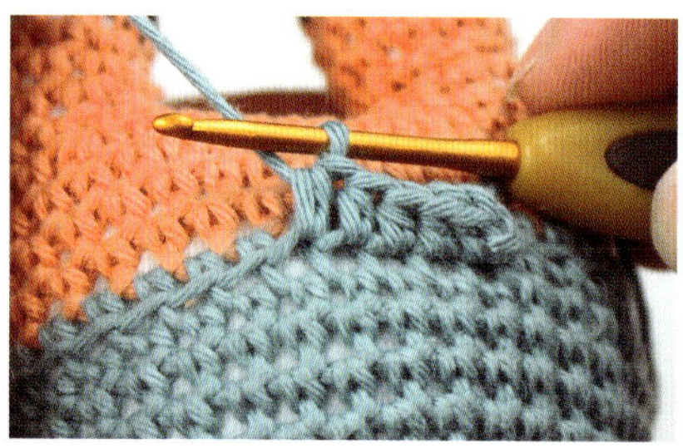

Den Faden abschneiden, die Rd unsichtbar schließen und den Faden nach innen vernähen.

Arm (2x)

Den Arm nach der Basic-Anleitung S. 120 2x mit folgendem Fb-Muster häkeln.

1.-6. Rd: Papaya

7.-17. Rd: Aqua

Die Arme bündig links und rechts am Körper zwischen der 16. und 17. Rd festnähen.

Schnauze

In Creme einen Magic-Ring anschl.

1. Rd: 5 fM in den Ring häkeln, festziehen (= 5 M).

Nun wie folgt fM in Spiralrd arb.

2. Rd: Jede fM verdoppeln (= 10 M).

3. Rd: 5x (1 fM, 1 fM verdoppeln) (= 15 M).

4. Rd: 5x (2 fM, 1 fM verdoppeln) (= 20 M).

5. Rd: 20 fM häkeln.

Mit 1 Km schließen.

Den Faden ca. 20 cm lang abschneiden und durch die letzte M ziehen.

Mit Stickgarn in Schwarz vorne auf die Schnauze die Nase in T-Form aufsticken. Den Faden auf der Innenseite der Schnauze vernähen.

Die Schnauze so mittig am Kopf festnähen, dass sie etwa 1 Rd oberhalb der Augen abschließt. Dabei die Schnauze nach und nach stopfen.

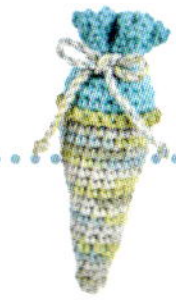

Ohr (2x)

In Schwarz einen Magic-Ring anschl.
1. Rd: 6 fM in den Ring häkeln, festziehen (= 6 M).
Nun wie folgt fM in Spiralrd arb.
2. Rd: 3x (1 fM, 1 fM verdoppeln) (= 9 M).
3. Rd (Papaya): 3x (2 fM, 1 fM verdoppeln) (= 12 M).
4.+5. Rd: Jeweils 12 fM häkeln.
Das Ohr längs in der Mitte falten und 1 Lm und 6 fM arb, um das Ohr zu schließen.
Den Faden ca. 20 cm lang abschneiden.
In Creme an der Vorderseite des Ohres noch 3 kleine Striche aufsticken, um ein Innenohr anzudeuten.
Das Ohr seitlich am Kopf festnähen.

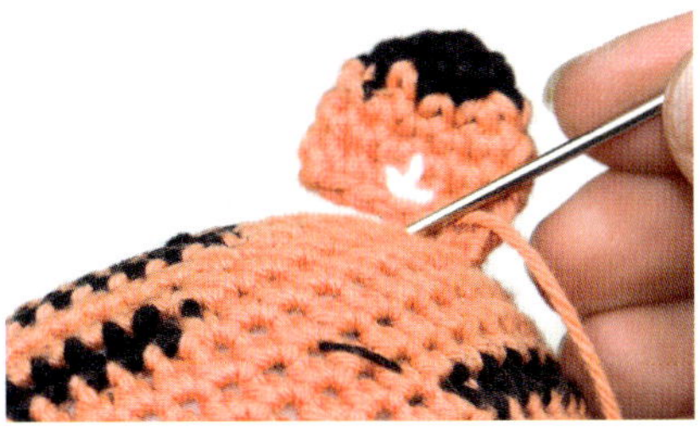

Das 2. Ohr genauso fertigen.

Schwanz

In Schwarz einen Magic-Ring anschl.
1. Rd: 6 fM in den Ring häkeln, festziehen (= 6 M).
Nun wie folgt fM in Spiralrd arb.
2. Rd: 3x (1 fM, 1 fM verdoppeln) (= 9 M).
3. Rd: 3x (2 fM, 1 fM verdoppeln) (= 12 M).
4.-6. Rd: Jeweils 12 fM häkeln.
7.+8. Rd (Creme): Jeweils 12 fM häkeln.
9.+10. Rd (Papaya): Jeweils 12 fM häkeln.
11. Rd: 3x (2 fM, 2 fM zusammen abmaschen) (= 9 M).
12. Rd: 9 fM häkeln.
13. Rd (Schwarz): 9 fM häkeln.
14.-17. Rd (Papaya): Jeweils 9 fM häkeln.
18. Rd (Schwarz): 9 fM häkeln.
19.-22. Rd (Papaya): 9 fM häkeln.
23. Rd (Schwarz): 9 fM häkeln.
24. Rd (Papaya): 9 fM häkeln.
25.-27. Rd (Schwarz): Jeweils 9 fM häkeln.
28. Rd: 3x (1 fM, 2 fM zusammen abmaschen) (= 6 M).
Mit 1 Km schließen.
Den Faden ca. 20 cm lang abschneiden und durch die letzte M ziehen.

Den Schwanz nur leicht stopfen. Nach Wunsch Chenilledraht einlegen, dann lässt sich der Schwanz biegen.
Den Schwanz hinten unterhalb des Pullovers mittig am Körper des Tigers festnähen.

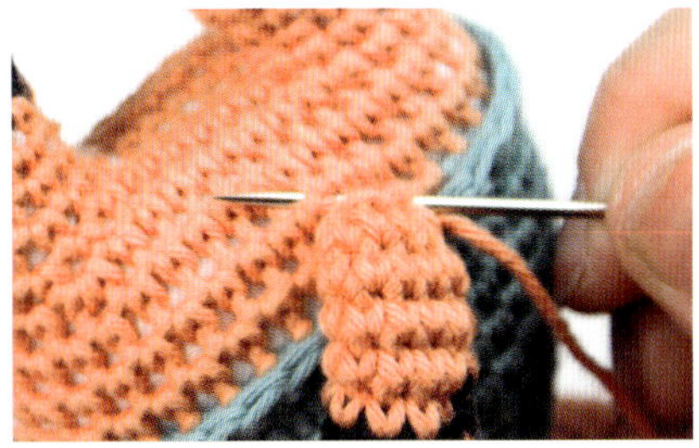

Kragen

In Creme 29 Lm und 2 Wende-Lm anschl, wenden und 1 R wie folgt arb.
1. R: 1 Stb, 1 DStb, 1 Stb, 1 hStb, 21 fM, 1 hStb, 1 Stb, 1 DStb, 1 Stb (= 29 M).
2 Lm anschl und mit 1 Km schließen.
Den Faden ca. 20 cm lang abschneiden und durch die letzte M ziehen.
Nun den Kragen oberhalb der Arme um den Hals des Tigers legen und dort so festnähen, dass die beiden Enden des Kragens vorne zusammenkommen und eine kleine Öffnung entsteht. Hier wird im nächsten Schritt die Fliege platziert.

Fliege

Für die eine Seite der Fliege in Erbse 4 Lm anschl, 4 DStb in die 4. M von der Nd aus, 3 Lm, 1 Km in die M mit den 4 DStb arb.

Für die andere Seite der Fliege 3 Lm anschl, 4 DStb in die gleiche M wie zuvor, 3 Lm, 1 Km in die M mit den 4 DStb arb.

Den Faden abschneiden, durch die letzte M ziehen und vernähen.

Nun in Erbse einen Faden ca. 20 cm lang abschneiden, einige Male um die Mitte der Fliege wickeln und auf der Rückseite verknoten.

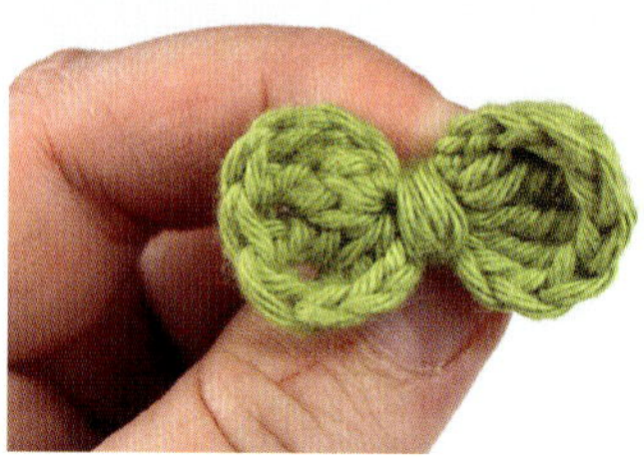

Anschließend die Fliege mittig am Kragen festnähen.

Schultüte

In Print Grün Mix einen Magic-Ring anschl.

1. Rd: 6 fM in den Ring häkeln, festziehen (= 6 M).

Nun wie folgt fM in Spiralrd arb.

2. Rd: 6 fM häkeln.

3. Rd: 2x (2 fM, 1 fM verdoppeln) (= 8 M).

4. Rd: 8 fM häkeln.

5. Rd: 2x (3 fM, 1 fM verdoppeln) (= 10 M).

6. Rd: 10 fM häkeln.

7. Rd: 2x (4 fM, 1 fM verdoppeln) (= 12 M).

8. Rd: 12 fM häkeln.

9. Rd: 2x (5 fM, 1 fM verdoppeln) (= 14 M).

10. Rd: 14 fM häkeln.

11. Rd: 2x (6 fM, 1 fM verdoppeln) (= 16 M).

12. Rd: 16 fM häkeln.

13. Rd: 2x (7 fM, 1 fM verdoppeln) (= 18 M).

14. Rd: 18 fM häkeln.

15. Rd: 2x (8 fM, 1 fM verdoppeln) (= 20 M).

16. Rd: 20 fM häkeln.

17. Rd: 2x (9 fM, 1 fM verdoppeln) (= 22 M).

18. Rd: 22 fM häkeln.

19. Rd (Türkis): 22 fM häkeln.

20. Rd: 22 fM nur in die hinteren M-Glieder arb.

21.-28. Rd: Jeweils 22 fM häkeln.

Den Rand wie folgt arb.

29. Rd: 22x (2 Lm, 1 fM), 1 Km (= 44 M).

Den Faden abschneiden, durch die letzte M ziehen und vernähen.

Die Schultüte stopfen, dabei unten fester stopfen als oben, da sie noch verschlossen wird.

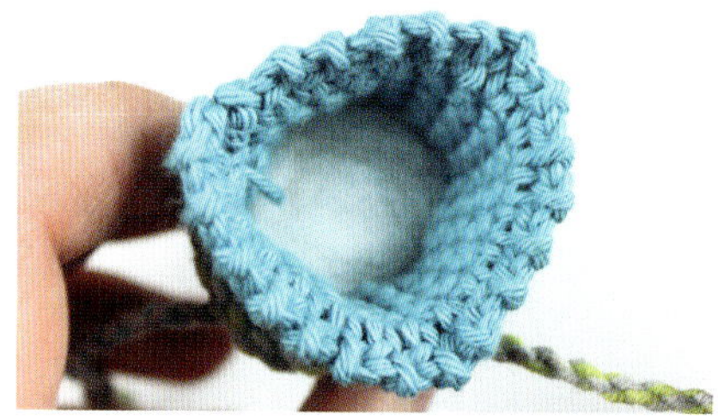

Zur Verzierung in die vorderen M-Glieder der 19. Rd noch 1 Rd fM häkeln. Dafür in Erbse mit 1 stehenden fM anketten und rundherum 22 fM häkeln.

Nun wird die Kordel zum Verschließen der Schultüte gefertigt.

Dafür ca. 1 m Print Grün Mix abschneiden. Den Faden zu zwei gleich langen Hälften zusammenlegen, die offenen Enden miteinander verknoten und das geschlossene Ende an einem festen Gegenstand (z. B. einer Türklinke) einhaken.

Nun die Fäden an der Seite mit dem Knoten greifen und zusammen so lange in die gleiche Richtung drehen, bis sich eine Spannung aufgebaut hat und die Fäden gut miteinander verbunden sind. Jetzt die geschlossene Seite zu der verknoteten Seite holen und so die entstandene Kordel nochmals in der Mitte halbieren. Dann die geschlossene Seite loslassen, der Faden zieht sich zu einer Kordel zusammen.

Zum Schluss das offene Ende zusammenknoten. Damit beide Seiten identisch aussehen, auch auf der anderen Seite noch einen kleinen Knoten binden.

Um sicherzustellen, dass kein Füllmaterial entweicht, die Schultüte an der Stelle, wo später die Schleife sitzt, mit ein paar Stichen schließen. Nun die Schultüte oben zusammendrücken, die Kordel herumlegen und eine Schleife binden.

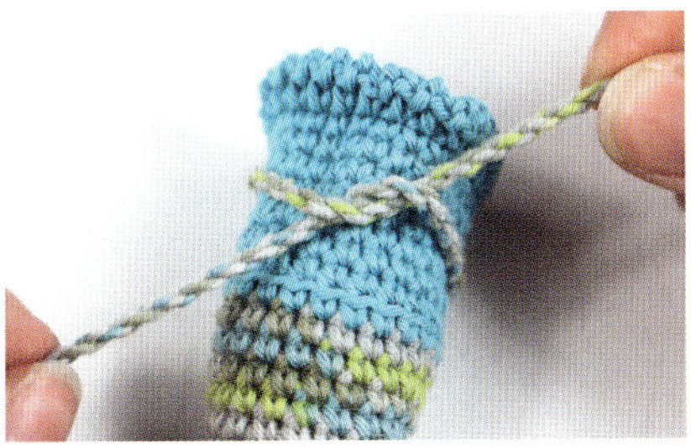

Tipp: Zur Dekoration der Schultüte können vorne Motivknöpfe aufgebracht werden.

Schulranzen

Für den Schulranzen 1 langes Rechteck und 2 kleinere Seitenteile arb.

Für das lange Rechteck in Erbse 16 Lm und 1 Wende-Lm anschl.

Nun wie folgt fM in R arb. Dabei am Ende jeder R 1 Lm arb und wenden. In der letzten R entfällt beides.

1.-23. R: Jeweils 16 fM häkeln.

24. R: 16 fM nur in die vorderen M-Glieder arb.

25.-27. R: Jeweils 16 fM häkeln.

28. R: 16 fM nur in die vorderen M-Glieder arb.

29.+30. R: Jeweils 16 fM häkeln.

Den Faden abschneiden und durch die letzte M ziehen.

Für das Seitenteil 9 Lm und 1 Wende-Lm anschl. Nun wie folgt um die Lm-Kette herum arb.

8 hStb, (1 hStb, 1 Stb, 1 hStb) in die letzte M der Lm-Kette, auf der anderen Seite der Lm-Kette wieder 8 hStb bis zum Ende zurück häkeln (= 19 M).

Den Faden ca. 20 cm lang abschneiden und durch die letzte M ziehen.

Das 2. Seitenteil genauso fertigen.

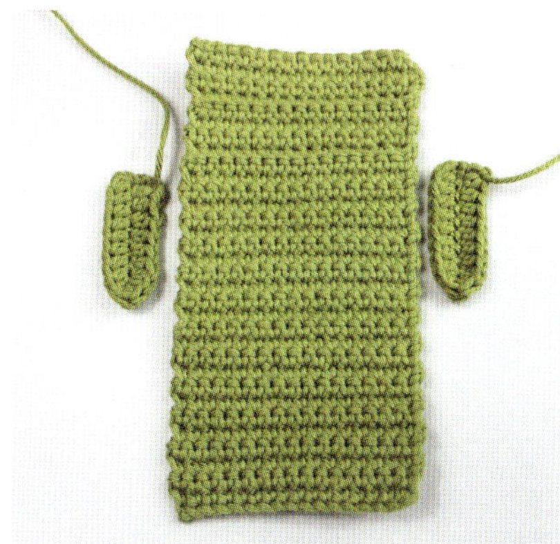

Nun die beiden Seitenteile jeweils links und rechts an die lange Seite des

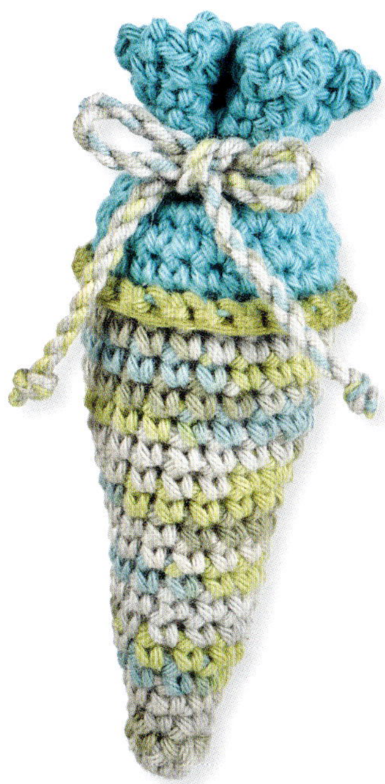

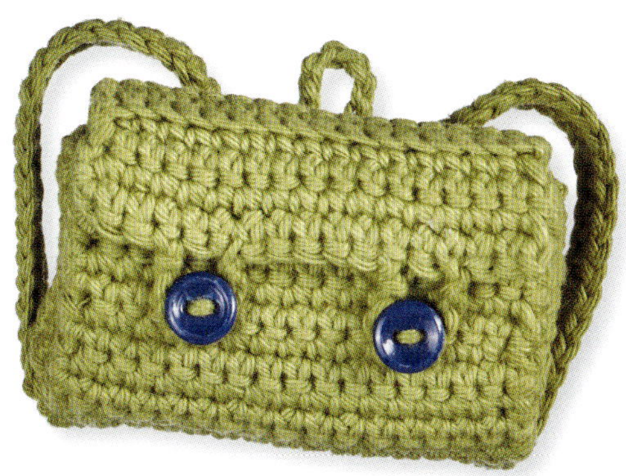

Rechtecks nähen. Dafür die Seitenteile so anlegen, dass die 3 R zwischen den vorderen M-Gliedern (25.-27. R) später die Oberseite des Ranzen bilden und die R danach (29.-30. R) ihn als Lasche vorn verschließen.

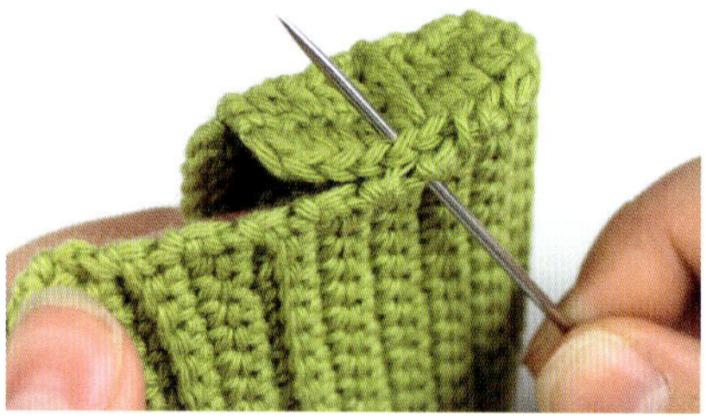

Verschluss

Nun die Knöpfe mit etwa 6 M Abstand so aufnähen, dass sie an der Lasche anliegen.
Um den Ranzen verschließen zu können, an der letzten R der Lasche noch kleine Verschlussschlaufen anhäkeln. Dafür in Erbse an der Lasche oberhalb des Knopfes anketten, 5-6 Lm häkeln und mit 1 Km in die gleiche M zur Schlaufe schließen. Den Faden abschneiden, durch die M ziehen und vernähen.

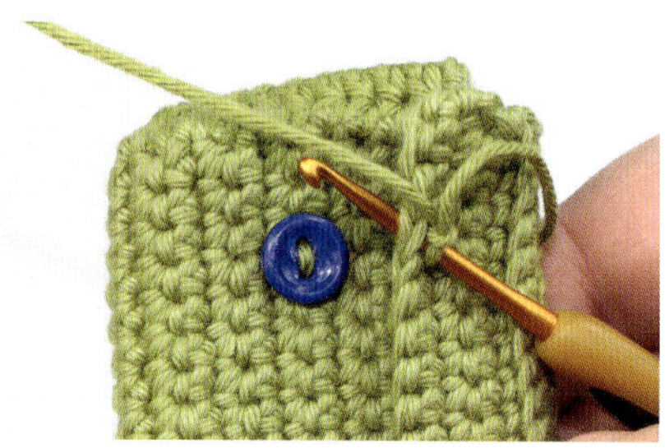

Die 2. Schlaufe genauso fertigen.

Träger und Griff

An der 24. R des Ranzens nun die Träger anhäkeln.
Für den 1. Träger in Erbse in die 6. M von links aus einstechen.
25 Lm und 1 Wende-Lm anschl, 25 M zurück häkeln und mit 1 Km in die nächste fM schließen.
Den Faden abschneiden, durch die M ziehen und nach innen vernähen.
Den 2. Träger genauso fertigen, für diesen aber in die 6. M von rechts aus einstechen.
Anschließend beide Träger noch links und rechts an der Unterseite des Ranzen festnähen.
Nun zwischen den Trägern noch den Griff ergänzen.
Dafür oben am Ranzen in Erbse neben dem 1. Träger anketten, 6 Lm anschl und mit 1 Km neben dem 2. Träger anketten.
Den Faden abschneiden, durch die letzte M ziehen und vernähen.

Tipp: Wenn der Ranzen später nicht befüllt werden soll, für eine schöne eckige Form eine leere Streichholzschachtel einlegen.

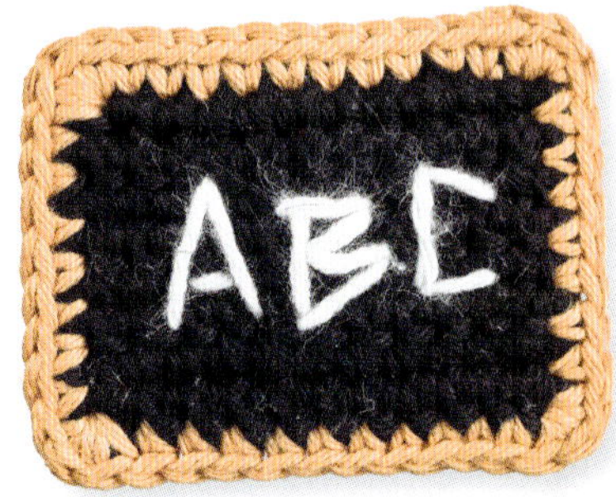

Tafel

Für die Tafel je 1 Rechteck in Schwarz und 1 Rechteck in Karamell häkeln und miteinander verbinden.
In Schwarz 12 Lm und 1 Wende-Lm anschl.
Nun wie folgt fM in R arb. Dabei jede R mit 1 Lm beginnen und am Ende wenden. In der letzten R entfällt beides.
1.-8. R: Jeweils 12 fM häkeln.
Den Faden abschneiden, durch die letzte M ziehen und vernähen.
In Creme die Buchstabenfolge ABC aufsticken.
Das 2. Rechteck in Karamell genauso fertigen, jedoch die Stickerei weglassen und den Faden noch nicht abschneiden. Damit die Rechtecke wie folgt verbinden.
Beide Rechtecke M auf M mit der bestickten Seite nach oben aufeinanderlegen. 1 Lm anschl, jeweils 8 fM entlang der schmalen Seiten, 3 fM in die Ecken und 10 fM entlang der langen Seiten arb.

Tipp: Wenn der Ranzen leer ist, lässt sich die Tafel darin verstauen.

Brille

Für die Brille ein etwa 20 cm langes Stück Draht abschneiden und wie folgt in Form bringen.

Für den 1. Seitenbügel auf dem Draht 5 cm abmessen und dort mit Hilfe der Schere einen kleinen L-förmigen Absatz formen. Dafür den Draht über die Schere legen und nach unten biegen.

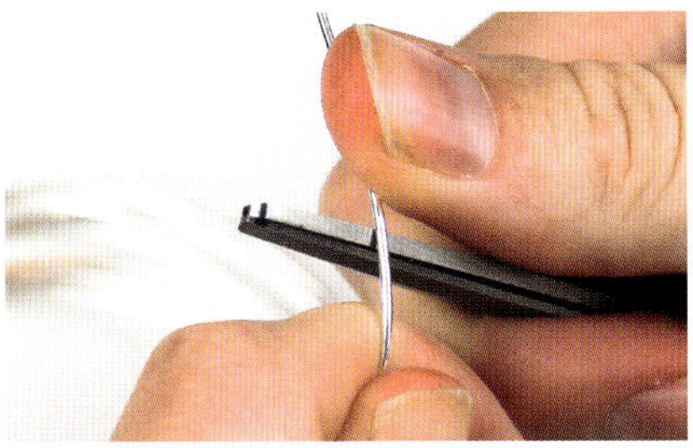

Für das 1. Brillenglas den Draht am Absatz an einen runden Markerstift anlegen und den Umfang abformen. Unten beginnend um die Rundung des Stiftes herum einen Kreis formen.

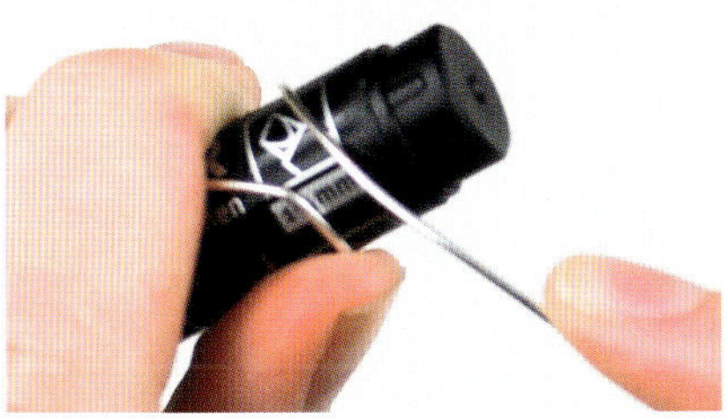

Für den Mittelsteg der Brille den Draht über einen runden Klebestift legen und die obere Rundung formen.

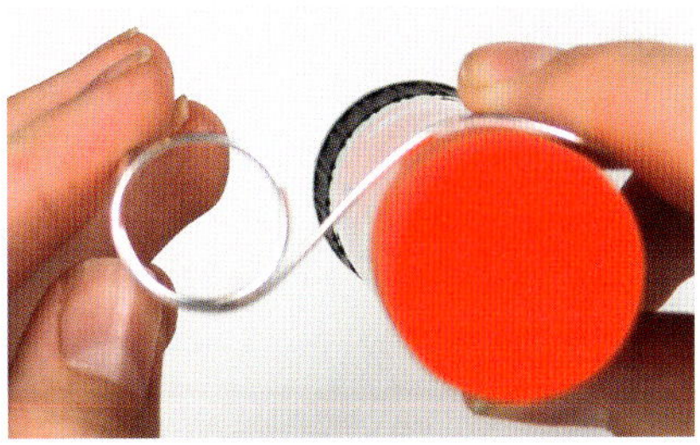

Für das 2. Brillenglas den Draht wie zuvor über den Markerstift legen.

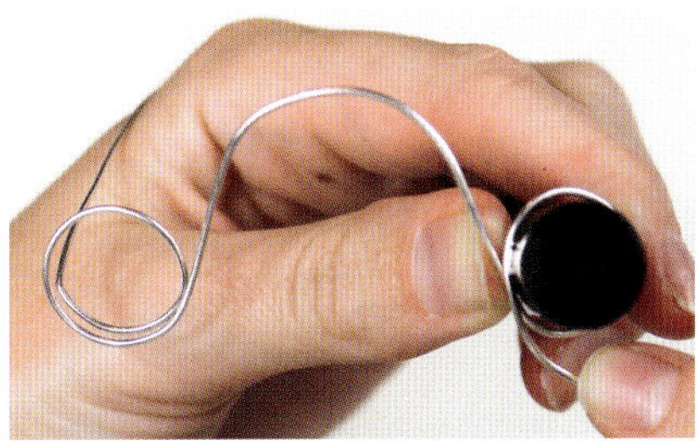

Hinter dem Kreis wie zu Beginn einen Absatz mit Hilfe der Schere formen. Beide Absätze sollten etwa die gleiche Höhe haben.

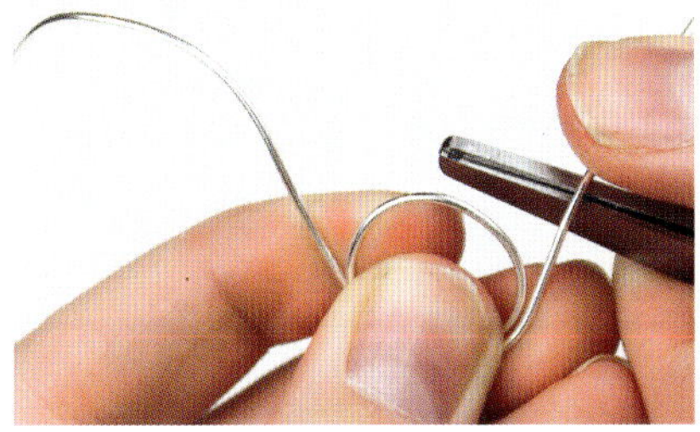

Zum Schluss für den 2. Bügel wieder 5 cm abmessen und den Draht kürzen.

Die Brille am Kopf des Tigers fixieren, indem die Bügel durch einige M geschoben werden. Alternativ die Bügel hinten etwas umknicken.

Tipps: Die spitzen Enden mit etwas Heißkleber versiegeln.

Sollen Kinder mit dem Tiger spielen, die Brille weglassen.

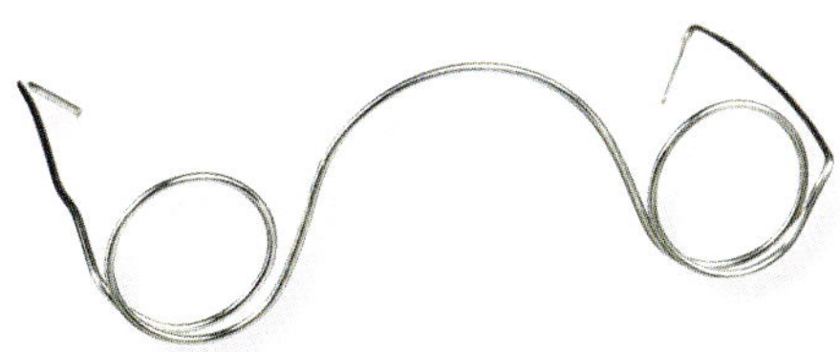

Oktober

„Buuhuu!“, ruft es aus dem bunten Herbstwald. Das kann jetzt, im Oktober, nur Ella Eule sein, die umherfliegt und alle daran erinnert, dass Halloween vor der Tür steht. Wenn die Tage kälter und kürzer werden und die Natur sich ihr Herbstkleid anzieht, unternimmt Ella noch einmal ausgiebige Spazierflüge. Sie erkundet, in welchen Gärten die schönsten Kürbisse und in welchen Wäldern die größten Pilze wachsen. Dann ist es auch für Ella Zeit, sich zu verwandeln: Als Hexe mit richtigem Hexenhut kennt Ella einen ganz besonderen Herbstzauber.

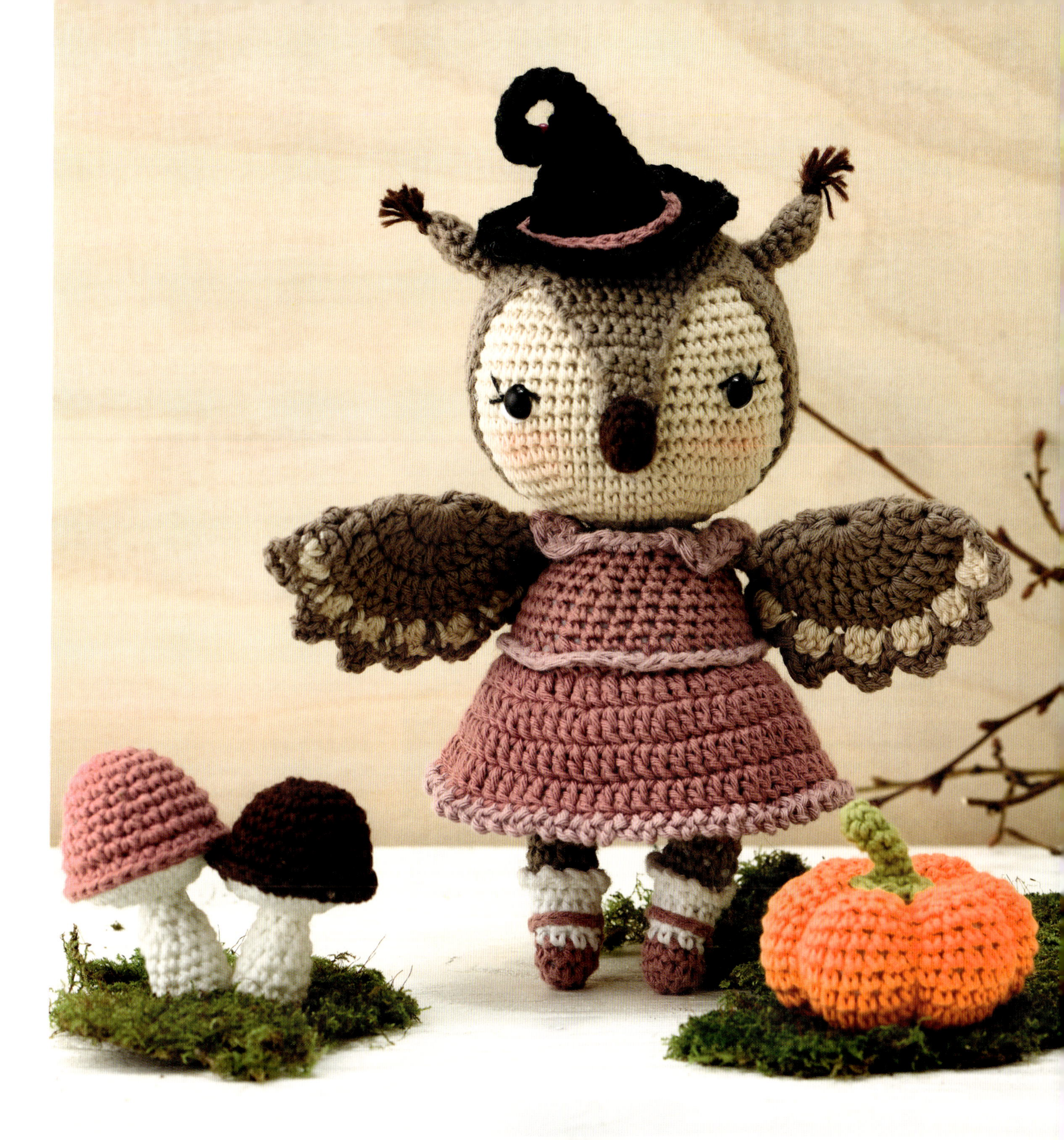

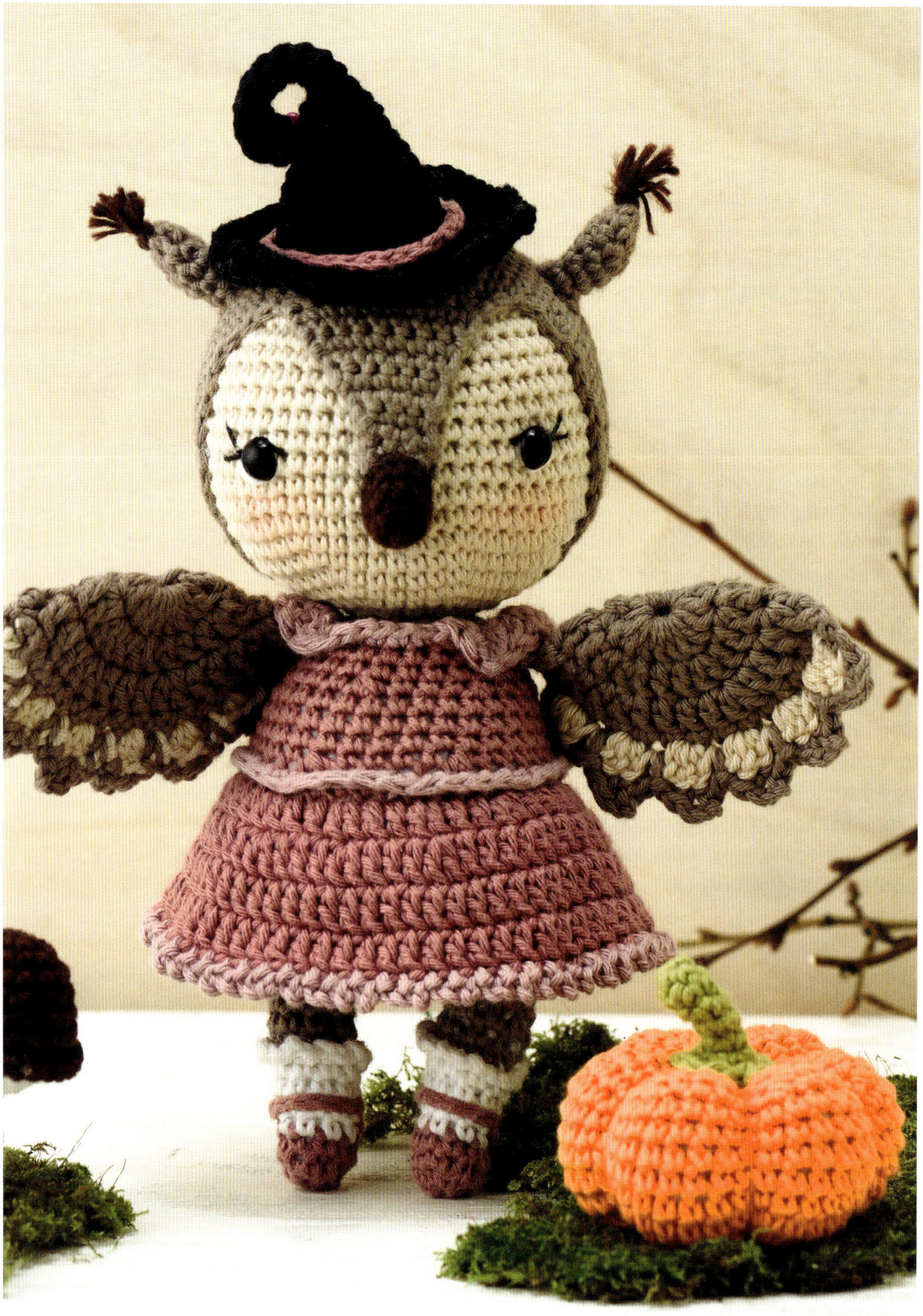

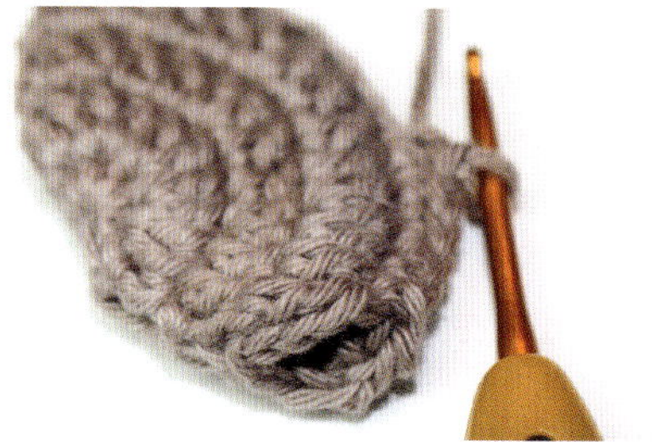

2. R (Natur): 1 fM, 6x (3 Stb in die nächste M, 1 Km), 1 fM (= 26 M).
Den Faden abschneiden, durch die letzte M ziehen und vernähen.
Durch das Falten des Kreises ist oben am Flügel ein Loch entstanden, das nun geschlossen wird.
Dafür in Holz rechts neben dem Loch anketten.

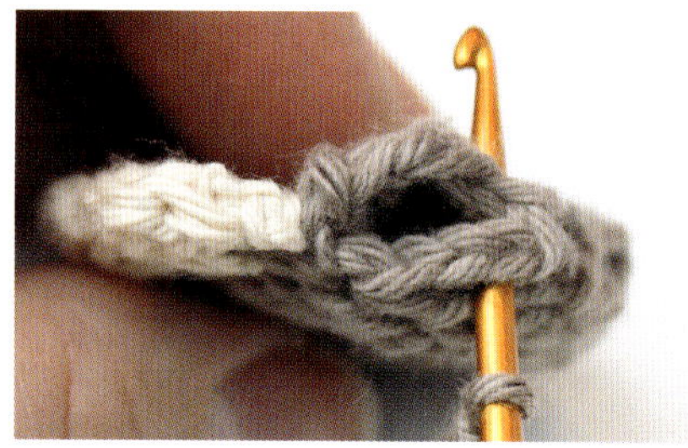

In R werden fM gehäkelt, an denen der Flügel später an der Eule befestigt wird. Dabei am Ende jeder R 1 Lm arb und wenden. In der letzten R entfällt beides.
1.-3. R: Jeweils 4 fM häkeln.

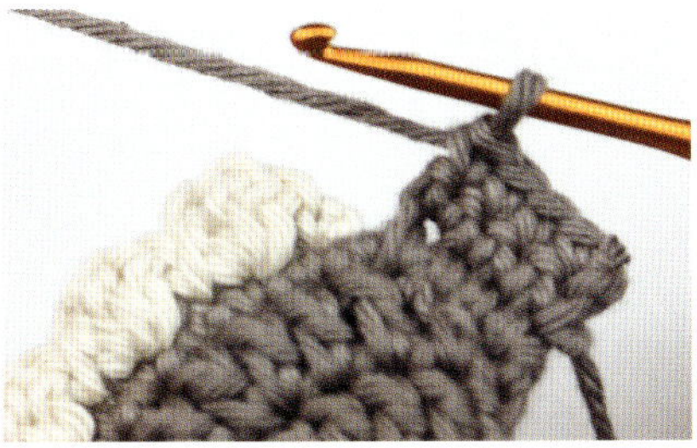

Nun die Federn an die Flügel häkeln. Dafür nach der 3. R 1 fM in die Steige-Lm der Vor-R häkeln, um zu der R mit den Stb zu gelangen.

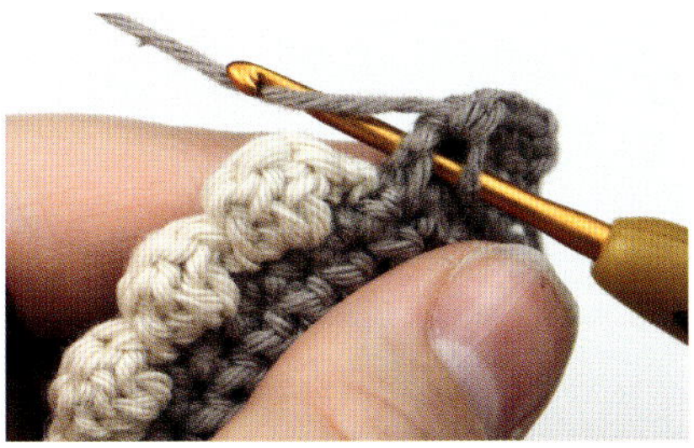

In der nächsten R immer rechts und links neben den 3 Stb jeweils 1 tiefergestochene Km arb (insgesamt also 7 tiefergestochene Km).

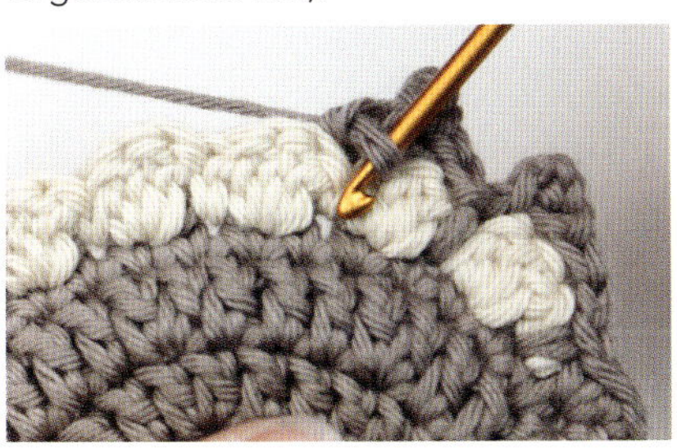

Für die Flügelspitzen Picots arb (siehe Anleitung S. 138).
Die folgende Sequenz 6x in die Stb häkeln.

1 tiefergestochene Km, 1 fM in das 1. Stb, 1 Picot in das 2. Stb, 1 fM in das 3. Stb häkeln.

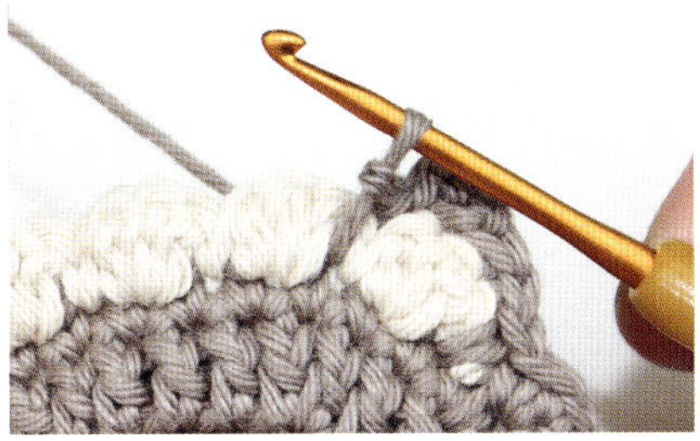

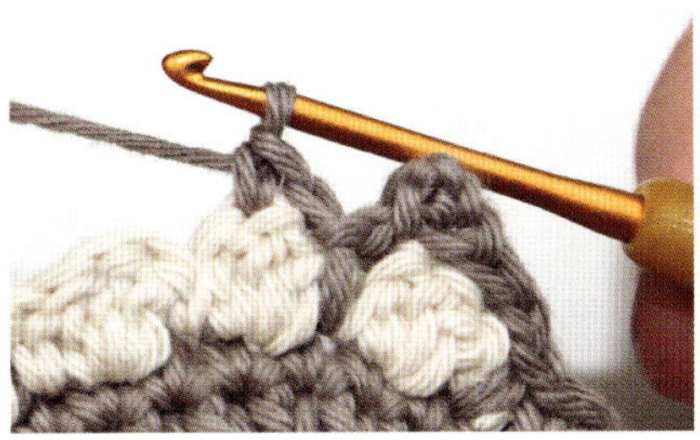

Zum Schluss 1 Km in die 1. fM der 2. R arb.

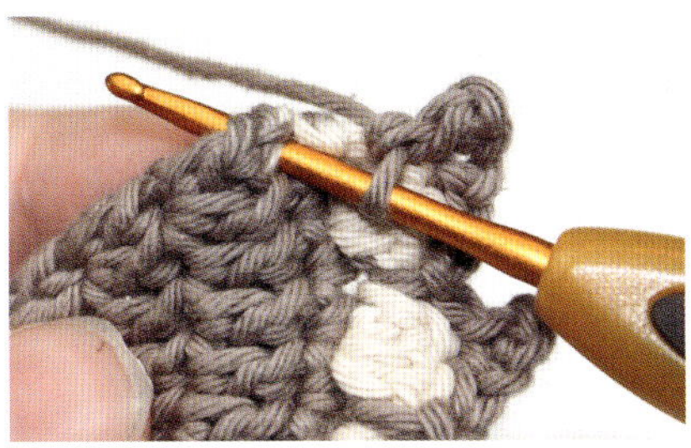

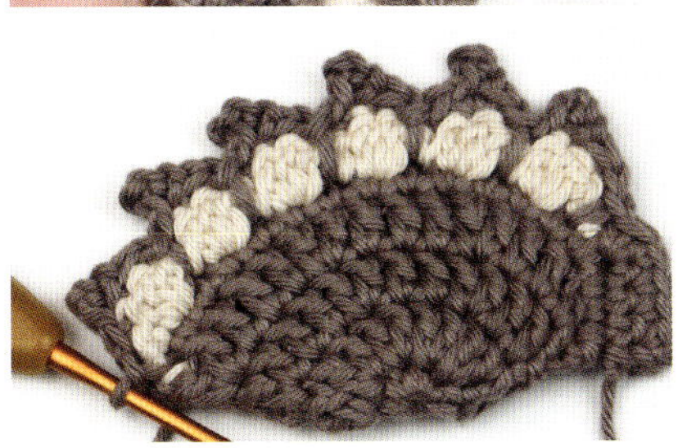

Den Faden abschneiden, durch die letzte M ziehen und vernähen.
Den 2. Flügel genauso fertigen.
Die Flügel unterhalb des Kragens links und rechts am Körper festnähen.

Kleid

Für das Kleid zunächst einen Rock an die Eule häkeln. Dazu die Figur auf den Kopf drehen.
Den Faden in Mauve an die 8. Rd des Körpers mit 1 stehenden Km anketten. Dabei die Km und die gesamte 1. Rd in die vorderen M-Glieder arb. Wie folgt Stb in geschlossenen Rd häkeln, dabei jede Rd mit 2 Steige-Lm beginnen und mit 1 Km schließen.
1. Rd: In die vorderen M-Glieder arb: 12x (2 Stb, 2 Stb in 1 M) (= 48 M).
2. Rd: 12x (3 Stb, 1 Stb verdoppeln) (= 60 M).
3.-5. Rd: Jeweils 60 Stb häkeln.
Den Faden abschneiden, die Rd unsichtbar schließen und den Faden vernähen.

Untere Bordüre

In Violett mit 1 stehenden Km an die 5. Rd anketten. Dann 2 Lm, 1 Km in das nächste Stb, 2 Lm, 1 Km in das nächste Stäbchen häkeln. Diese Sequenz bis zum Ende der Rd wdh. Den Faden durch die letzte Km ziehen, abschneiden und vernähen.

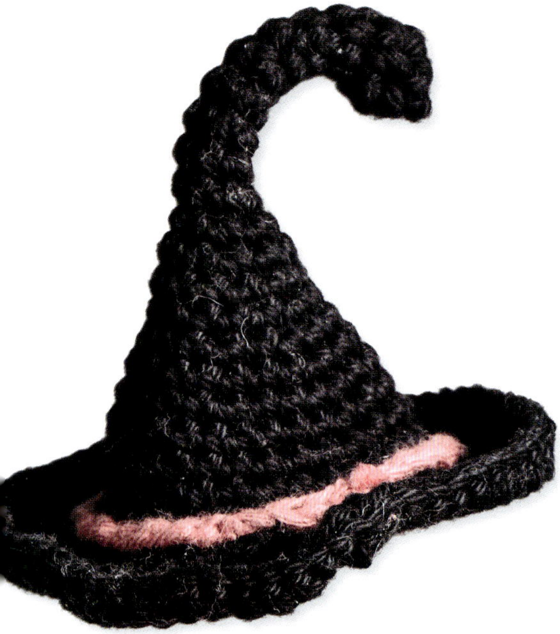

Taillenbordüre

In Violett mit 1 stehenden Km an die 9. Rd des Körpers anketten und in die sichtbaren vorderen M-Glieder rundherum 30 fM häkeln.
Den Faden abschneiden, die Rd unsichtbar schließen und den Faden vernähen.

Hexenhut

In Schwarz mit Häkelnd 2,25 mm einen Magic-Ring anschl.
1. Rd: 6 fM in den Ring häkeln, festziehen (= 6 M).
Nun wie folgt fM in Spiralrd arb.
2.-12. Rd: Jeweils 6 fM häkeln.
13. Rd: 3x (1 fM, 1 fM verdoppeln) (= 9 M).
14. Rd: 3x (2 fM, 1 fM verdoppeln) (= 12 M).
15.+16. Rd: Jeweils 12 fM häkeln (= 12 M).
17. Rd: 6x (1 fM, 1 fM verdoppeln) (= 18 M).
18. Rd: 18 fM häkeln.
19. Rd: 6x (2 fM, 1 fM verdoppeln) (= 24 M).
20.+21. Rd: Jeweils 24 fM häkeln.
22. Rd: 6x (3 fM, 1 fM verdoppeln) (= 30 M).
23. Rd: 30 fM häkeln.
24. Rd: 6x (4 fM, 1 fM verdoppeln) (= 36 M).
25. Rd: 36 fM häkeln.
26. Rd: 18x (1 fM, 1 fM verdoppeln) (= 54 M).
27. Rd: 6x (8 fM, 1 fM verdoppeln) (= 60 M).
28. Rd: 60 fM häkeln.
Den Faden abschneiden, die Rd unsichtbar schließen und den Faden vernähen.
Nach Wunsch ein Stück Chenilledraht einlegen, dann lässt sich die Hutspitze biegen.

Tipp: Sollen Kinder mit der Eule spielen, besser auf den Draht verzichten. Dann die Hutspitze etwas nach unten biegen und mit 1-2 Stichen weiter unten am Hut fixieren.

Hutband

Mit Häkelnd 2,5 mm in Mauve 29 Lm anschl, um den Hut legen und mit 1 Km zum Ring schließen. Damit es besser hält, das Band mit ein paar Stichen am Hut befestigen.

Kürbis

Kürbiskörper

In Smokey Orange einen Magic-Ring anschl.
1. Rd: 6 fM in den Ring häkeln, festziehen (= 6 M).
Nun wie folgt fM in Spiralrd arb.
2. Rd: Jede fM verdoppeln (= 12 M).
3. Rd: 6x (1 fM, 1 fM verdoppeln) (= 18 M).
4. Rd: 6x (2 fM, 1 fM verdoppeln) (= 24 M).
5. Rd: 6x (3 fM, 1 fM verdoppeln) (= 30 M).
6. Rd: 6x (4 fM, 1 fM verdoppeln) (= 36 M).
7. Rd: 6x (5 fM, 1 fM verdoppeln) (= 42 M).
8.-13. Rd: Jeweils 42 fM häkeln.
14. Rd: 6x (5 fM, 2 fM zusammen abmaschen) (= 36 M).
15. Rd: 6x (4 fM, 2 fM zusammen abmaschen) (= 30 M).

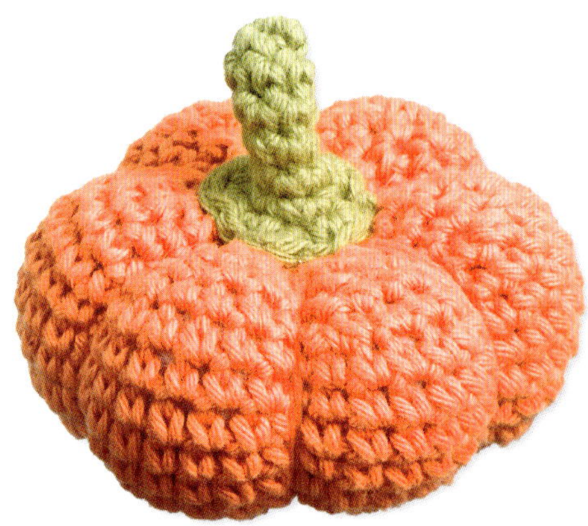

16. Rd: 6x (3 fM, 2 fM zusammen abmaschen) (= 24 M).
17. Rd: 6x (2 fM, 2 fM zusammen abmaschen) (= 18 M).
18. Rd: 6x (1 fM, 2 fM zusammen abmaschen) (= 12 M).
19. Rd: 6 x (2 fM zusammen abmaschen) (= 6 M).
Den Kürbis nicht zu prall stopfen, sonst lässt er sich später nicht mehr so gut zusammenziehen und die Rillen werden weniger tief.
Zum Verschließen den Faden ca. 15 cm lang abschneiden und durch die letzte M ziehen. Den Faden mit einer Sticknd von außen nach innen durch jedes vordere M-Glied der verbliebenen M führen. Den Faden festziehen und vernähen.
Nun den Kürbis zusammenziehen. Dafür ca. 20 cm Garn in Smokey Orange abschneiden. Mit einer stumpfen Stopfnd an der Unterseite des Kürbis in eine M dicht neben der Mitte einstechen und das Garn einmal durch den Kürbis nach oben ziehen. Das Garn auf die gleiche Weise von oben nach unten durch den Kürbis führen. Nun fest am Garn, das unten aus dem Kürbis herausschaut, ziehen und die obere und untere Seite zueinander bringen.
Jetzt werden die Rillen aufgebracht und die Dellen geformt. Dafür das Garn ähnlich wie beim Zusammenziehen zunächst von unten nach oben und dann von oben nach unten durch den Kürbis führen, jedoch an der Außenseite und so, dass etwa 6 gleich große Dellen entstehen. Zum Schluss den Faden an der Unterseite vernähen.

Kürbisstiel

In Erbse einen Magic-Ring anschl.
1. Rd: 5 fM in den Ring häkeln (= 5 M).
Nun wie folgt fM in Spiralrd häkeln.
2.-5. Rd: Jeweils 5 fM häkeln.
6. Rd: Jede fM verdoppeln (= 10 M).
7. Rd: 5x (1 fM, 1 fM verdoppeln) (= 15 M).
Den Faden etwas länger abschneiden, die Rd unsichtbar schließen und den Stiel oben auf den Kürbis nähen.

Pilz (2x)

Für den Pilz zuerst den Stiel von unten nach oben arb.
In Creme einen Magic-Ring anschl.
1. Rd: 6 fM in den Ring häkeln, festziehen.
Nun wie folgt fM in Spiralrd arb.
2. Rd: 3x (1 fM, 1 fM verdoppeln) (= 9 M).
3.-7. Rd: Jeweils 9 fM häkeln.
8. Rd: 3x (1 fM, 2 fM zusammen abmaschen) (= 6 M).
9.+10. Rd: Jeweils 6 fM häkeln.
11. Rd: Jede fM verdoppeln (= 12 M).
12. Rd: Jede fM verdoppeln (= 24 M).
13. Rd: 6x (3 fM, 1 fM verdoppeln) (= 30 M).
Den Faden abschneiden, die Rd unsichtbar schließen und den Faden vernähen. Den Stiel stopfen.

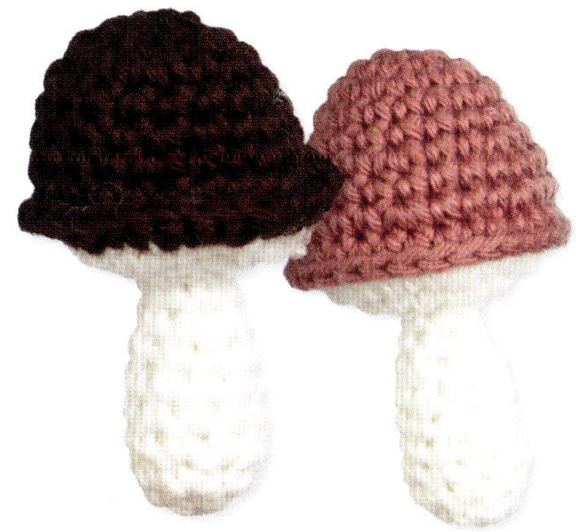

Pilzhut

In Mauve einen Magic-Ring anschl.
1. Rd: 6 fM in den Ring häkeln, festziehen (= 6 M).
Nun wie folgt fM in Spiralrd arb.
2. Rd: Jede fM verdoppeln (= 12 M).
3. Rd: 6x (1 fM, 1 fM verdoppeln) (= 18 M).
4.+5. Rd: Jeweils 18 fM häkeln.
6. Rd: 6x (2 fM, 1 fM verdoppeln) (= 24 M).
7.+8. Rd: Jeweils 24 fM häkeln.
9. Rd: 6x (3 fM, 1 fM verdoppeln) (= 30 M).
Den Faden nicht abschneiden, er wird benötigt, um Hut und Stiel miteinander zu verbinden. Dafür in der nächsten Rd 30 fM häkeln, dabei in die M des Stiels und des Hutes einstechen. Dabei den Hut nach und nach stopfen.
Die Rd mit 1 Km schließen, den Faden abschneiden, durch die letzte M ziehen und vernähen.
Den 2. Pilz genauso fertigen, hier jedoch den Hut in Schokolade arb.

November

Es ist November, draußen wird es immer dunkler, kälter und ungemütlicher. Einen stört das aber ganz und gar nicht: den lieben Ben Bär. Das kleine Bärchen liebt den November, denn dann ist es endlich Zeit für seinen Winterschlaf. So sehr freut er sich darauf, drinnen gemütlich eingekuschelt zu sein, während sich die Welt da draußen auf den Winter vorbereitet. Ben wird die kalte Jahreszeit verschlafen und nur in seinen Träumen Abenteuer erleben. Aber, schläft er denn wirklich so viele Wochen? Naja, nicht ganz, denn so lange kann Ben nicht auf seinen geliebten Honig verzichten. Für den unterbricht er gerne seinen Winterschlaf, besonders, wenn ihm der Magen knurrt.

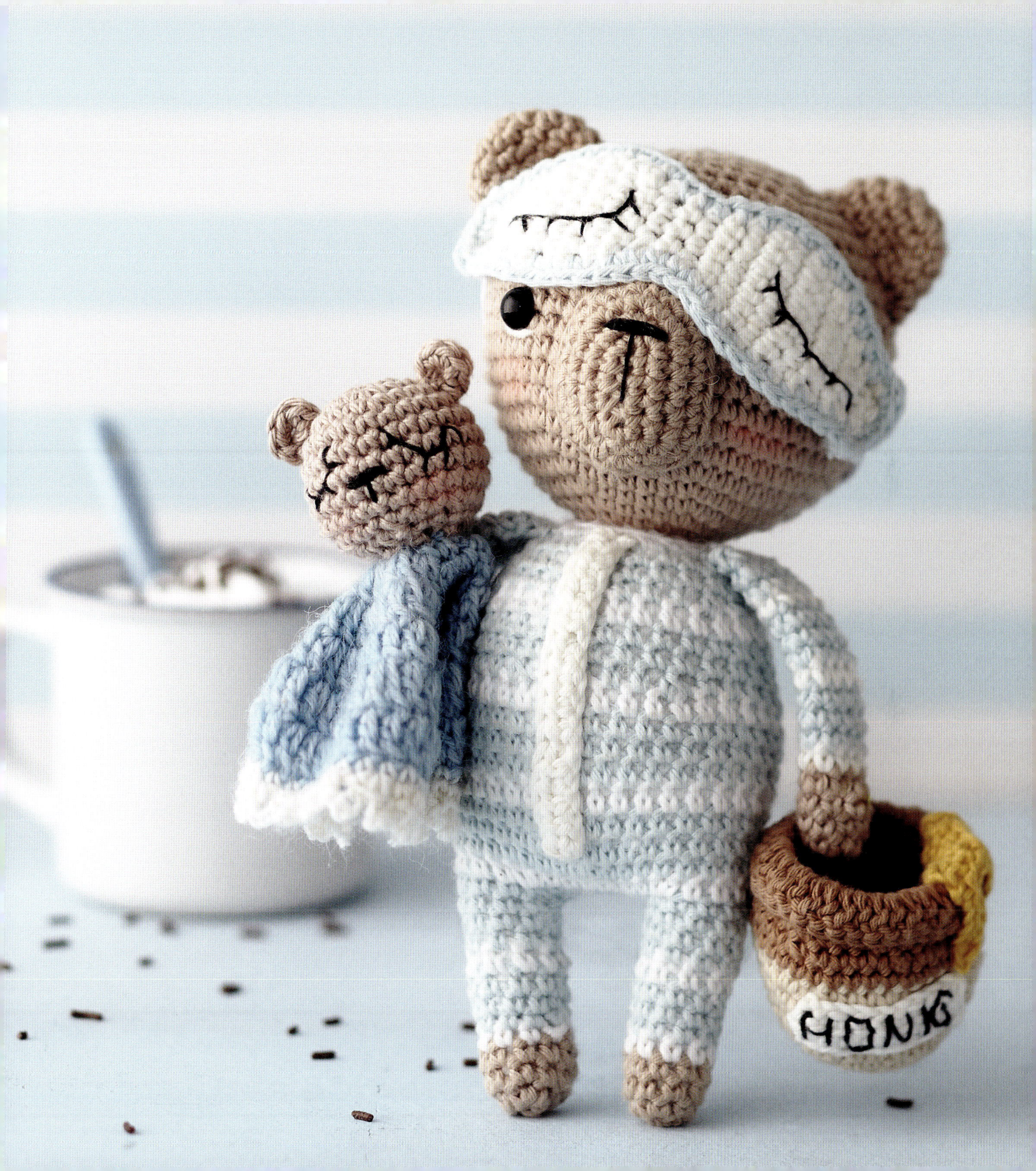
HONIG

SCHWIERIGKEIT ●●●

Größe
ca. 17 cm

BEN BÄR

Bär

Rico Design Creative RICO-RUMI DK (LL 57,5 m/25 g) in Beige (Fb 55), 25 g, Weiß (Fb 01) und Hellblau (Fb 33), je 20 gt

Stickgarn in Schwarz, Rest

Häkelnadel 2,5 mm

1 Paar Sicherheitsaugen in Schwarz, ø 8 mm

Rouge

Füllwatte

Maschenmarkierer

Stecknadeln

abgerundete Kinderschere als Ausstopfhilfe

Sticknadel zum Vernähen

Schnuffeltuch

Sockengarn 4-fädig Uni (LL 420 m/100 g) in Hellblau, 15 g und Natur, 8 g

Häkelgarn (LL 125 m/50 g) in Beige, 15 g

Stickgarn in Schwarz, Rest

Häkelnadel 2,5 mm

Füllwatte

Sticknadel zum Vernähen

Schlafmaske

Rico Design Creative RICO-RUMI DK (LL 57,5 m/25 g) in Weiß (Fb 01), 15 g und Hellblau (Fb 37), 8 g

Stickgarn in Schwarz, Rest

Häkelnadel 2,5 mm

Gummifaden, ø ca. 1 mm, ca. 22 cm lang

Sticknadel zum Vernähen

Honigtopf

Rico Design Creative RICO-RUMI DK (LL 57,5 m/25 g) in Natur (Fb 54), 15 g, Hellbraun (Fb 52) und Safran (Fb 63), je 10 g und Weiß (Fb 01), 5 g

Stickgarn in Schwarz, Rest

Häkelnadel 2,5 mm

Pappe, ø ca. 3 cm

Sticknadel zum Vernähen

Beine

Die Beine nach der Basic-Anleitung S. 118 mit folgendem Fb-Muster häkeln und in Hellblau verbinden.
1.-4. Rd: Beige
5. Rd: Weiß
6.-8. Rd: Hellblau
9. Rd: Weiß
10.-12. Rd: Hellblau
Dann die Beine sehr fest stopfen.

Körper

Nun den Körper in Spiralrd in Weiß anhäkeln.
1. Rd: 4x (7 fM, 1 fM verdoppeln) (= 36 M).
2.-4. Rd (Hellblau): Jeweils 36 fM häkeln.
5. Rd (Weiß): 36 fM häkeln.
6.-8. Rd (Hellblau): Jeweils 36 fM häkeln.
9. Rd (Weiß): 36 fM häkeln.
10. Rd (Hellblau): 6x (4 fM, 2 fM zusammen abmaschen) (= 30 M).
11.+12. Rd: Jeweils 30 fM häkeln.
13. Rd (Weiß): 30 fM häkeln.
14. Rd (Hellblau): 6x (3 fM, 2 fM zusammen abmaschen) (= 24 M).
15.+16. Rd: Jeweils 24 fM häkeln.
Den Körper sehr fest stopfen.
17. Rd (Weiß): 6x (2 fM, 2 fM zusammen abmaschen) (= 18 M).
18. Rd: 6x (1 fM, 2 fM zusammen abmaschen) (= 12 M).
19. Rd (Beige): 12 fM häkeln.
Den Körper nochmals sehr fest stopfen. Den Faden nicht abschneiden, es geht mit dem Kopf weiter.

Kopf

Den Kopf in Spiralrd in Beige arb.
1. Rd: Jede fM verdoppeln (= 24 M).
2. Rd: 6x (3 fM, 1 fM verdoppeln) (= 30 M).
3. Rd: 6x (4 fM, 1 fM verdoppeln) (= 36 M).
4. Rd: 6x (5 fM, 1 fM verdoppeln) (= 42 M).
5. Rd: 6x (6 fM, 1 fM verdoppeln) (= 48 M).
6. Rd: 6x (7 fM, 1 fM verdoppeln) (= 54 M).
7.-16. Rd: Jeweils 54 fM häkeln.
17. Rd: 6x (7 fM, 2 fM zusammen abmaschen) (= 48 M).
18. Rd: 6x (6 fM, 2 fM zusammen abmaschen) (= 42 M).
Nun zwischen der 9. und 10. Rd des Kopfes die Sicherheitsaugen mit einem Abstand von 12 M anbringen. In Weiß die Lichtpunkte aufsticken. Den Kopf sehr fest stopfen.
19. Rd: 6x (5 fM, 2 fM zusammen abmaschen) (= 36 M).
20. Rd: 6x (4 fM, 2 fM zusammen abmaschen) (= 30 M).
21. Rd: 6x (3 fM, 2 fM zusammen abmaschen) (= 24 M).
22. Rd: 6x (2 fM, 2 fM zusammen abmaschen) (= 18 M).
23. Rd: 6x (1 fM, 2 fM zusammen abmaschen) (= 12 M).
Kopf und Hals nochmals fest stopfen.
24. Rd: 6x (2 fM zusammen abmaschen) (= 6 M).
Zum Verschließen den Faden ca. 15 cm lang abschneiden und durch die letzte M ziehen. Den Faden mit einer Sticknd von außen nach innen durch jedes vordere M-Glied der verbliebenen M führen. Den Faden festziehen und vernähen.

Schnauze

In Beige 5 Lm und 1 Wende-Lm anschl.
Die Lm-Kette wie folgt mit fM umhäkeln.
2 fM in 1 Lm, 3 fM, 3 fM in die letzte Lm, auf der anderen Seite 4 fM zurück häkeln (=12 M).
Nun weiter fM in Spiralrd arb.
1. Rd: 2x (1 fM verdoppeln), 3 fM, 3x (1 fM verdoppeln), 3 fM, 1 fM verdoppeln (= 18 M).
2. Rd: 2x (1 fM, 1 fM verdoppeln), 3 fM, 3x (1 fM, 1 fM verdoppeln), 4 fM, 1 fM verdoppeln (= 24 M).
3. Rd: 24 fM häkeln.
Den Faden ca. 20 cm lang abschneiden und durch die letzte M ziehen.
Die Schnauze längs drehen und mit Stickgarn in Schwarz die Nase in T-Form aufsticken. Den Faden auf der Innenseite der Schnauze vernähen.
Die Schnauze ebenfalls längs mittig am Kopf festnähen. Dabei nach und nach

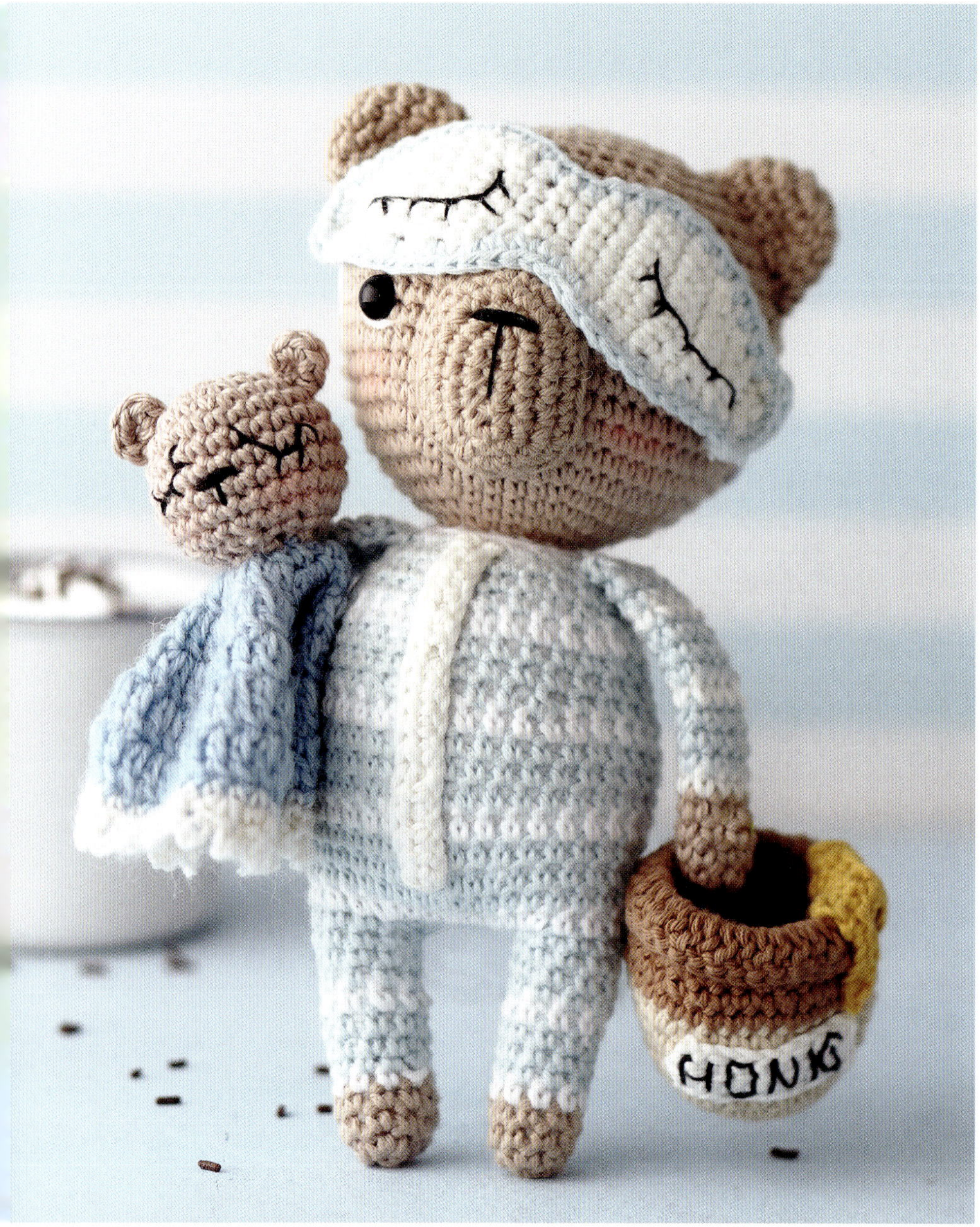

stopfen. Auf die Wangen etwas Rouge auftragen.

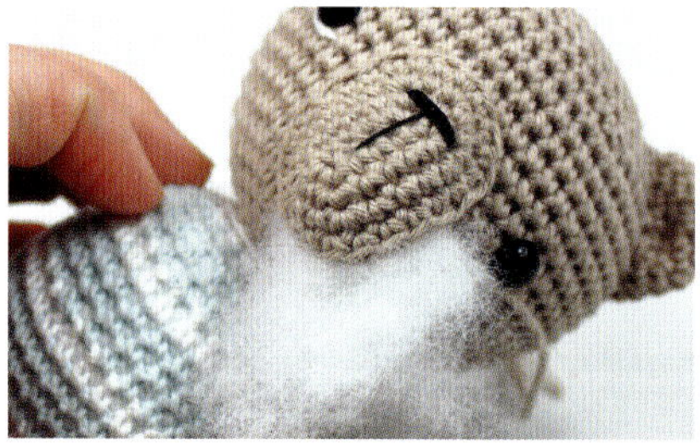

Ohr (2x)

In Beige einen Magic-Ring anschl.

1. Rd: 5 fM in den Ring häkeln, festziehen (= 5 M).

2. Rd: Jede fM verdoppeln (= 10 M).

3. Rd: 5x (1 fM, 1 fM verdoppeln) (= 15 M).

4.+5. Rd: Jeweils 15 fM häkeln.

Den Faden ca. 20 cm lang abschneiden. Das 2. Ohr genauso fertigen.

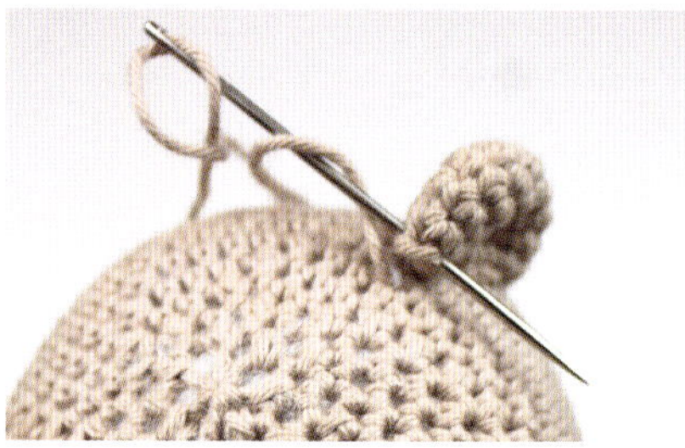

Die Ohren links und rechts am Kopf des Bären festnähen.

Arm (2x)

Den Arm nach der Basic-Anleitung S. 120 2x mit folgendem Fb-Muster häkeln.

1.-5. Rd: Beige
6. Rd: Weiß
7.-9. Rd: Hellblau
10. Rd: Weiß
11.-13. Rd: Hellblau
14. Rd: Weiß
15.-17. Rd: Hellblau

Die Arme bündig links und rechts am Körper zwischen der 16. und 17. Rd festnähen.

Verschlussleiste

Für die Verschlussleiste vorne am Schlafanzug in Weiß 17 Lm und 1 Wende-Lm anschl und 17 hStb entlang der Lm-Kette häkeln.

Den Faden ca. 20 cm lang abschneiden und die Verschlussleiste vorn in der Mitte längs auf den Bauch des Bären nähen.

Schnuffeltuch

Für das Schnuffeltuch ein Tuch und einen Teddykopf arb und zusammenfügen.

Tuch

Mit Sockengarn in Hellblau 4 Lm anschl und mit 1 Km zum Ring schließen.

Nun wie folgt Stb in geschlossenen Rd arb. Dabei jede Rd mit 2 Steige-M beginnen und mit 1 Km schließen.

1. Rd: 12 Stb in den Ring häkeln (= 12 M).
2. Rd: Jedes Stb verdoppeln (= 24 M).
3. Rd: 12x (1 Stb, 1 Stb verdoppeln) (= 36 M).
4. Rd: 12x (2 Stb, 1 Stb verdoppeln) (= 48 M).
5. Rd: 12x (3 Stb, 1 Stb verdoppeln) (= 60 M).
6. Rd: 60 Stb häkeln.

Den Faden abschneiden, die Rd unsichtbar schließen und den Faden vernähen.

Für den Rand des Tuches in Natur mit 1 stehenden Km an die 6. Rd anketten und wie folgt fM in geschlossenen Rd arb. Dabei jede Rd mit 2 Steige-M beginnen und mit 1 Km schließen.

7. Rd: 60 fM häkeln.
8. Rd: 20x (2 fM, 4 Lm, 2 fM) (= 160 M).

Den Faden abschneiden, die Rd unsichtbar schließen und den Faden vernähen.

Teddykopf

Mit Häkelgarn in Beige einen Magic-Ring anschl.

1. Rd: 6 fM in den Ring häkeln, festziehen (= 6 M).

Nun wie folgt fM in Spiralrd arb.

2. Rd: Jede fM verdoppeln (= 12 M).
3. Rd: 6x (1 fM, 1 fM verdoppeln) (= 18 M).
4. Rd: 6x (2 fM, 1 fM verdoppeln) (= 24 M).
5.-9. Rd: Jeweils 24 fM häkeln.

Den Kopf fest stopfen.

10. Rd: 6x (2 fM, 2 fM zusammen abmaschen) (= 18 M).
11. Rd: 6x (1 fM, 2 fM zusammen abmaschen) (= 12 M).
12. Rd: 6x (2 fM zusammen abmaschen) (= 6 M).

Den Kopf nochmals fest stopfen.

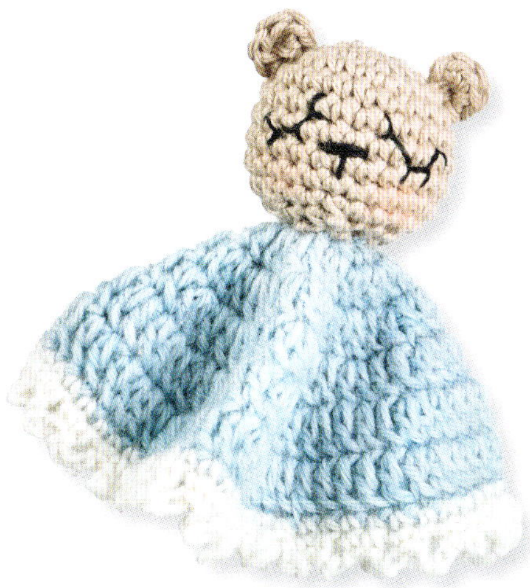

Zum Verschließen den Faden ca. 15 cm lang abschneiden und durch die letzte Masche ziehen. Den Faden mit einer Sticknd von außen nach innen durch jedes vordere M-Glied der verbliebenen M führen. Den Faden festziehen und vernähen.
Anschließend den Kopf mittig auf das Tuch nähen.

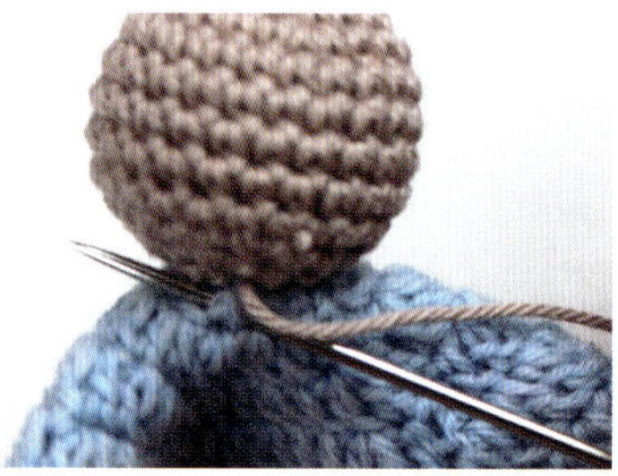

Für ein Ohr des Teddys in Beige einen Magic-Ring anschl, 6 fM in den Ring häkeln, mit 1 Km schließen und festziehen.
Den Faden ca. 15 cm lang abschneiden und das Ohr seitlich am Kopf festnähen. Das 2. Ohr genauso fertigen und an der anderen Kopfseite festnähen.
Zum Schluss mit Stickgarn in Schwarz geschlossene Augen und Wimpern sowie in T-Form die Schnauze aufsticken.

Schlafmaske

In Weiß 4 Lm und 1 Wende-Lm anschl. Nun wie folgt fM in R arb. Dabei am Ende jeder R 1 Lm arb und wenden. In der letzten R entfällt beides.
1.+2. R: Jeweils 4 fM häkeln (= 4 M).
3. R: 1 fM verdoppeln, 2 fM, 1 fM verdoppeln (= 6 M).
4. R: 6 fM häkeln.
5. R: 1 fM verdoppeln, 4 fM, 1 fM verdoppeln (= 8 M).
6.-10. R: Jeweils 8 fM häkeln.
11. R: 2 fM zusammen abmaschen, 4 fM, 2 fM zusammen abmaschen (= 6 M).
12. R: 2 fM zusammen abmaschen, 2 fM, 2 fM zusammen abmaschen (= 4 M).
13.+14. R: Jeweils 4 fM häkeln.
15. R: 1 fM verdoppeln, 2 fM, 1 fM verdoppeln (= 6 M).
16. R: 1 fM verdoppeln, 4 fM, 1 fM verdoppeln (= 8 M).
17.-20. R: Jeweils 8 fM häkeln.
21. R: 2 fM zusammen abmaschen, 4 fM, 2 fM zusammen abmaschen (= 6 M).
22. R: 6 fM häkeln.
23. R: 2 fM zusammen abmaschen, 2 fM, 2 fM zusammen abmaschen (= 4 M).
24.+25. R: Jeweils 4 fM häkeln.
Den Faden abschneiden, durch die letzte M ziehen und vernähen.

Für den Rand der Schlafbrille in Hellblau mit 1 stehenden fM an die 6. Rd anketten und rundherum fM häkeln, dabei in den Ecken je 1 fM und 1 Lm arb.

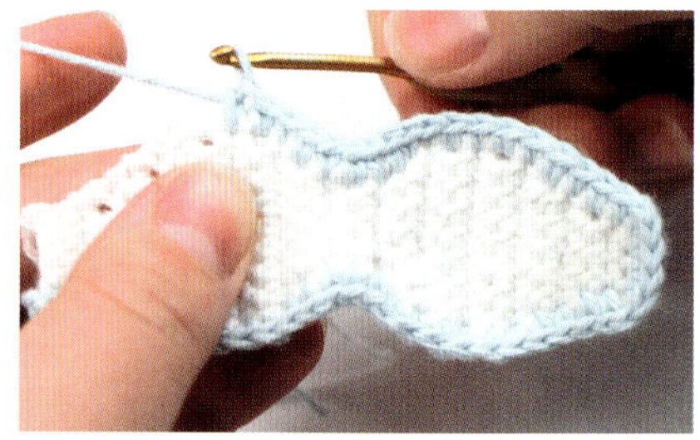

Mit 1 Km in 1. M der Rd schließen und den Faden nach hinten vernähen.
Mit Stickgarn in Schwarz geschlossene Augen und Wimpern aufsticken und den Faden auf der Rückseite vernähen.
Das Gummiband in 2 Teile zu je ca. 11 cm Länge schneiden, hälftig falten, verknoten und auf der Rückseite der Maske festnähen.

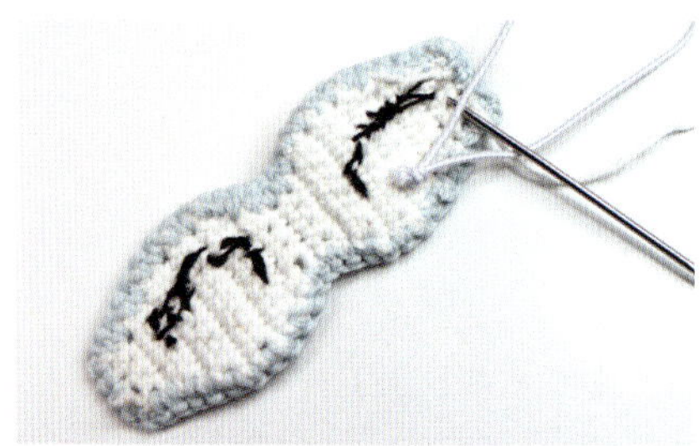

Alternativ links und rechts je eine ausreichend lange Lm-Kette anketten und die Enden verknoten. Zum Verschließen beide Ketten zu einer Schleife zusammenbinden.

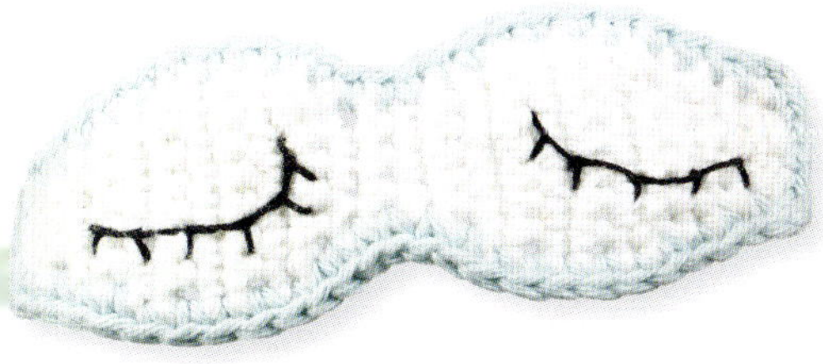

Honigtopf

Topf

In Natur einen Magic-Ring anschl.

1. Rd: 6 fM in den Ring häkeln, festziehen (= 6 M).

Nun wie folgt fM in Spiralrd arb.

2. Rd: Jede fM verdoppeln (= 12 M).

3. Rd: 6x (1 fM, 1 fM verdoppeln) (= 18 M).

4. Rd: 6x (2 fM, 1 fM verdoppeln) (= 24 M).

5. Rd: 24 fM nur in die hinteren M-Glieder arb.

6. Rd: 24 fM häkeln.

7. Rd: 6x (3 fM, 1 fM verdoppeln) (= 30 M).

8.+9. Rd: Jeweils 30 fM häkeln.

10. Rd: 6x (4 fM, 1 fM verdoppeln) (= 36 M).

11. Rd (Hellbraun): 36 fM häkeln.

12. Rd: 6x (4 fM, 2 fM zusammen abmaschen) (= 30 M).

13. Rd: 30 fM häkeln.

14. Rd: 6x (3 fM, 2 fM zusammen abmaschen) (= 24 M).

15. Rd: 6x (3 fM, 2 fM zusammen abmaschen) (= 18 M).

Zum Schluss den Rand wie folgt arb.

16. Rd: 2 Steige-Lm, 18x (2 Stb in 1 M der Vor-Rd) (= 36 M).

Den Faden ca. 20 cm lang abschneiden, die Rd unsichtbar schließen, den Rand nach außen stülpen und mit ein paar Stichen fixieren.

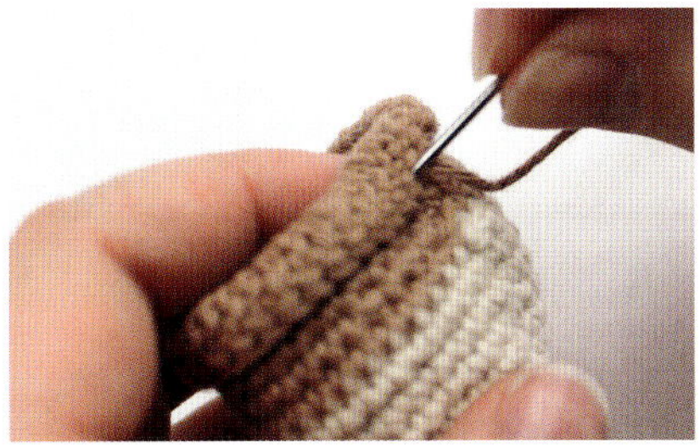

Honigtropfen

In Safran 6 Lm und 1 Wende-Lm anschl und 6 fM zurück häkeln.

Nun die Tropfen wie folgt arb.

1 Km, 5 Lm anschl und 4 Km zurück häkeln (= 1. Tropfen), 1 Km, 1 Km, 4 Lm anschl und 2 Km zurück häkeln (= 2. Tropfen), 1 Km, 1 Km, 4 Lm anschl und 3 Km zurück häkeln (= 3. Tropfen).

Mit 1 Km schließen, den Faden auf etwa 20 cm Länge abschneiden und den Honigtropfen auf den Topfrand nähen.

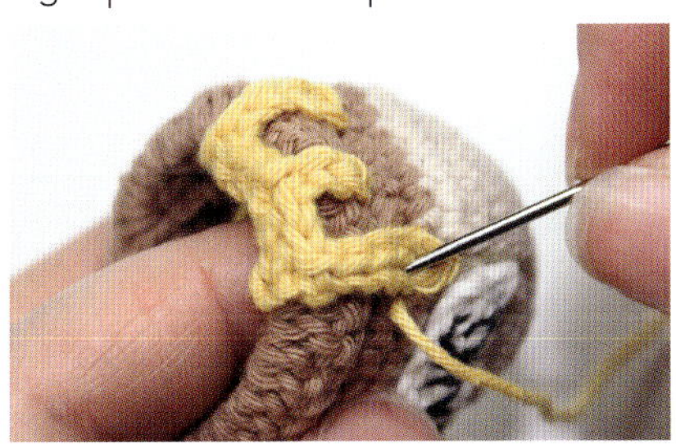

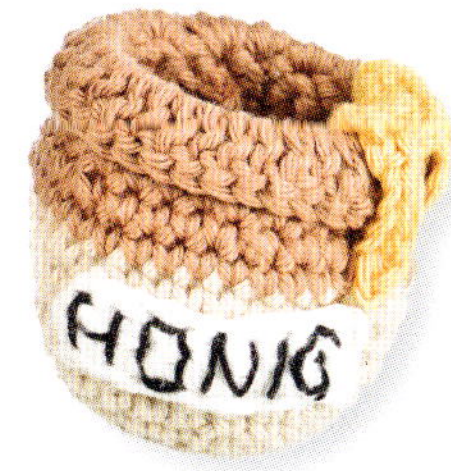

Schild

In Weiß 10 Lm und 1 Wende-Lm anschl.

Nun wie folgt fM in R arb. Dabei am Ende jeder R 1 Lm arb und wenden. In der letzten R entfällt beides.

1.+2. R: Jeweils 10 fM häkeln.

Den Faden ca. 20 cm lang abschneiden und durch die letzte M ziehen.

Nun mit Stickgarn in Schwarz das Wort „Honig“ aufsticken und den Faden auf der Rückseite vernähen.

Anschließend das Schild auf den Honigtopf nähen.

Damit der Honigtopf gut steht, ein rundes Stück Pappe einlegen.

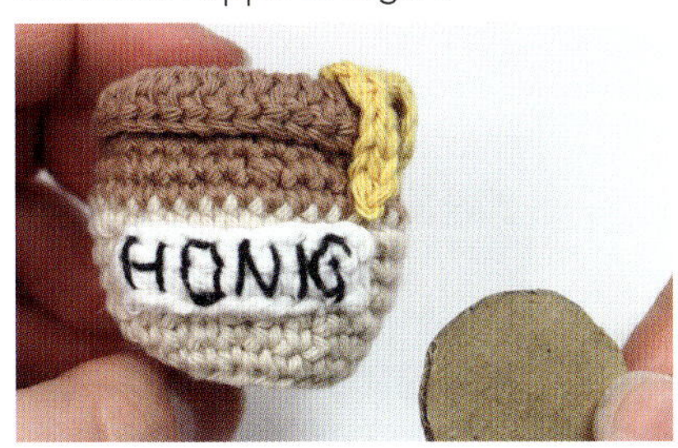

Dezember

Der Duft frischgebackener Lebkuchen zieht durch die warme Stube, wo man auch hinsieht: alles glitzert und glänzt. Für Elmo Elch ist das die schönste Zeit im Jahr. Er liebt es, bunte Päckchen zu packen, den Weihnachtsbaum zu schmücken und sich die kalten Tage mit Plätzchen und Lebkuchen zu versüßen. Auf nichts davon möchte Elmo verzichten. Am meisten freut er sich aber darauf, die Adventszeit mit seinen Freunden zu verbringen.
Wenn im Dezember nun auch das Häkeljahr zu Ende geht, zieht mit Elmo der Weihnachtszauber bei dir ein. Feiere mit deinen 12 Happy Häkelfriends ein buntes, frohes Fest!

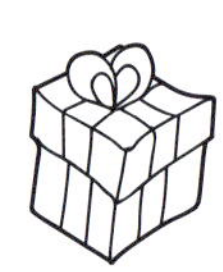

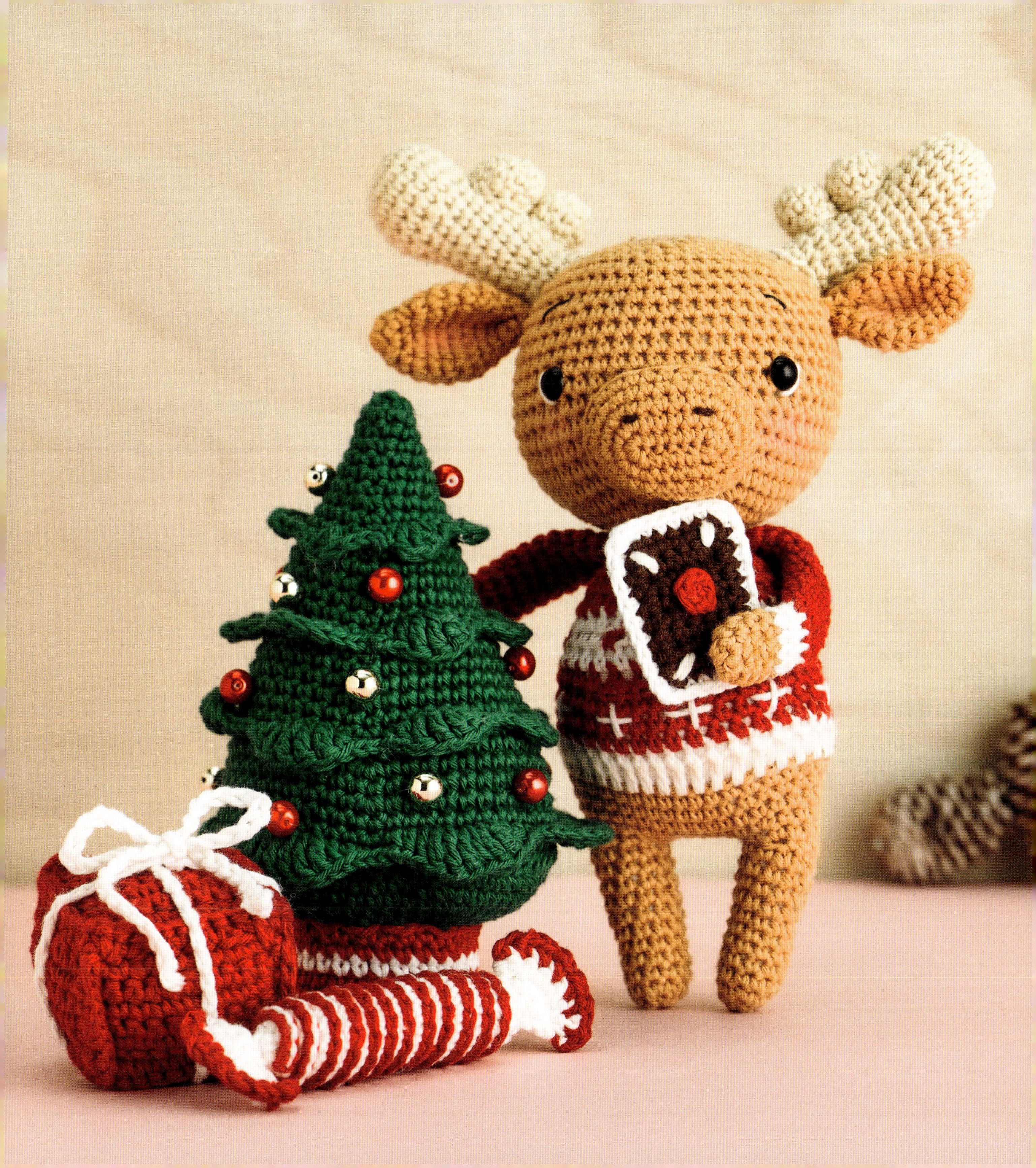

SCHWIERIGKEIT ●●○

Größe
ca. 21 cm

ELMO ELCH

Elch

Rico Design Creative RICO-RUMI DK (LL 57,5 m/25 g) in Karamell (Fb 53), 30 g, Natur (Fb 54), Weinrot (Fb 29) und Weiß (Fb 01), je 20 g und Schokolade (Fb 57), Rest

Stickgarn in Schwarz, Rest

Häkelnadel 2,5 mm

1 Paar Sicherheitsaugen in Schwarz, ø 8 mm

Rouge

Füllwatte

Maschenmarkierer

Stecknadeln

abgerundete Kinderschere als Ausstopfhilfe

Sticknadel zum Vernähen

Weihnachtsbaum

Rico Design Creative RICO-RUMI DK (LL 57,5 m/25 g) in Tanne (Fb 50), 30 g, Weinrot (Fb 29) und Weiß (Fb 01), je 10 g

Häkelnadel 2,5 mm

Maschenmarkierer

Füllwatte

16 Lochperlen, ø ca. 8 mm

transparenter Nylonfaden, ca. 50 cm

Pappe, ø ca. 4,5 cm (optional)

Sticknadel zum Vernähen

Geschenke

Rico Design Creative RICO-RUMI DK (LL 57,5 m/25 g) in Weinrot (Fb 29), 20 g und Weiß (Fb 01), 15 g

Häkelnadel 2,5 mm

Füllwatte

Sticknadel zum Vernähen

Lebkuchen

Rico Design Creative RICO-RUMI DK (LL 57,5 m/25 g) in Schokolade (Fb 57), 15 g, Weiß (Fb 01), 10 g und Weinrot (Fb 29), Rest

Stickgarn in Weiß, Rest

Häkelnadel 2,5 mm

Sticknadel zum Vernähen

Beine

Die Beine nach der Basic-Anleitung S. 118 in Karamell häkeln und verbinden.
Dann die Beine sehr fest stopfen.

Körper

Nun den Körper in Spiralrd in Karamell anhäkeln.
1. Rd: 4x (7 fM, 1 fM verdoppeln) (= 36 M).
2.-4. Rd: Jeweils 36 fM häkeln.
Den Faden abschneiden, die Rd unsichtbar schließen und den Faden vernähen.
Nun das Bündchen des Pullovers mit einer geschlossenen Rd Stb wie folgt anhäkeln.
In Weiß mit 1 stehenden Km an 1 M der Vor-Rd anketten. Die Rd mit 2 Steige-Lm beginnen und mit 1 Km schließen.
5. Rd (Weiß): 36 Stb häkeln.
Den Faden abschneiden, die Rd unsichtbar schließen und den Faden vernähen.

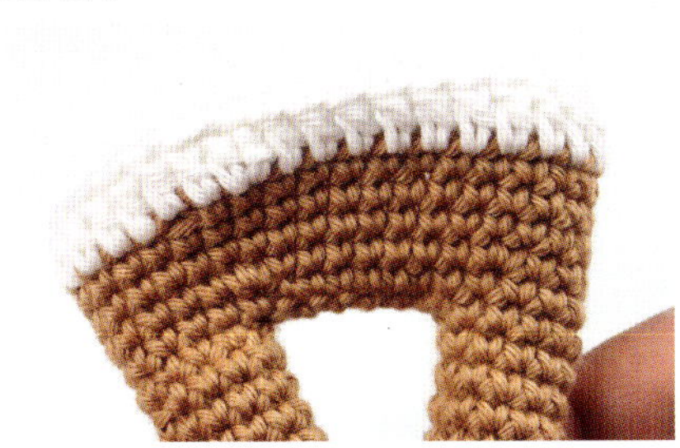

An der Rückseite der Figur in Weinrot den Faden mit 1 stehenden fM wieder aufnehmen und wie folgt fM in Spiralrd arb.

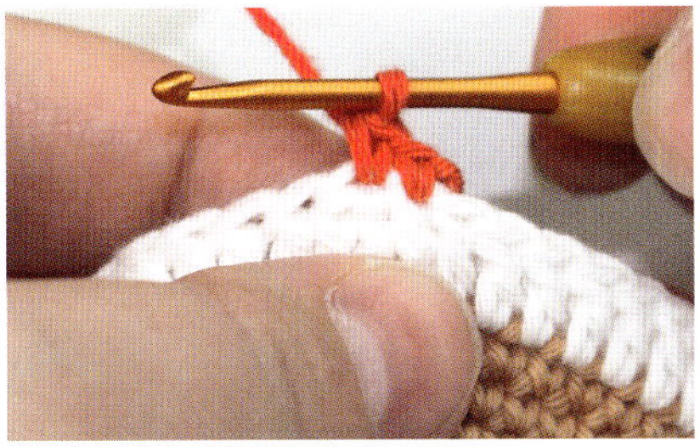

6.-9. Rd (Weinrot): Jeweils 36 fM häkeln.
10. Rd (Weiß): 6x (4 fM, 2 fM zusammen abmaschen) (= 30 M).
In der folgenden Rd im Wechsel je 2 fM in Weiß und 1 fM in Weinrot häkeln. Dabei den Faden der nicht benötigten Fb überhäkeln, d.h. hinter den M mitführen.

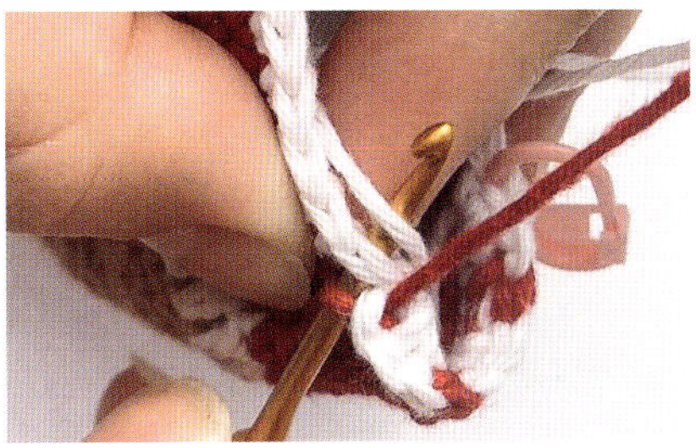

11. Rd: 10x (2 fM in Weiß, 1 fM in Weinrot) (= 30 M).
12. Rd (Weiß): 30 fM häkeln.
13. Rd (Weinrot): 30 fM häkeln.
14. Rd: 6x (3 fM, 2 fM zusammen abmaschen) (= 24 M).
15.+16. Rd: Jeweils 24 fM häkeln.
Den Körper sehr fest stopfen.
17. Rd: 6x (2 fM, 2 fM zusammen abmaschen) (= 18 M).
18. Rd (Karamell): 6x (1 fM, 2 fM zusammen abmaschen) (= 12 M).
19. Rd: 12 fM häkeln.
Den Körper nochmals sehr fest stopfen.
Den Faden nicht abschneiden, es geht mit dem Kopf weiter.

Kopf

Den Kopf in Spiralrd in Karamell arb.
1. Rd: Jede fM verdoppeln (= 24 M).
2. Rd: 6x (3 fM, 1 fM verdoppeln) (= 30 M).
3. Rd: 6x (4 fM, 1 fM verdoppeln) (= 36 M).
4. Rd: 6x (5 fM, 1 fM verdoppeln) (= 42 M).
5. Rd: 6x (6 fM, 1 fM verdoppeln) (= 48 M).
6. Rd: (7 fM, 1 fM verdoppeln) (= 54 M).
7.-16. Rd: Jeweils 54 fM häkeln.
17. Rd: 6x (7 fM, 2 fM zusammen abmaschen) (= 48 M).
18. Rd: 6x (6 fM, 2 fM zusammen abmaschen) (= 42 M).
Nun zwischen der 9. und 10. Rd des Kopfes die Sicherheitsaugen mit einem Abstand von 12 M anbringen. In Weiß die Lichtpunkte und mit Stickgarn in Schwarz die Wimpern aufsticken. Den Kopf sehr fest stopfen.
19. Rd: 6x (5 fM, 2 fM zusammen abmaschen) (= 36 M).
20. Rd: 6x (4 fM, 2 fM zusammen abmaschen) (= 30 M).
21. Rd: 6x (3 fM, 2 fM zusammen abmaschen) (= 24 M).

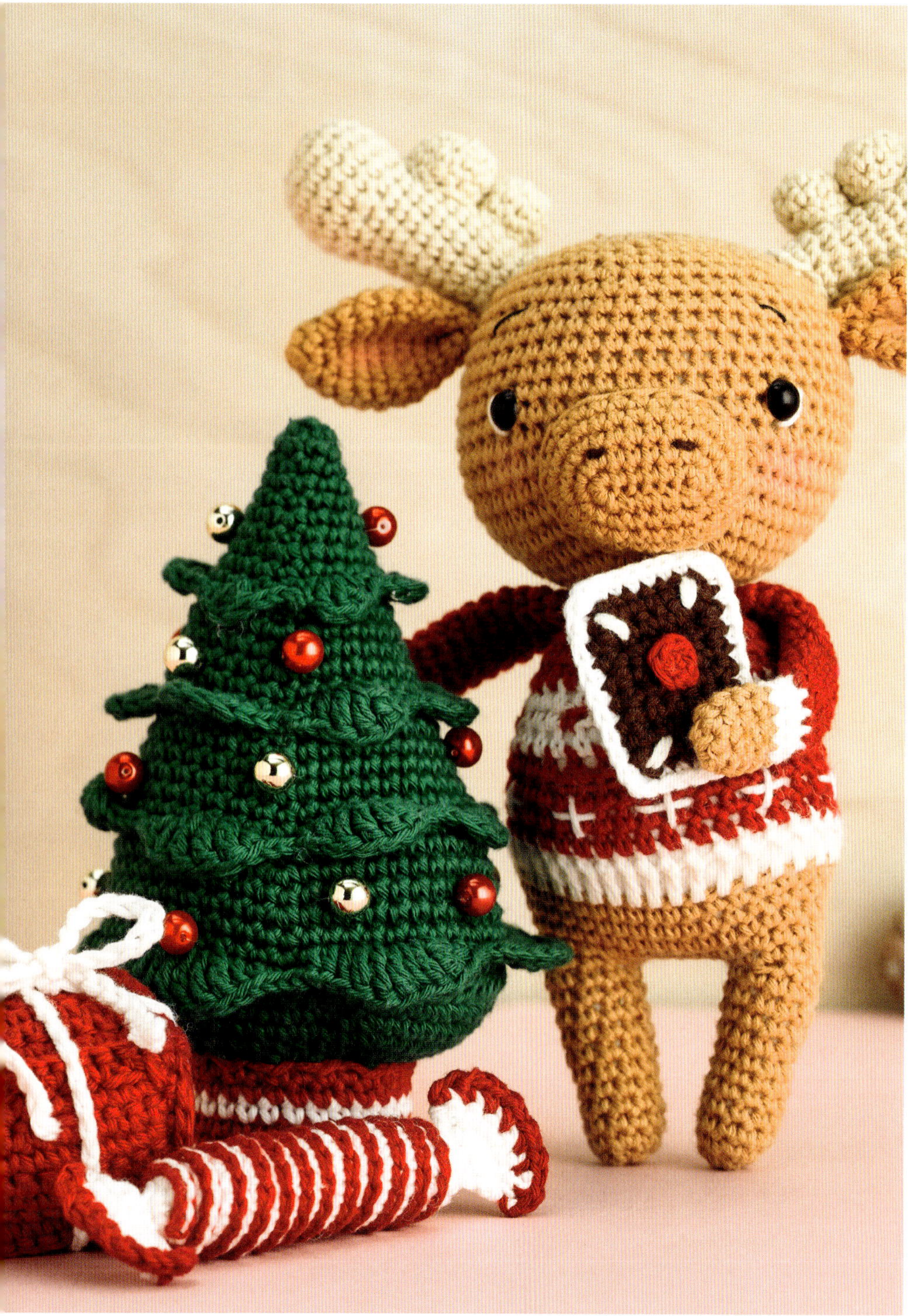

22. Rd: 6x (2 fM, 2 fM zusammen abmaschen) (= 18 M).

23. Rd: 6x (1 fM, 2 fM zusammen abmaschen) (= 12).

Den Kopf nochmals sehr fest stopfen.

24. Rd: 6x (2 fM zusammen abmaschen) (= 6 M).

Zum Verschließen den Faden ca. 15 cm lang abschneiden und durch die letzte M ziehen. Den Faden mit einer Sticknd von außen nach innen durch jedes vordere M-Glied der verbliebenen M führen. Den Faden festziehen und vernähen.

Anschließend zwischen der 7. und 9. Rd des Körpers in Weiß kleine Kreuze oder Sternchen aufsticken.

Arm (2x)

Den Arm nach der Basic-Anleitung S. 120 2x mit folgendem Fb-Muster häkeln.

1.-5. Rd: Karamell

6.+7. Rd: Weiß

8.-17. Rd: Weinrot

Schnauze

Für die Schnauze in Karamell 6 Lm und 1 Wende-Lm anschl.

Die Lm-Kette wie folgt mit fM umhäkeln.

1 M verdoppeln, 4 fM, 3 fM in die letzte Lm, 5 fM auf der anderen Seite der Lm-Kette häkeln (= 14 M).

Nun wie folgt fM in Spiralrd arb.

1. Rd: 2x (1 fM verdoppeln), 4 fM, 3x (1 fM verdoppeln), 4 fM, 1 fM verdoppeln (= 20 M).
2. Rd: 2x (1 fM, 1 fM verdoppeln), 4 fM, 3x (1 fM, 1 fM verdoppeln), 5 fM, 1 fM verdoppeln (= 26 M).
3.+4. Rd: Jeweils 26 fM häkeln.
Den Faden ca. 20 cm lang abschneiden und durch die letzte M ziehen. Die Rd unsichtbar schließen.
In Schokolade die Nüstern links und rechts auf die Schnauze sticken.
Die Schnauze mittig am Kopf etwa 1 Rd unterhalb der Augen festnähen. Dabei die Schnauze nach und nach stopfen. Auf die Wangen etwas Rouge auftragen.

Geweihstange (2x)

Das lange Stück und die kurzen Enden der Geweihstange werden jeweils einzeln gefertigt und später zusammengefügt.

Teil 1

In Natur einen Magic-Ring anschl.
1. Rd: 6 fM in den Ring häkeln, festziehen (= 6 M).
Nun wie folgt fM in Spiralrd arb.
2. Rd: Jede fM verdoppeln (= 12 M).
3. Rd: 6x (1 fM, 1 fM verdoppeln) (= 18 M).
4.-6. Rd: Jeweils 18 fM häkeln.
7. Rd: 6x (1 fM, 2 fM zusammen abmaschen) (= 12 M).
8.-16. Rd: Jeweils 12 fM häkeln.
Teil 1 fest stopfen.
Nun noch 1 R fM häkeln. An dieser wird später die Geweihstange am Kopf des Elchs befestigt.
1. R: 1 Lm, wenden, 6 fM (= 6 M).
Den Faden ca. 15 cm lang abschneiden und durch die letzte M ziehen.

Teil 2

In Natur einen Magic-Ring anschl.
1. Rd: 6 fM in den Ring häkeln, festziehen (= 6 M).
Nun wie folgt fM in Spiralrd arb.
2. Rd: Jede fM verdoppeln (= 12 M).
3.+4. Rd: Jeweils 12 fM häkeln.
Den Faden ca. 15 cm lang abschneiden und durch die letzte M ziehen. Teil 2 fest stopfen.

Teil 3

In Natur einen Magic-Ring anschl.
1. Rd: 6 fM in den Ring häkeln, festziehen (= 6 M).
Nun wie folgt fMin Spiralrd arb.
2. Rd: 3x (1 fM, 1 fM verdoppeln) (= 9 M).
Den Faden ca. 15 cm lang abschneiden und komplett durch die letzte M ziehen. Teil 3 fest stopfen.
Nun die Teile der Geweihstange zusammenfügen.
Dafür die kurzen Enden (Teil 2 und 3) so auf dem langen Stück (Teil 1) befestigen, dass die R der 6 fM, an der die Geweihstange am Kopf des Elchs befestigt werden soll, oben, d. h. auf der gleichen Seite wie die kurzen Enden, liegt.

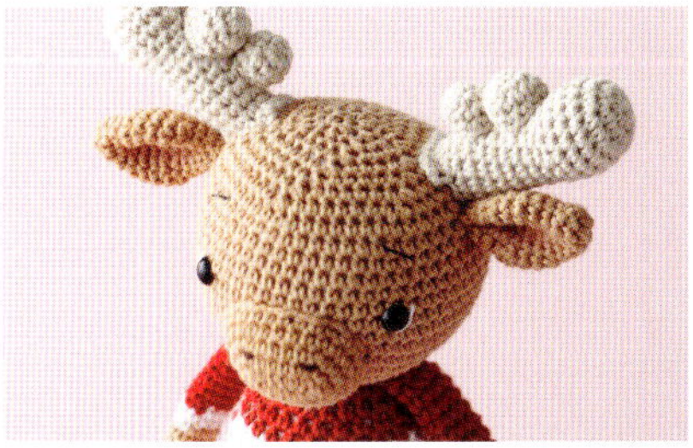

Teil 2 zwischen der 5. und 10. Rd von Teil 1 annähen, Teil 3 daneben aufbringen.
Die 2. Geweihstange genauso arb.
Um die Geweihstangen richtig am Kopf positionieren zu können, zunächst die Ohren häkeln.

Ohr (2x)

In Karamell einen Magic-Ring anschl.
1. Rd: 6 fM in den Ring häkeln, festziehen (= 6 M).
Nun wie folgt fM in Spiralrd arb.
2. Rd: 3x (1 fM, 1 fM verdoppeln) (= 9 M).
3. Rd: 9 fM häkeln.
4. Rd: 3x (2 fM, 1 fM verdoppeln) (= 12 M).
5. Rd: 6x (1 fM, 1 fM verdoppeln) (= 18 M).
6.-8. Rd: Jeweils 18 fM häkeln.
9. Rd: 6x (1 fM, 2 fM zusammen abmaschen) (= 12 M).
10.+11. Rd: Jeweils 12 fM häkeln.
Nun die Öffnung an der Unterseite des Ohrs zusammendrücken und mit 6 Km verschließen.

Den Faden ca. 20 cm lang abschneiden und durch die letzte M ziehen.
Das Ohr unten auf der Höhe der 6 Km längs über die Mitte zur anderen Seite falten und mit ein paar Stichen zusammennähen.

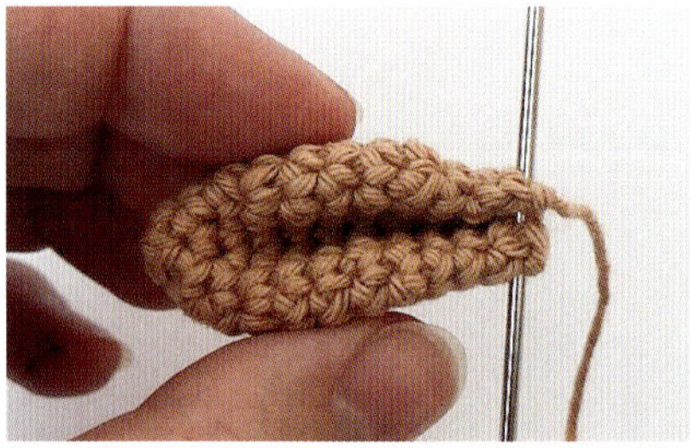

Das 2. Ohr genauso arb.
Nun die Geweihstangen und die Ohren links und rechts am Kopf befestigen. Dazu alle Teile am Kopf ausrichten und mit Stecknd fixieren. Die Ohren ausgehend von den Augen etwa 4 Rd darüber und etwa 4 M nach hinten positionieren. Die Geweihstangen neben die Ohren setzen und die Teile festnähen. An den Innenseiten der Ohren etwas Rouge auftragen.

Schwanz

In Karamell einen Magic-Ring anschl.
1. Rd: 5 fM in den Ring häkeln, festziehen (= 5 M).
Nun wie folgt fM in Spiralrd arb.
2. Rd: 5 fM häkeln.
3. Rd: Jede fM verdoppeln (= 10 M).
4.+5. Rd: Jeweils 10 fM häkeln.

Nun die Öffnung an der Unterseite des Schwanzes zusammendrücken und mit 5 Km verschließen.
Den Faden ca. 15 cm lang abschneiden und durch die letzte M ziehen.
Den Schwanz am Rücken des Elchs unterhalb des Pullovers festnähen.

Weihnachtsbaum

In Tanne einen Magic-Ring anschl.
1. Rd: 6 fM in den Ring häkeln, festziehen (= 6 M).
Nun wie folgt fM in Spiralrd arb.
2. Rd: 3x (1 fM, 1 fM verdoppeln) (= 9 M).
3. Rd: 9 fM häkeln.
4. Rd: 3x (2 fM, 1 fM verdoppeln) (= 12 M).
5. Rd: Jeweils 12 fM häkeln.
6. Rd: 4x (2 fM, 1 fM verdoppeln) (= 16 M).
7. Rd: 16 fM häkeln.
8. Rd: 4x (3 fM, 1 fM verdoppeln) (= 20 M).
9. Rd: 20 fM häkeln.
10. Rd: 4x (4 fM, 1 fM verdoppeln) (= 24 M).
11. Rd: 24 fM nur in die hinteren M-Glieder arb.
12. Rd: 4x (5 fM, 1 fM verdoppeln) (= 28 M).
13. Rd: 28 fM häkeln.
14. Rd: 4x (6 fM, 1 fM verdoppeln) (= 32 M).
15. Rd: 32 fM häkeln.

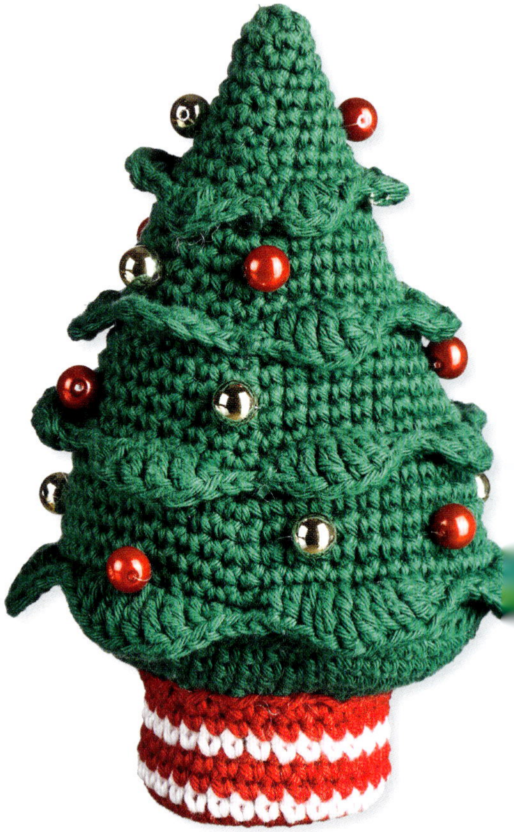

16. Rd: 4x (7 fM, 1 fM verdoppeln) (= 36 M).
17. Rd: 36 fM nur in die hinteren M-Glieder arb.
18. Rd: 4x (8 fM, 1 fM verdoppeln) (= 40 M).
19. Rd: 40 fM häkeln.
20. Rd: 4x (9 fM, 1 fM verdoppeln) (= 44 M).
21. Rd: 44 fM häkeln.
22. Rd: 4x (10 fM, 1 fM verdoppeln) (= 48 M).
23. Rd: 48 fM nur in die hinteren M-Glieder arb.
24. Rd: 4x (11 fM, 1 fM verdoppeln) (= 52 M).
25. Rd: 52 fM häkeln.

26. Rd: 4x (12 fM, 1 fM verdoppeln) (= 56 M).
27. Rd: 56 fM häkeln.
28. Rd: 4x (13 fM, 1 fM verdoppeln) (= 60 M).
29. Rd: 60 fM nur in die hinteren M-Glieder arb.
Den Faden abschneiden, die Rd unsichtbar schließen und den Faden vernähen.
Für den Boden des Weihnachtsbaums in Tanne einen Magic-Ring anschl.
1. Rd: 6 fM in den Ring häkeln, festziehen (= 6 M).
Nun wie folgt fM in Spiralrd arb.
2. Rd: Jede fM verdoppeln (= 12 M).
3. Rd: 6x (1 fM, 1 fM verdoppeln) (= 18 M).
4. Rd: 6x (2 fM, 1 fM verdoppeln) (= 24 M).
5. Rd: 6x (3 fM, 1 fM verdoppeln) (= 30 M).
6. Rd: 6x (4 fM, 1 fM verdoppeln) (= 36 M).
7. Rd: 6x (5 fM, 1 fM verdoppeln) (= 42 M).
8. Rd: 6x (6 fM, 1 fM verdoppeln) (= 48 M).
9. Rd: 6x (7 fM, 1 fM verdoppeln) (= 54 M).
10. Rd: 6x (8 fM, 1 fM verdoppeln) (= 60 M).
Die letzte Rd mit 1 Km schließen. Den Faden ca. 20 cm lang abschneiden und durch die letzte M ziehen.
Den Boden M auf M auf die Unterseite des Tannengrüns legen, mit M-Markierern fixieren und beide Teile aufeinander nähen. Dabei nach und nach fest stopfen.

Tipp: Je fester der Baum gestopft wird, desto mehr rundet sich später der Boden. Soll der Baum ohne Topf aufgestellt werden, oben etwas fester stopfen als unten.

Nun die Tannenzweige an den Rd des Weihnachtsbaums, für die nur in die hinteren M-Glieder gearb wurde, anbringen. Dafür den Baum kopfüber halten.

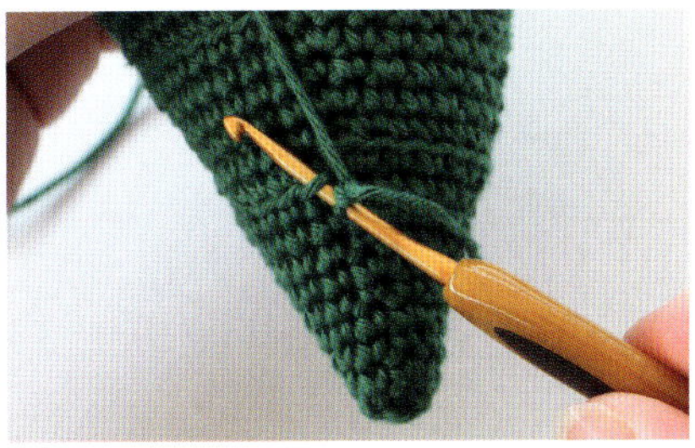

Nach der Spitze beginnend nun nacheinander die 4 Zweige anhäkeln.

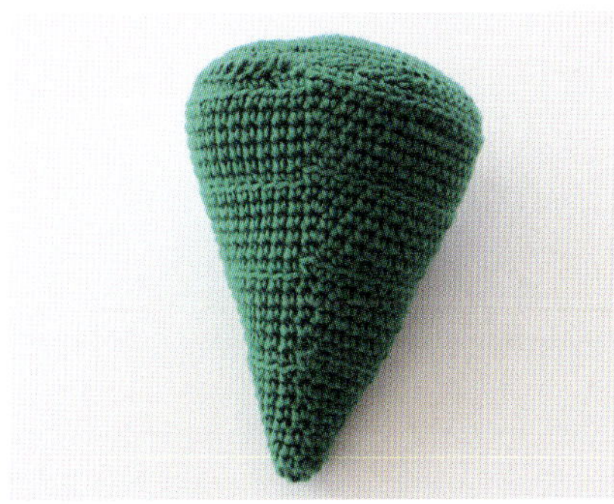

Dafür den Faden jeweils mit 1 stehenden Km an der entsprechenden Rd anketten und wie folgt nur in die vorderen M-Glieder häkeln. Jede Rd mit 1 Km in die M der Garnaufnahme schließen, den Faden abschneiden und vernähen.

Zweig 1

In die vorderen M-Glieder der 10. Rd 6x (1 fM, 3 Stb in 1 M, 1 fM, 1 Km) häkeln (= 36 M).

Zweig 2

In die vorderen M-Glieder der 16. Rd 6x (1 fM, 1 hStb, 3 Stb in 1 M, 1 hStb, 1 fM, 1 Km) häkeln (= 48 M).

Zweig 3

In die vorderen M-Glieder der 22. Rd 6x (1 fM, 1 Stb, 1 Dstb, 2 DStb in 1 M, 1 Dstb, 1 Stb, 1 fM, 1 Km) häkeln (= 54 M).

Zweig 4

In die vorderen M-Glieder der 28. Rd 6x (1 fM, 1 hStb, 2 Stb, 2 DStb in 1 M, 2 Stb, 1 hStb, 1 fM, 1 Km) häkeln (= 66 M).
Um zu vermeiden, dass die Zweige sich nach oben wellen, können sie nach unten geklappt und mit ein paar Stichen in der gewünschten Position am Baum festgenäht werden.

Topf

In Weinrot einen Magic-Ring anschl.
1. Rd: 6 fM in den Ring häkeln, festziehen (= 6 M).
Nun wie folgt fM in Spiralrd arb.
2. Rd: Jede fM verdoppeln (= 12 M).

3. Rd: 6x (1 fM, 1 fM verdoppeln) (= 18 M).
4. Rd: 6x (2 fM, 1 fM verdoppeln) (= 24 M).
5. Rd: 6x (3 fM, 1 fM verdoppeln) (= 30 M).
6. Rd: 30 fM nur in die hinteren M-Glieder arb.
7. Rd (Weiß): 30 fM häkeln.
8.+9. Rd (Weinrot): Jeweils 30 fM häkeln.
10. Rd (Weiß): 30 fM häkeln.
11. Rd (Weinrot): 30 fM häkeln.
Den Faden ca. 20 cm lang abschneiden, die Rd unsichtbar schließen und den Faden vernähen.
Damit Topf und Tannenbaum sicher stehen, ein kreisrundes Stück Pappe im Durchmesser des Topfes zuschneiden und vor dem Stopfen unten in den Topf legen. Den Topf stopfen, jedoch nicht zu fest, da er sich sonst zu sehr rundet.

Baumschmuck

Lochperlen mit transparentem Nylonfaden auf den Tannenbaum nähen.

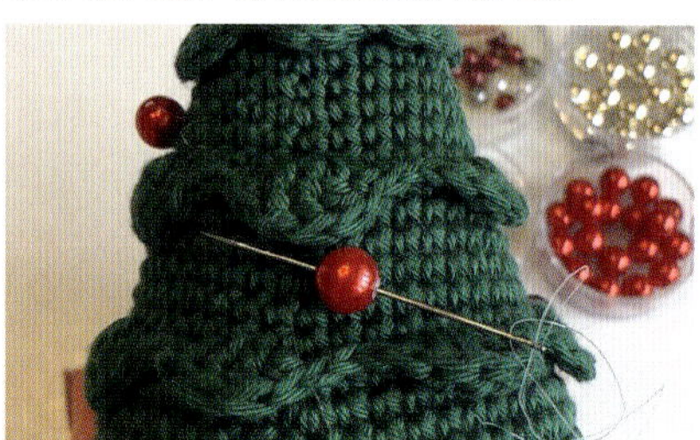

Alternativ kann der Baum auch mit kleinen gehäkelten Kugeln oder Knötchenstichen (siehe Anleitung S. 137) verziert werden.

Geschenke

Eckiges Geschenk

In R 6 flache Rechtecke (4 kleinere und 2 größere) häkeln und miteinander verbinden.
Für ein kleines Rechteck in Weinrot 10 Lm und 1 Wende-Lm anschl.
Nun wie folgt fM in R arb. Dabei am Ende jeder R 1 Lm arb und wenden. In der letzten R entfällt beides.
1.-6. R: Jeweils 10 fM häkeln.
Den Faden abschneiden, durch die letzte M ziehen und vernähen.
Das kleine Rechteck insgesamt 4x häkeln.
Für ein großes Rechteck in Weinrot 10 Lm und 1 Wende-Lm anschl.
Nun wie folgt fM in R arb. Dabei am Ende jeder R 1 Lm arb und wenden. In der letzten R entfällt beides.
1.-9. Rd: 10 fM häkeln.
Den Faden abschneiden, durch die letzte M ziehen und vernähen.
Das große Rechteck insgesamt 2x häkeln.
Nun die 4 kleineren Rechtecke rund um eines der großen Rechtecke nähen und die Seiten der kleinen Rechtecke miteinander verbinden. Zum Schluss das zweite große Rechteck als Deckel festnähen, dabei nach und nach stopfen.

Tipp: Geübtere Häkler*innen können die Seiten auch mit fM zusammenhäkeln.

Für das Geschenkband in Weiß 130 Lm anschl. Den Faden abschneiden, durch die letzte M ziehen und mit einem Knoten am Ende fixieren. Nun das Band mit einer schönen Schleife um das Geschenk binden.

Längliches Geschenk

Für das längliche Geschenk in Weiß einen Magic-Ring anschl.
1. Rd: 6 fM in den Ring häkeln, festziehen (= 6 M).
Nun wie folgt fM in Spiralrd arb.
2. Rd: Jede fM verdoppeln (= 12 M).
3.-13. Rd: 12 fM nur in die hinteren M-Glieder arb.
14. Rd: 12 fM häkeln.
15. Rd: 6x (2 fM zusammen abmaschen) (= 6 M).
Das Geschenk stopfen.
Zum Verschließen den Faden ca. 15 cm lang abschneiden und durch die letzte M ziehen. Den Faden mit einer Stickndl von außen nach innen durch jedes vordere M-Glied der verbliebenen M führen. Den Faden festziehen und vernähen.
Für die roten Streifen den Faden in Weinrot an ein vorderes M-Glied der 3. Rd anketten und bis zur 13. Rd Km in Spiralrd arb.

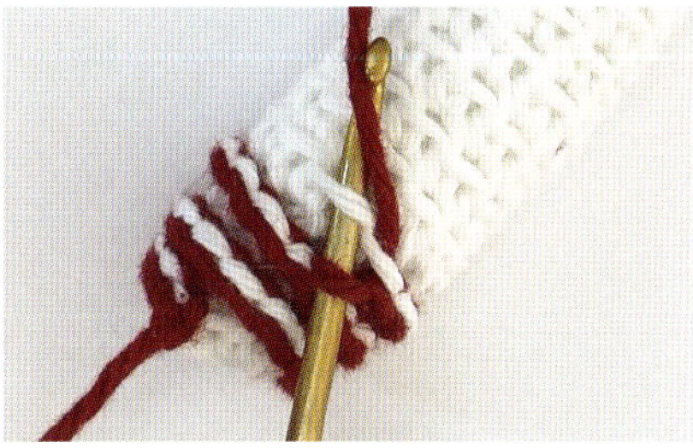

Den Faden abschneiden, durch die letzte M ziehen und vernähen.
Nun die beiden Seitenteile häkeln, die aus der Geschenkrolle ein Bonbon machen.
Für die Seitenteile in Weiß 1 Lm und 1 Wende-Lm anschl.
Nun wie folgt fM in R arb. Dabei am Ende jeder R 1 Lm arb und wenden. In der letzten R entfällt beides.
1. R: 3 fM häkeln.
2. R: 1 fM verdoppeln, 1 fM, 1 fM verdoppeln, (= 5 M).
3. R: 1 fM verdoppeln, 3 fM, 1 fM verdoppeln, (= 7 M).
4. R (Weinrot): 7 fM häkeln.
Den Faden abschneiden, durch die letzte M ziehen und vernähen.
Das 2. Seitenteil genauso fertigen.
Nun die beiden Seitenteile so mit der schmalen Seite jeweils links und rechts an der Geschenkrolle festnähen, dass ein Bonbon entsteht.

Lebkuchen

Für den Lebkuchen in R 2 Rechtecke häkeln.
In Schokolade 5 Lm und 1 Wende-Lm anschl. Nun wie folgt fM in R arb. Dabei am Ende jeder R 1 Lm arb und wenden. In der letzten R entfällt beides.
1.-6. R: Jeweils 5 fM häkeln (= 5 M).
Den Faden abschneiden, durch die letzte M ziehen und vernähen.
Das 2. Rechteck genauso fertigen.
Nun auf einem der Rechtecke in allen 4 Ecken mit Stickgarn in Weiß kleine Striche aufsticken.
Für den Marmeladenklecks in der Mitte des Lebkuchens in Weinrot einen Magic-Ring anschl, 5 fM in den Ring häkeln, mit 1 Km schließen. Den Faden abschneiden, durch die letzte M ziehen und den Kreis mittig auf das bestickte Rechteck nähen.
Anschließend die beiden Rechtecke M auf M so aufeinander legen, dass die bestickte Seite nach oben zeigt.
Nun die Rechtecke miteinander verbinden. Dazu in Weiß so anketten, dass in die aufeinanderliegenden M beider Rechtecke gearbeitet wird.
Die Rechtecke rundherum mit fM zusammenhäkeln und dabei in 1 Eck-M aller 4 Ecken je 3 fM arb.
Die Rd mit 1 Km in die 1. fM schließen. Den Faden abschneiden, durch die letzte M ziehen und vernähen.

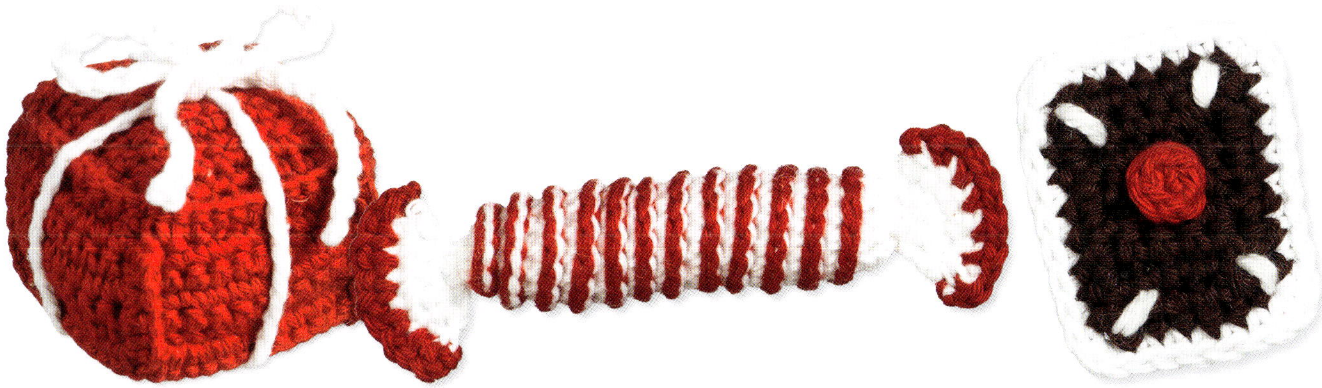

Basics

Die Basics sind Grundanleitungen für bestimmte Körperteile oder Elemente der Figuren, die immer gleich gehäkelt werden. In den Anleitungen der Modelle finden sich entsprechende Verweise zu diesen Basics.
Auf den nachfolgenden Seiten findest du außerdem einige Hinweise, die du beim Häkeln der Figuren beachten solltest.

Tipp: Sollte dich das Hin- und Herblättern stören, kannst du dir unter www.topp-kreativ.de/digibib ein Lesezeichen herunterladen, auf dem sich die Anleitungen für die Arme und Beine der Tiere befinden. Den Download-Code findest du im Impressum. Das Lesezeichen druckst du dir einfach aus – so hast du die Anleitungen immer parat und musst nicht blättern.

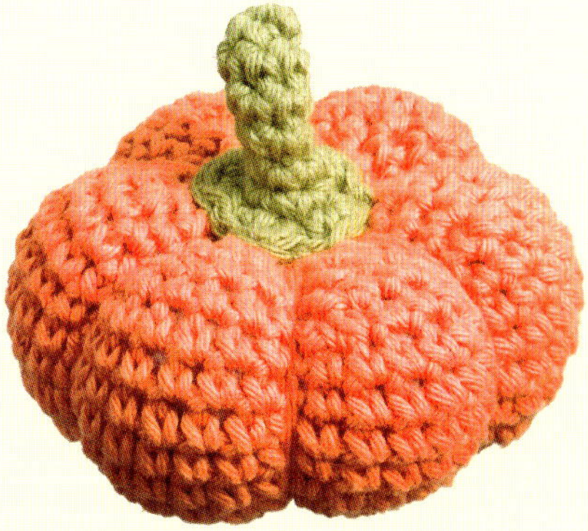

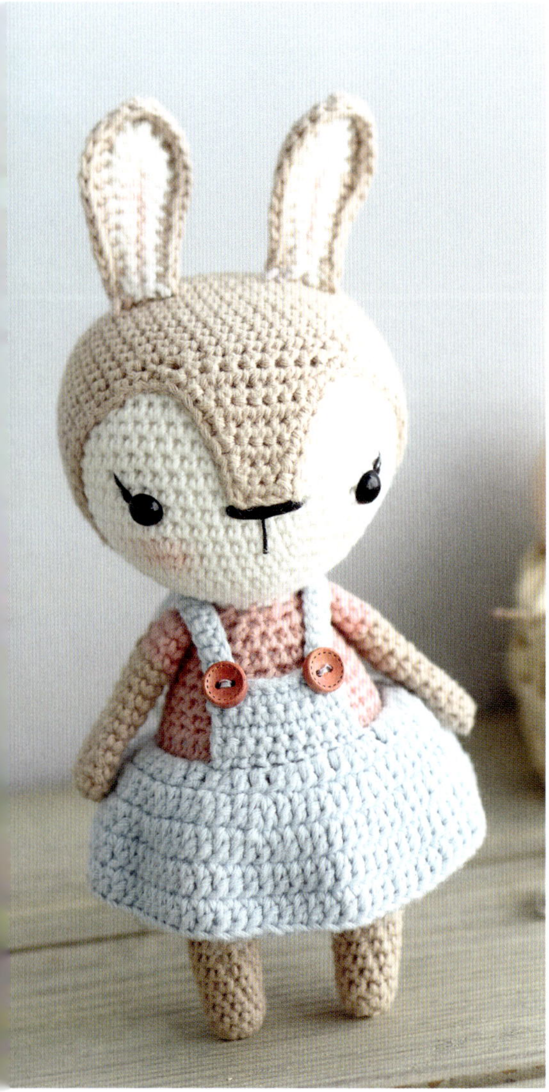

Grundsätzliches

Die Körper der Figuren werden von unten nach oben, d.h. von den Beinen bis zum Kopf, in einem Stück gehäkelt. Deshalb sollte die Reihenfolge, wie sie in den Anleitungen angegeben ist, beibehalten werden. Die Accessoires können selbstverständlich auch einzeln gehäkelt und – wie auch die Kleidung – farblich variiert werden.

Die Körperform ist bei fast allen Tieren gleich, deshalb lassen sich lose Kleidungsstücke, Körperteile und Accessoires tauschen.

Für das niedliche Hasenmädchen auf dem Bild wurden Kopf, Ohren, Arme und Beine nach der Anleitung zu Oscar Osterhase gehäkelt, Körper und Kleid stammen von Zoey Zebra. Natürlich können auch die Farben variiert werden.

Für die meisten Teile der Figuren wird in Spiralrd gehäkelt, dabei verschiebt sich der Rd-Anfang fortlaufend etwas nach rechts. Deshalb empfiehlt es sich, mit M-Markierern zu arb. Sie erleichtern das Zählen, das Einhalten von Zu- und Abnahmen und helfen dabei, Fb-Wechsel oder Körperteile richtig zu positionieren und die Symmetrie der Figuren zu wahren.

Bein (2x)

In der Fb des Beins einen Magic-Ring anschl und wie folgt fM in Spiralrd häkeln. Dabei das angegebene Fb-Muster beachten.

1. Rd: 5 fM in den Ring häkeln, festziehen (= 5 M).

2. Rd: Jede fM verdoppeln (= 10 M).

3.-12. Rd: Jeweils 10 fM häkeln.

Mit 1 Km schließen.

Den Faden abschneiden, die Rd unsichtbar schließen und den Faden vernähen.

Das 2. Bein genauso fertigen, aber am Ende der letzten Rd die Km weglassen und den Faden noch nicht abschneiden. Er wird benötigt, um die Beine miteinander zu verbinden.

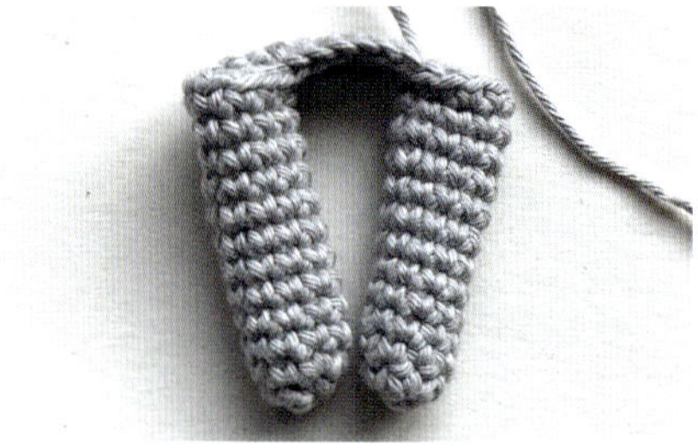

Beine verbinden

Den Faden von Bein 2 wieder aufnehmen und 6 Lm anschl.

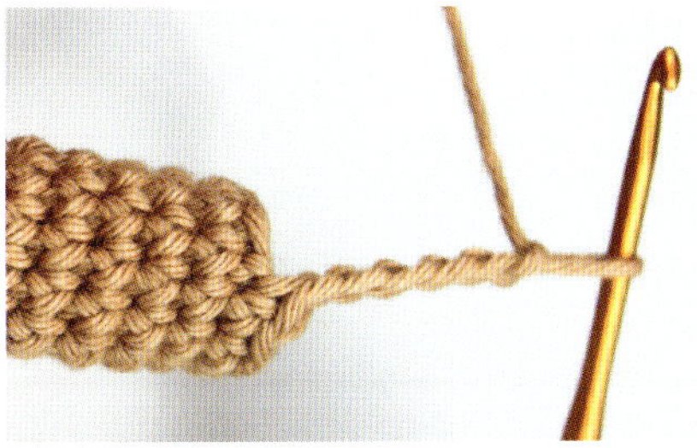

Die Lm-Kette mit 1 Km an 1 M des zuerst gehäkelten Beins anketten.

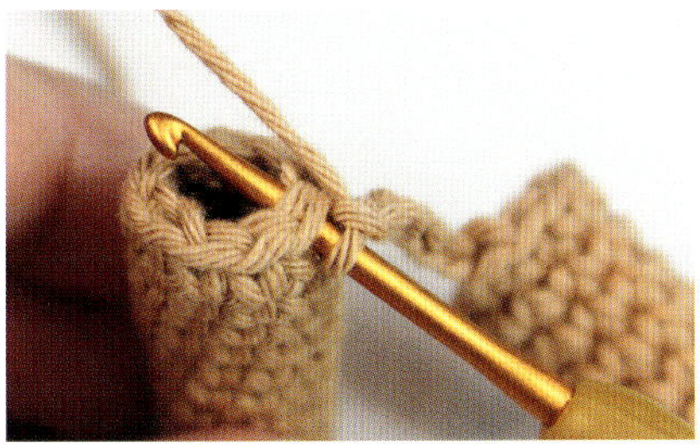

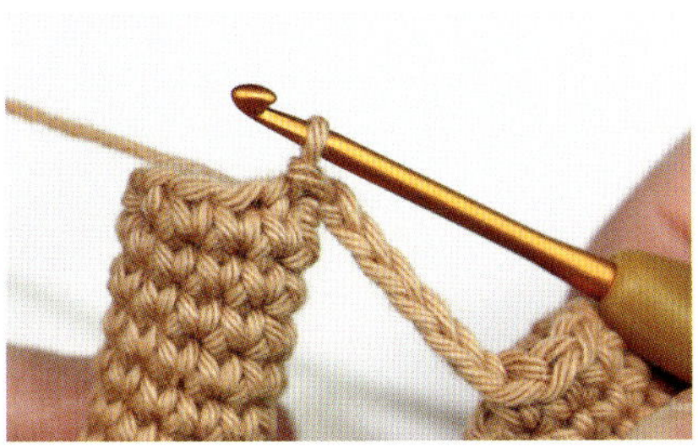

Die Stelle, in der die Km gehäkelt wird, ist später dann die Rückseite des Tiers. Wenn die Beine ein Fb-Muster haben, sollte der Fb-Wechsel möglichst auf der Rückseite der Figur erfolgen. Dafür das Bein so drehen, dass die Versatzstellen nicht zu sehen sind.

In die übrigen M von Bein 1 nun rundherum 9 fM und entlang der Lm-Kette 6 fM häkeln.

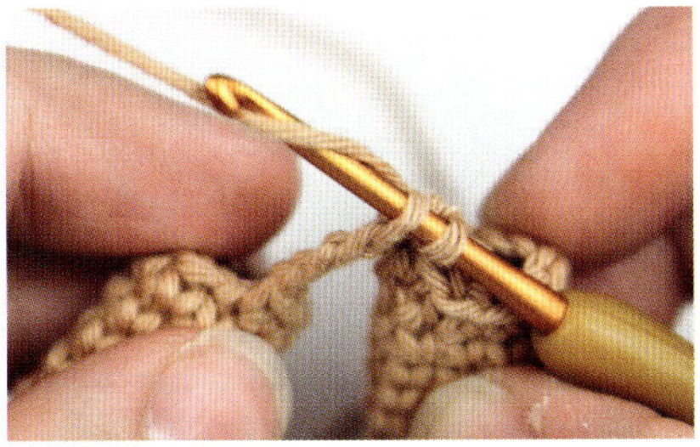

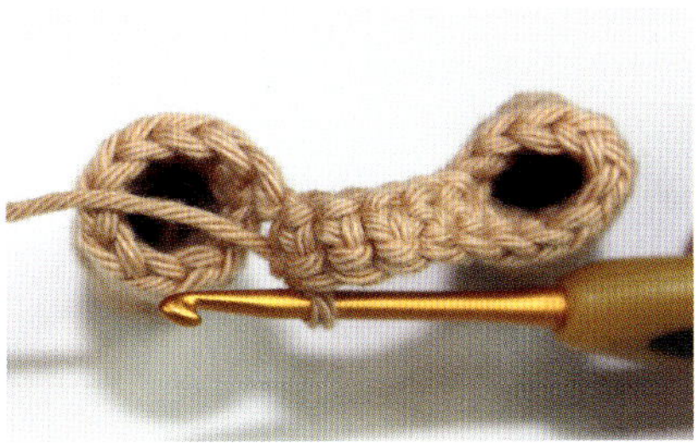

In die 1. M von Bein 2 neben der Lm-Kette einstechen, 1 fM und rundherum 9 fM häkeln.

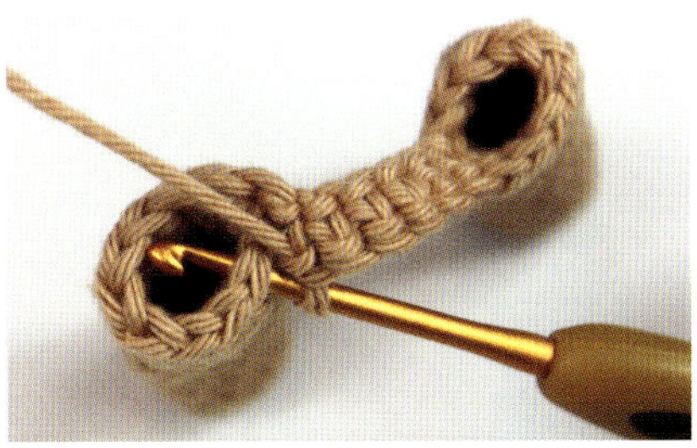

Auf der anderen Seite der Lm-Kette noch 6 fM häkeln.

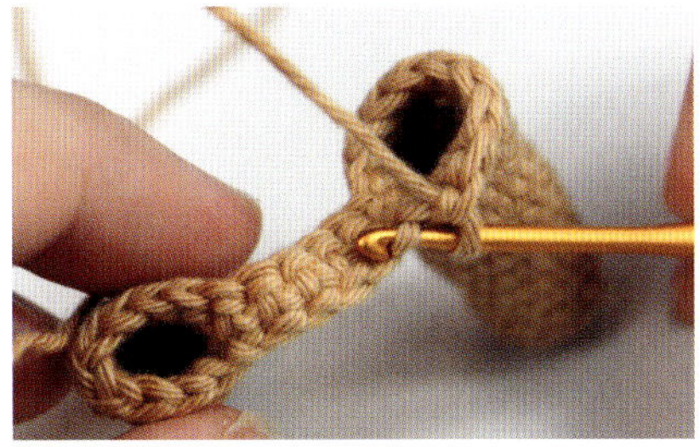

Zum Schluss in die Ausgangs-Km (nach der Lm-Kette) 1 fM arb.

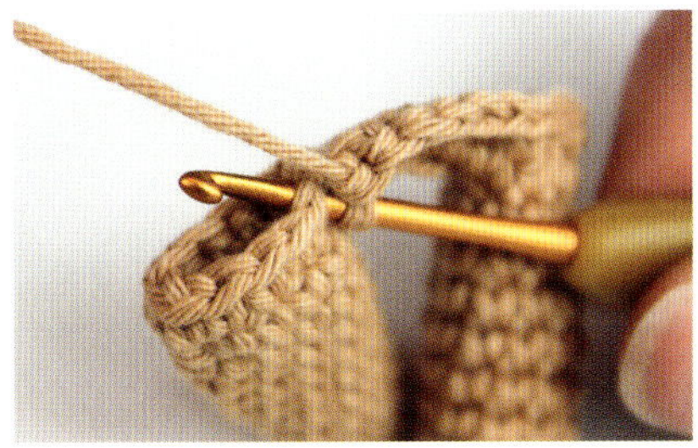

Nach dem Verbinden der Beine befindet sich der Rd-Beginn auf der Rückseite der Figur.

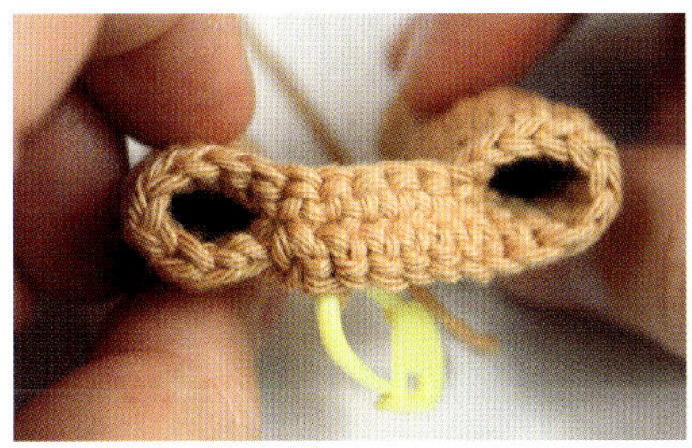

Wenn die Beine ausgestopft sind, den Körper nach der jeweiligen Anleitung anhäkeln. Daher den Faden nicht abschneiden. Es geht also direkt mit der 1. Rd des Körpers weiter.

Arm (2x)

In der Fb des Arms einen Magic-Ring anschl und wie folgt fM in Spiralrd häkeln. Dabei das angegebene Fb-Muster beachten.

1. Rd: 6 fM in den Ring häkeln, festziehen (= 6 M).

2. Rd: 3x (1 fM, 1 fM verdoppeln) (= 9 M).

3.-17. Rd: Jeweils 9 fM häkeln.

Nach der letzten Rd 1 Lm häkeln.

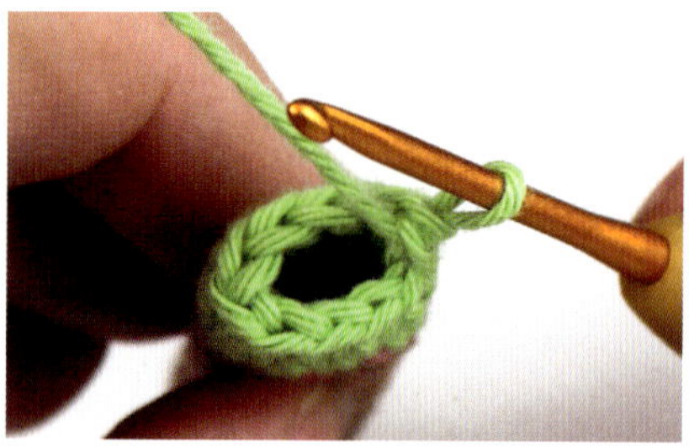

Den Arm zusammendrücken und die obere Öffnung schließen, indem 4 fM durch beide Seiten des Arms gehäkelt werden.

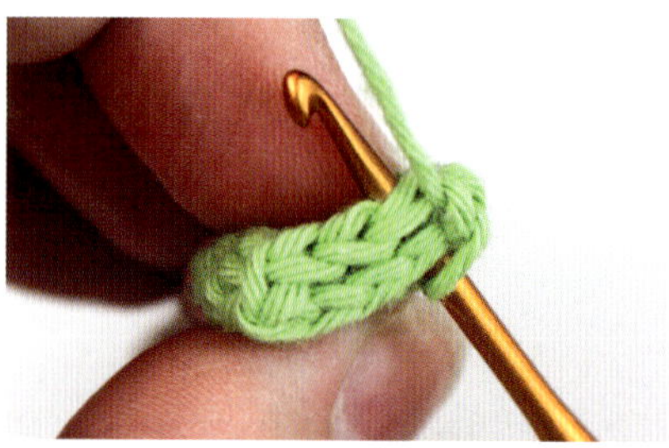

Den Faden zum Annähen ca. 20 cm lang abschneiden und durch die Schlaufe auf der Nd ziehen.

Den 2. Arm genauso fertigen.

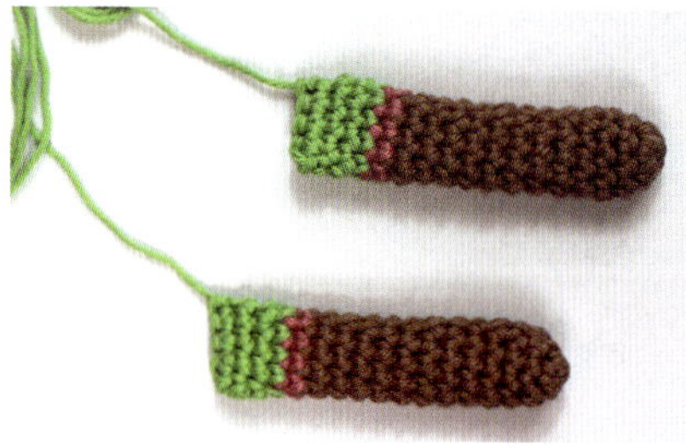

Arme annähen

Wenn nicht anders angegeben, die Arme zwischen der 16. und 17. Rd des Körpers annähen. Beim Annähen von Armen mit Fb-Muster darauf achten, dass die Versatzstellen zwischen den Fb-Wechseln zum Körper zeigen. So sind sie etwas versteckt.

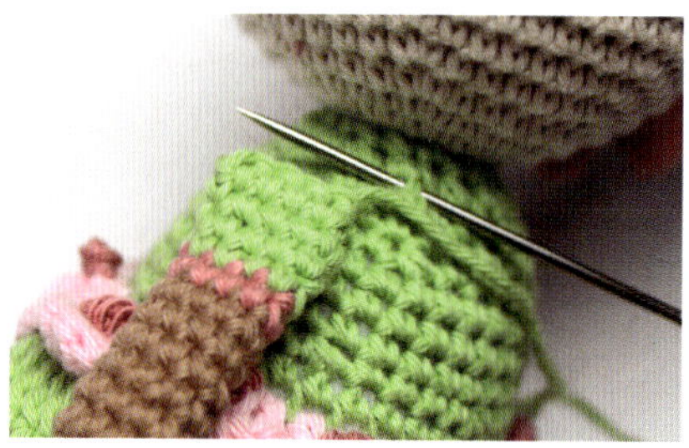

Körperteile befestigen

Körperteile wie Ohren, Schwänze und Schnauzen werden separat gefertigt. Für ein harmonisches und symmetrisches Gesamtbild empfiehlt es sich, zunächst alle Teile einer bestimmten Körperpartie zu häkeln und sie vor dem Festnähen mit Hilfe von Stecknadeln aneinander auszurichten.

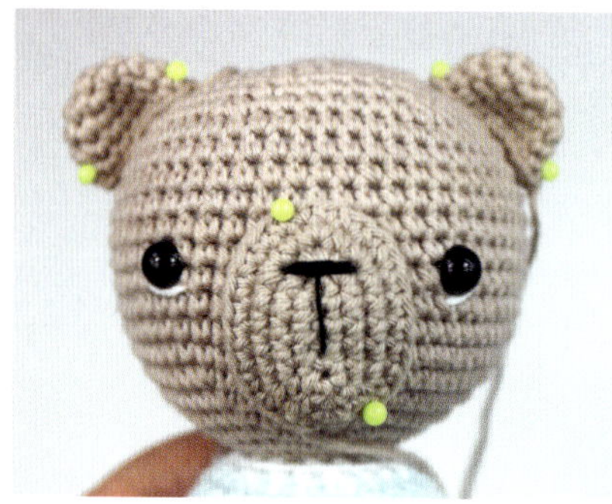

Augen befestigen

Für die Figuren werden Sicherheitsaugen in Schwarz mit einem Durchmesser von 8 mm verwendet. Wenn nicht anders angegeben, die Augen zwischen der 9. und 10. Rd des Kopfes mit etwa 12 M Abstand befestigen. Die Position evtl. zunächst mit Stecknadeln oder M-Markierern kennzeichnen.

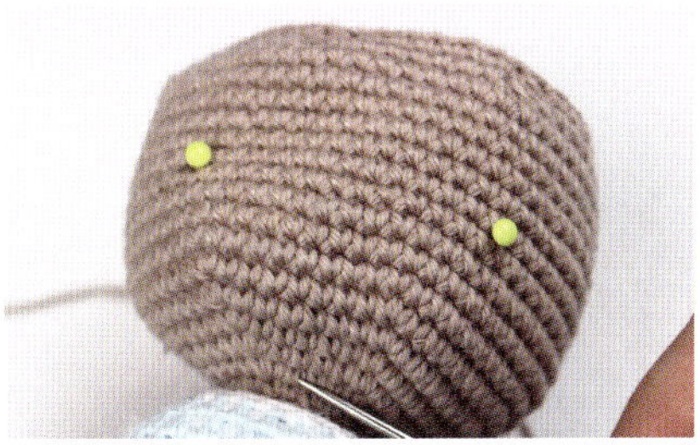

Vor dem Stopfen das spitze Ende der Augen durch die markierten M stechen und verschließen.

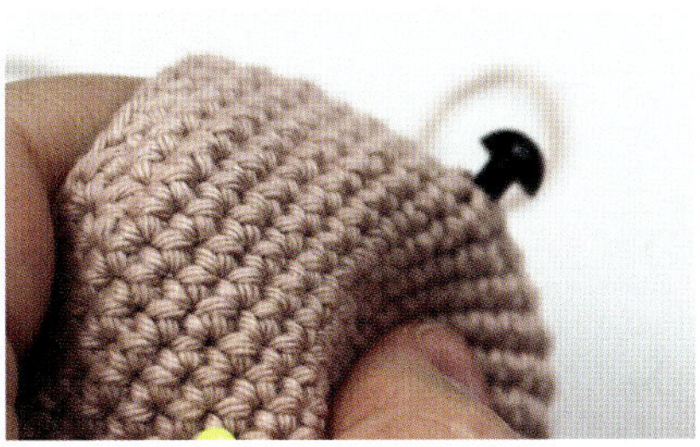

Alternativ können die Augen auch mit Stickgarn in Schwarz aufgestickt werden.

Gesicht

Bevor der Kopf vollständig ausgestopft und verschlossen wird, erhält das Gesicht der Figur durch das Aufsticken von Lichtpunkten, Wimpern oder Augenbrauen noch etwas mehr Lebendigkeit.

Für einen Lichtpunkt mit Weiß ab der unteren Mitte eines Auges bis zur Außenseite von innen nach außen einen kleinen Bogen sticken. Darauf achten, dass der Faden nicht unter dem Auge verschwindet. Zum Schluss den Faden auf der Innenseite des Kopfes verknoten.

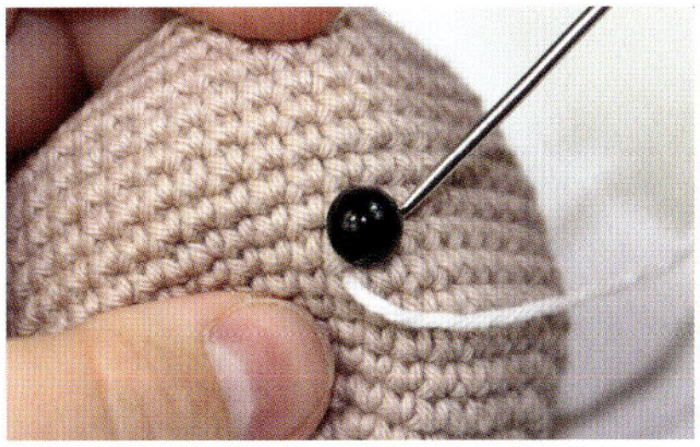

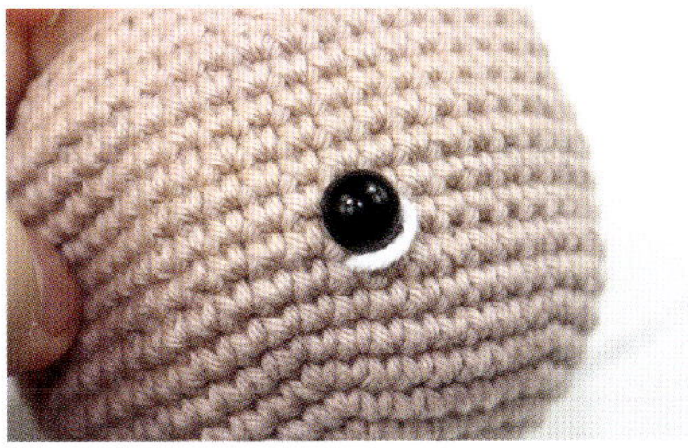

Die Wimpern an der Außenseite des Auges an der Einstichstelle des Lichtpunkts ansetzen. Dann mit Stickgarn oder dünnem Häkelgarn in Schwarz von innen nach außen kleine Striche über 2-3 M Länge und im Abstand von 1 M aufsticken. Den Faden auf der Innenseite des Kopfes verknoten.

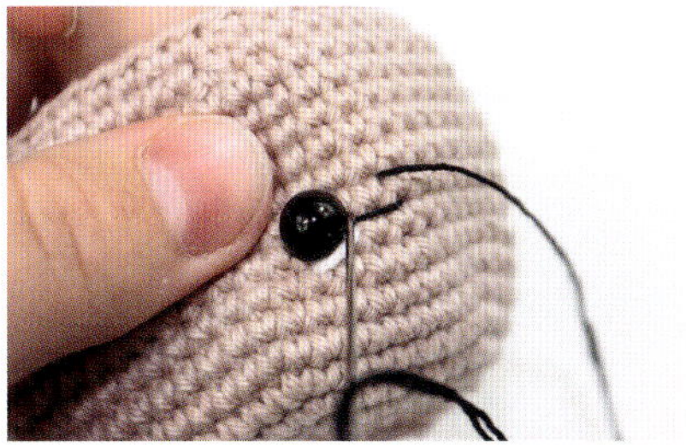

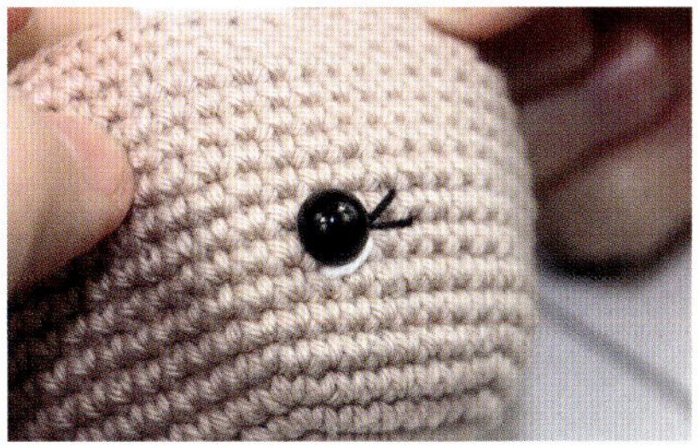

Die Augenbrauen mit Stickgarn oder dünnem Häkelgarn in Schwarz von innen nach außen als kleinen Bogen aufsticken. Etwa 2 Rd über den Augen beginnen und 1 M oberhalb und 1 M nach links bzw. rechts enden.

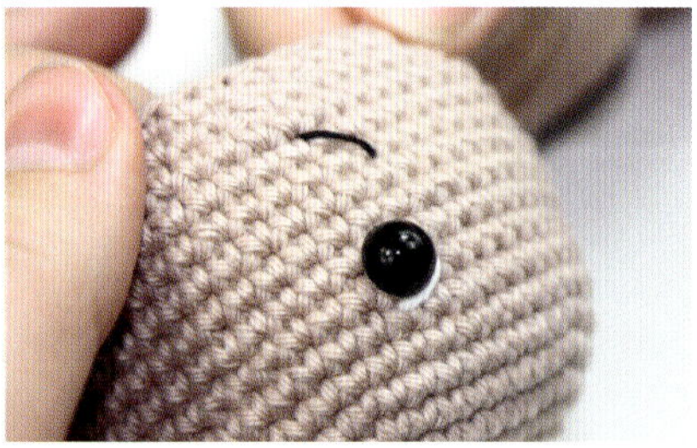

Mit etwas Rouge zum Schluss noch rosige Wangen zaubern. Bei Figuren mit hellen Innenohren auch dort etwas Rouge aufbringen.

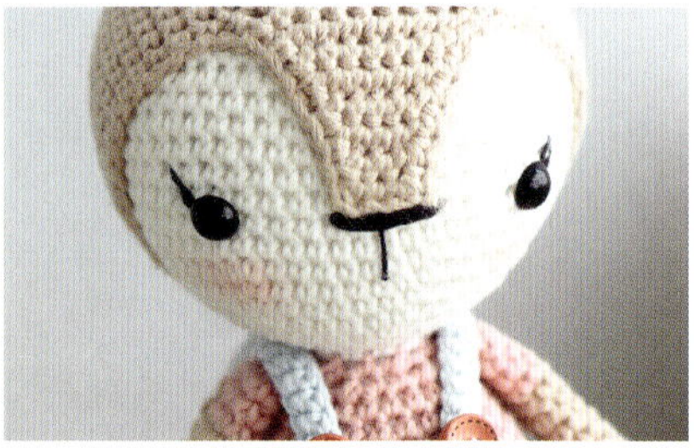

Rock anhäkeln

Einige Figuren tragen ein Kleid. Dessen oberer Teil ist der Körper der Figur, für den unteren Teil wird ein Rock in 1 oder 2 Lagen angehäkelt. Röcke werden immer vor Armen oder Flügeln angebracht, damit diese nicht im Weg sind.

Das Anhäkeln des Rockes ist leichter, wenn die Figur verkehrt herum gehalten wird.

Wenn 2 Röcke an 2 unterschiedliche Rd gehäkelt werden, immer mit dem unteren Rock beginnen, um die andere Rd nicht zu verdecken.

Röcke werden an die vorderen M-Glieder einer Rd des Körpers angehäkelt. Diese sind an den betreffenden Rd noch nicht behäkelt und deshalb gut zu sehen. Mit dem Anhäkeln des Rocks immer auf der Rückseite der Figur beginnen.

Um Beginn und Ende einer Rd zu finden, sind Sticknd hilfreich.

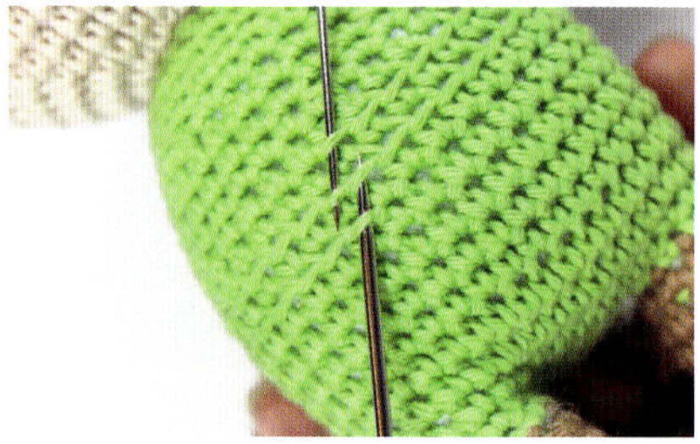

Im Bild zeigt die untere Nd die Anfangs- und End-M des unteren Rocks und die obere Nd die Anfangs- und End-M des oberen Rocks. Diese M können auch mit bunten Stecknadeln oder M-Markierern gekennzeichnet werden.

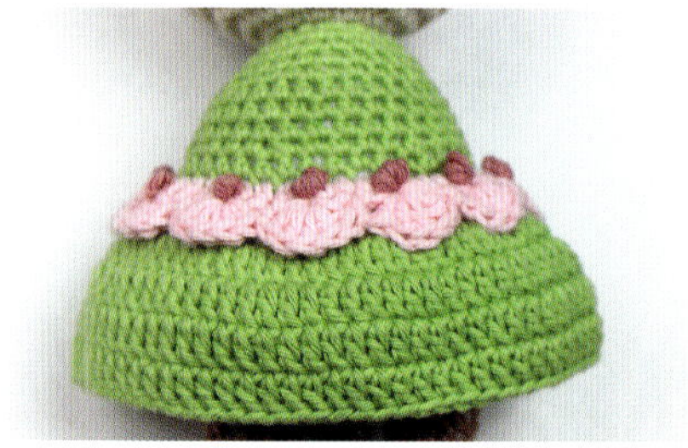

Stopfen

Für eine schöne Form, besonders für den runden Bauch, das rundliche Erscheinungsbild, stimmige Proportionen und einen sicheren Stand der Figuren ist es wichtig, sie wirklich fest und gleichmäßig auszustopfen. Mit der Zeit verliert die Füllwatte auch etwas an Volumen.

Die Figuren werden in einem Stück von den Beinen bis zum Kopf gehäkelt und dabei nach und nach ausgestopft. Einige Stellen sind später nur noch schwer zu erreichen, lassen sich mit Hilfe der Schere aber gut und fest stopfen. Vor allem der untere Teil des Kopfes sollte mit der Schere sehr fest gestopft werden, damit er schön rund wird. Auch schmale Stellen, etwa am Hals, am unteren Bauch oder an den Beinen, lassen sich damit gut erreichen und gleichmäßig füllen.

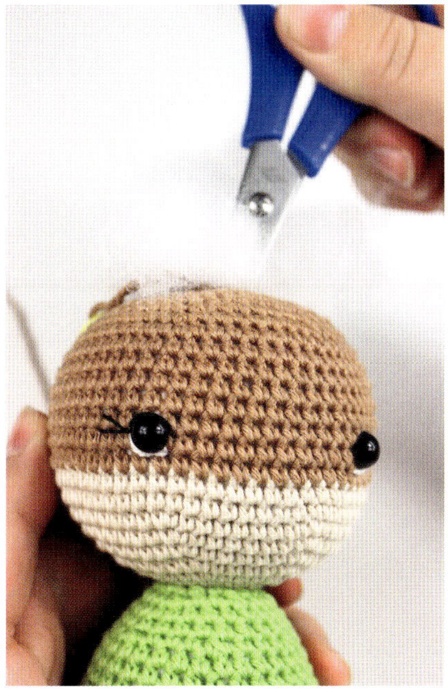

Generell gilt: Wenn man meint, es passt wirklich keine Füllwatte mehr hinein, trotzdem noch etwas nachstopfen. Auch der Körperumfang lässt sich so variieren.

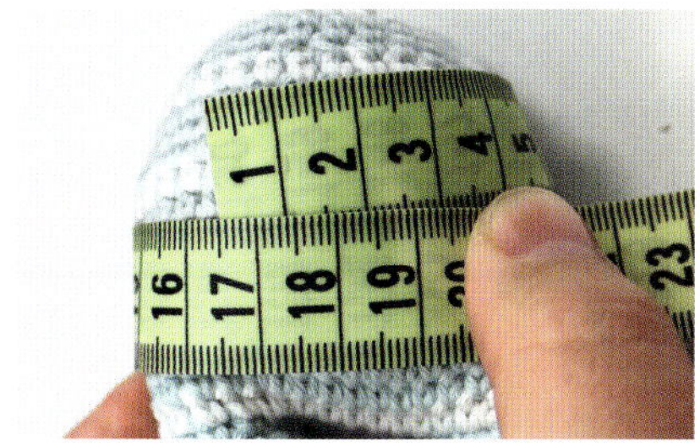

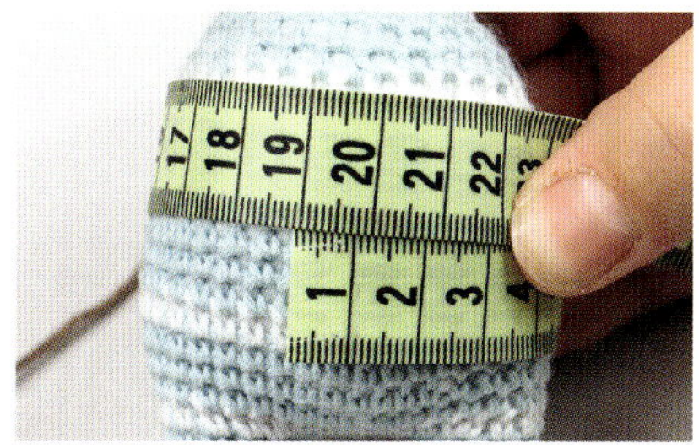

Technik

Auf den folgenden Seiten sind alle Techniken und Grundmaschenarten des Häkelns erklärt, die in den Anleitungen verwendet werden. Die Figuren in diesem Buch werden vorwiegend in Spiralrunden gehäkelt. Dabei werden Körper und Kopf von den Beinen aus in einem Stück gearbeitet.

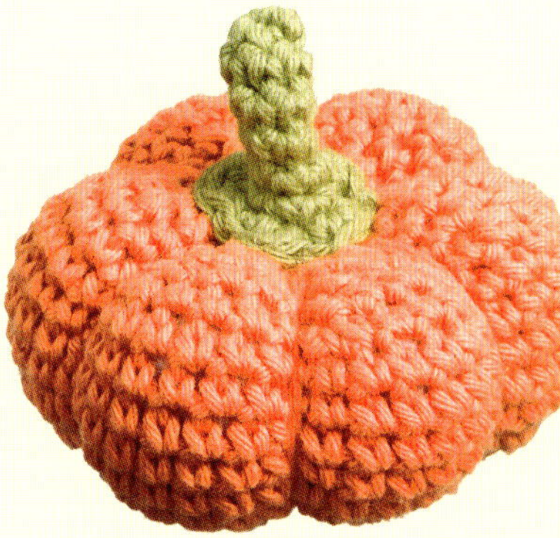

Anfangsschlinge

Das Garn lose in den Händen halten und zu einer Schlaufe legen. Dabei liegt das Fadenende unter dem Knäuelfaden.

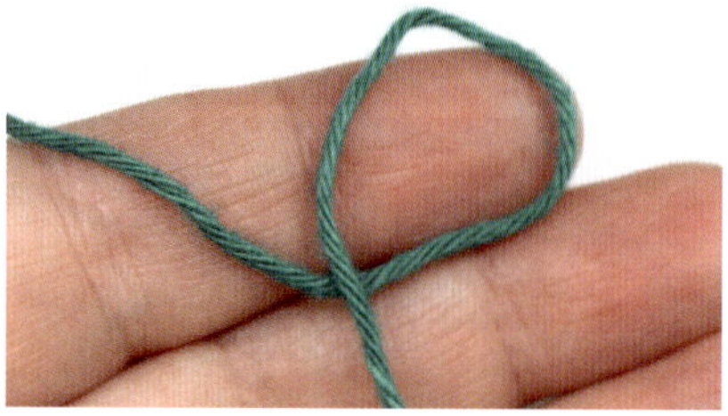

Die Schlinge mit Daumen und Zeigefinger der linken Hand festhalten und die Häkelnadel hindurchführen, um den oberen Faden damit aufzunehmen.

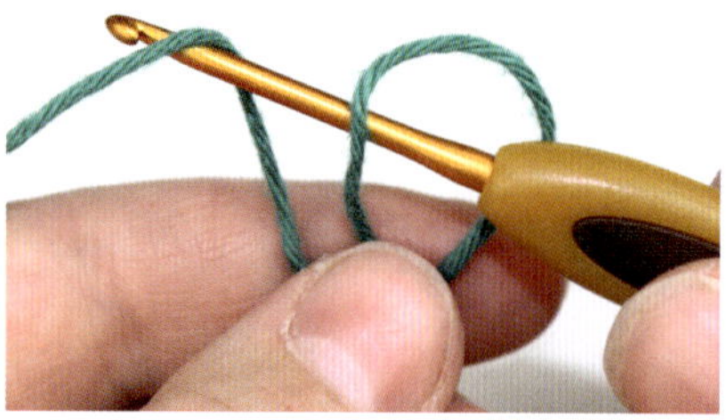

Nun den Faden durchziehen, dadurch entsteht die Anfangsschlinge. Zum Schluss die Schlinge am langen Fadenende soweit anziehen, dass sie noch locker um die Nadel liegt.

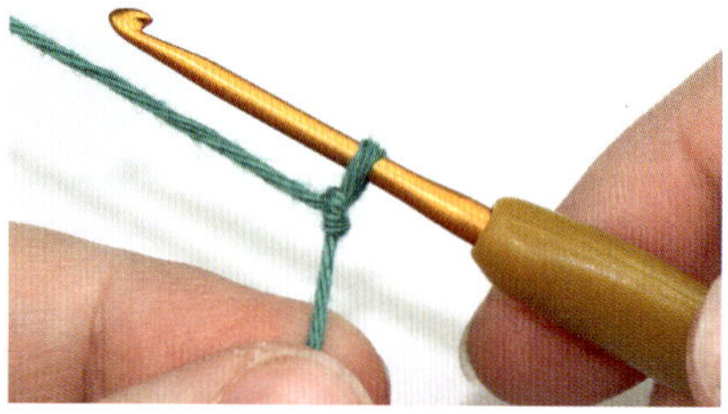

Luftmasche (Lm)

Für eine Luftmasche zunächst eine Anfangsschlinge formen. Dabei den Knäuelfaden als Arbeitsfaden in der linken und die Häkelnadel in der rechten Hand halten.

Nun mit der Häkelnadel von hinten nach vorne um den Arbeitsfaden fahren, um ihn heranzuholen …

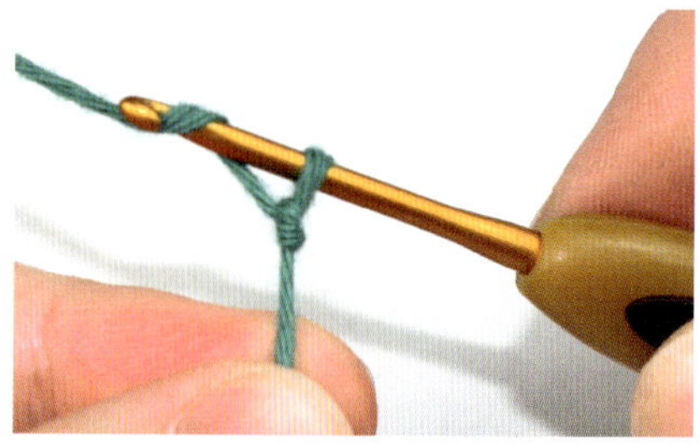

… und anschließend durch die Schlinge auf der Häkelnadel ziehen. Die erste Luftmasche ist fertig.

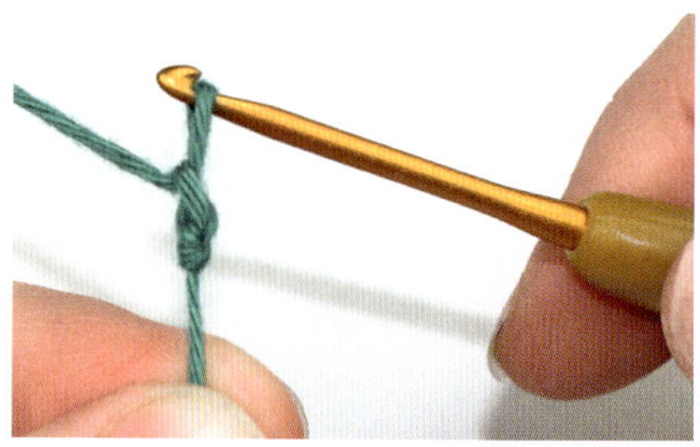

Luftmaschen-kette (Lm-Kette)

Um weitere Luftmaschen zu häkeln, den Arbeitsfaden erneut holen und durch die zuvor gearbeitete Luftmasche ziehen. So entsteht eine Luftmaschenkette.

Wo in den Anleitungen angegeben ist, wie viele Luftmaschen anzuschlagen sind, wird die Luftmasche, die sich auf der Nadel befindet, nicht mitgezählt. Man beginnt mit dem Zählen stets mit der nächsten Masche ab der Häkelnadel.

Feste Masche (fM)

Für eine feste Masche in eine Masche der Vorrunde oder Vorreihe einstechen und den Arbeitsfaden durchziehen.

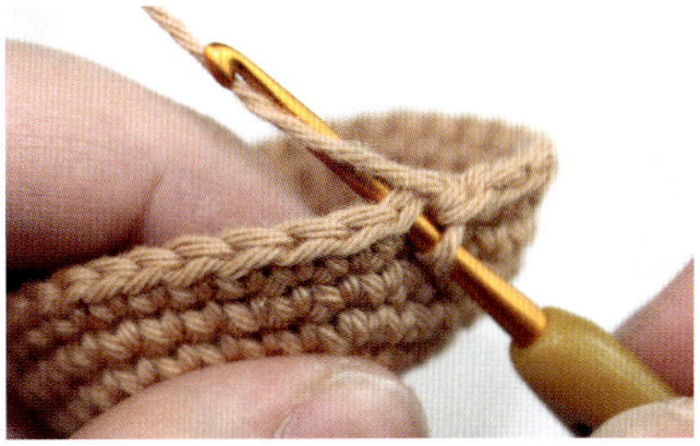

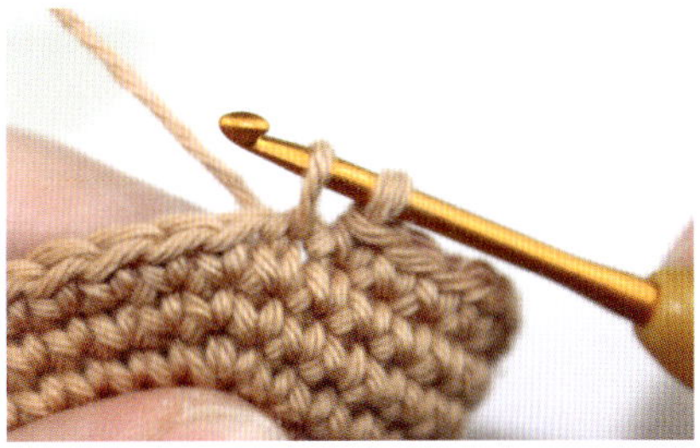

Dann den Arbeitsfaden erneut holen und durch beide Schlingen auf der Nadel ziehen.

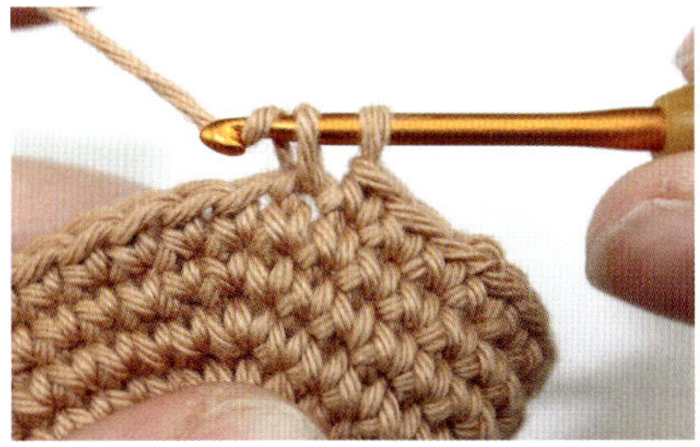

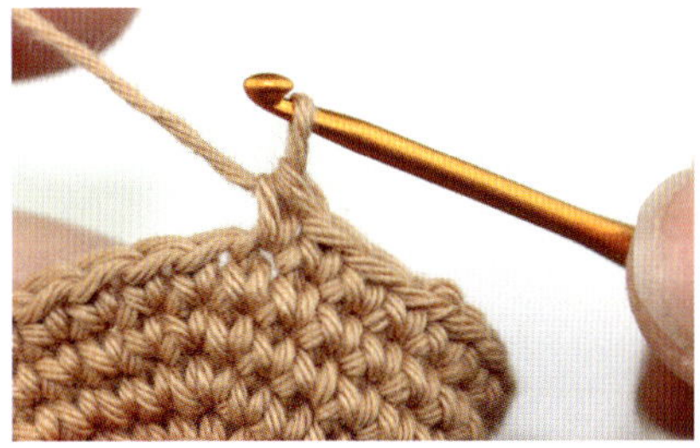

Kettmasche (Km)

Für eine Kettmasche in eine Masche der Vorrunde oder Vorreihe einstechen und den Arbeitsfaden zugleich durch diese Masche und durch die Schlinge auf der Nadel ziehen.

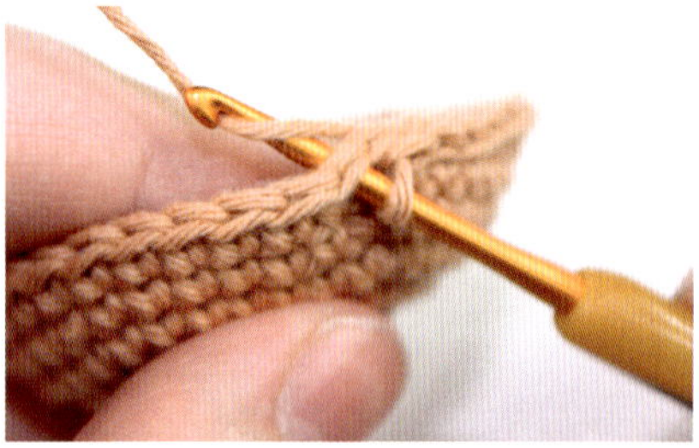

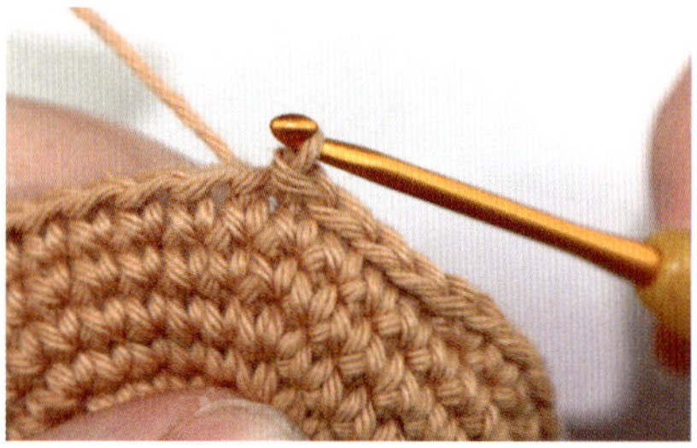

Tiefergestochene Kettmasche

Für eine tiefergestochene Kettmasche zwischen die Maschenkörper der Vorrunde oder Vorreihe einstechen. Der Arbeitsfaden wird dadurch etwas in die Länge gezogen und zieht sich über die Häkelfläche. Abgemascht wird die tiefergestochene Kettmasche wie eine gewöhnliche Kettmasche.

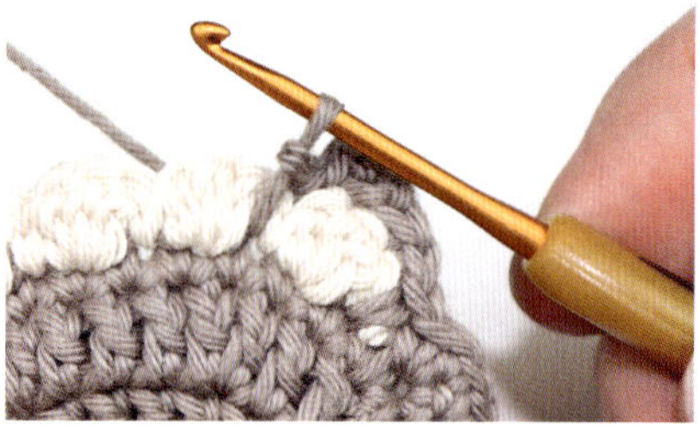

Stäbchen (Stb)

Für ein Stäbchen den Arbeitsfaden von hinten nach vorne über die Häkelnadel legen.

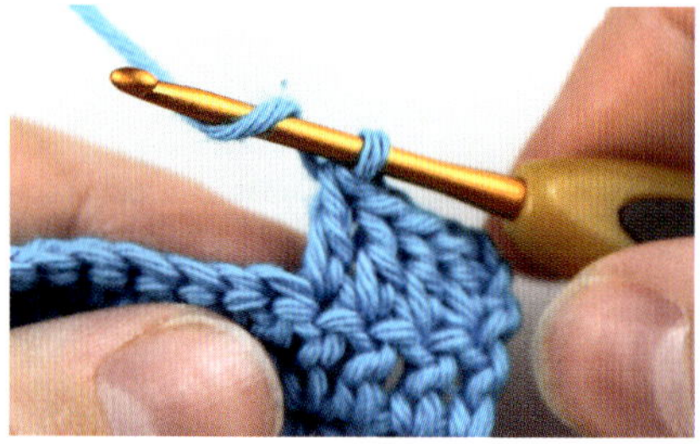

In eine Masche der Vorrunde oder Vorreihe einstechen und den Arbeitsfaden durchziehen. Es befinden sich nun 3 Schlingen auf der Häkelnadel.

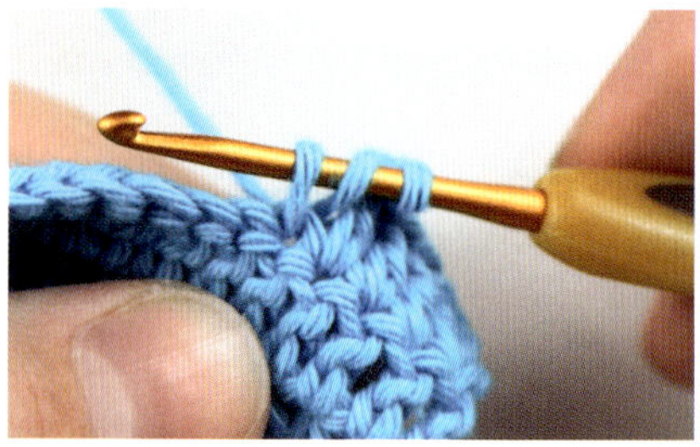

Den Arbeitsfaden holen und durch die ersten beiden Schlingen auf der Nadel ziehen. Es befinden sich noch 2 Schlingen auf der Häkelnadel.

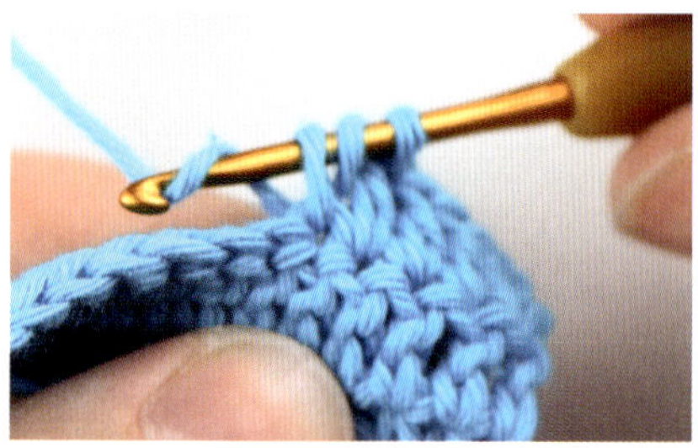

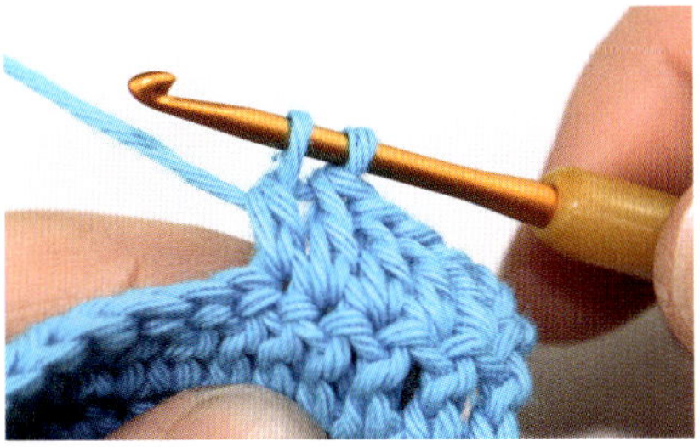

Den Arbeitsfaden erneut holen und durch die übrigen beiden Schlingen auf der Nadel ziehen.

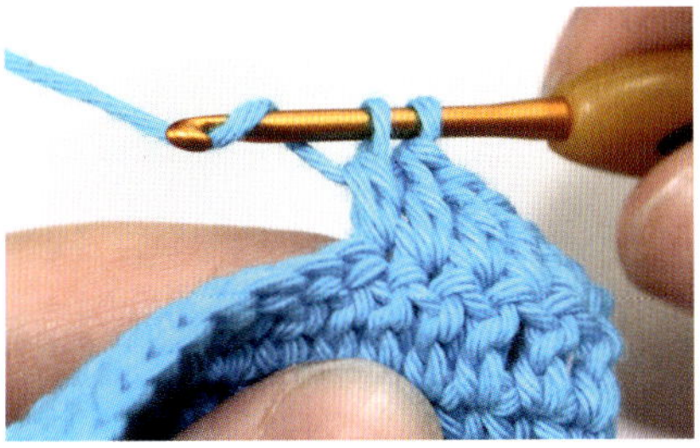

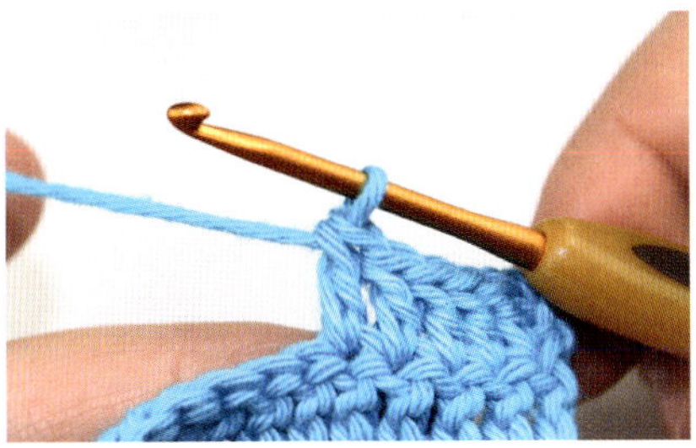

Halbes Stäbchen (hStb)

Für ein halbes Stäbchen den Arbeitsfaden von hinten nach vorne über die Häkelnadel legen.

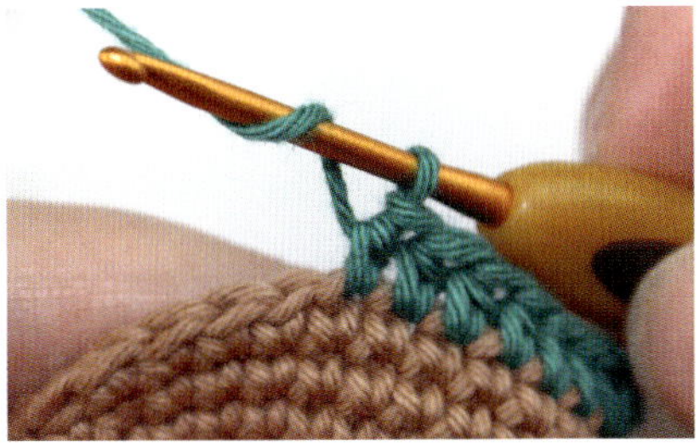

In eine Masche der Vorrunde oder Vorreihe einstechen und den Arbeitsfaden durchziehen. Es befinden sich nun 3 Schlingen auf der Häkelnadel.

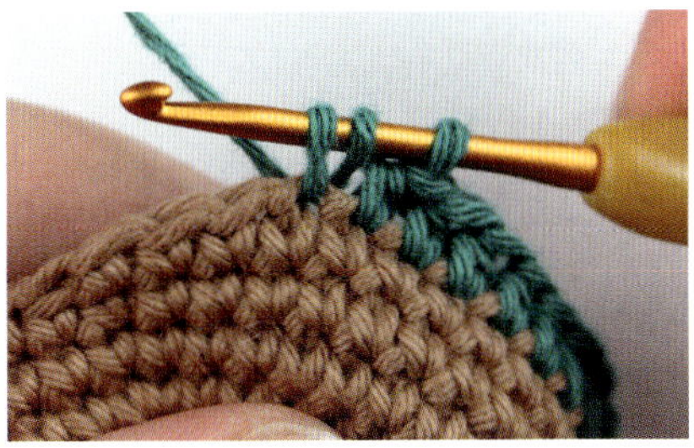

Den Arbeitsfaden holen und durch alle drei Schlingen auf der Nadel ziehen.

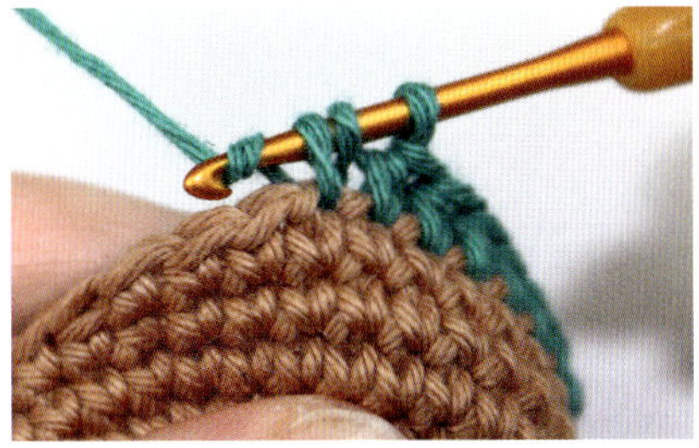

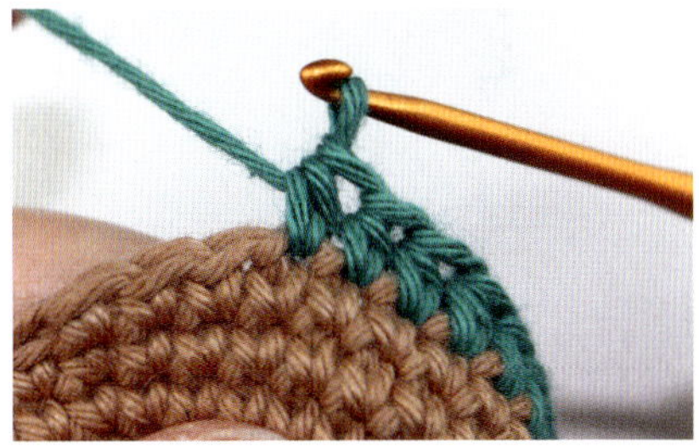

Doppelstäbchen (Dstb)

Für ein Doppelstäbchen den Arbeitsfaden 2x von hinten nach vorne über die Häkelnadel legen.

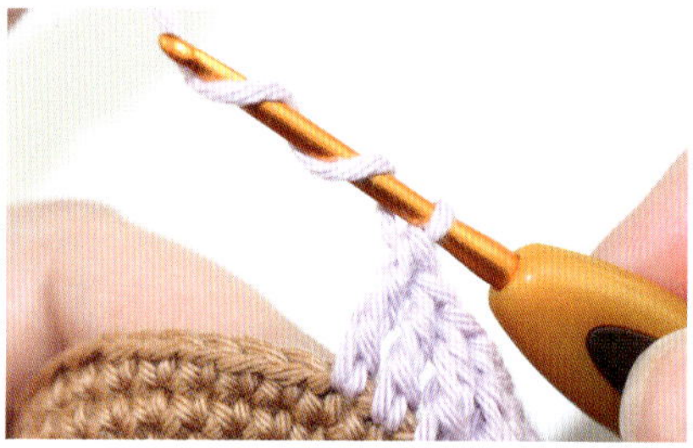

In eine Masche der Vorrunde oder Vorreihe einstechen und den Arbeitsfaden durchziehen. Es befinden sich nun 4 Schlingen auf der Häkelnadel.
Den Arbeitsfaden holen und durch die ersten beiden Schlingen auf der Nadel ziehen.

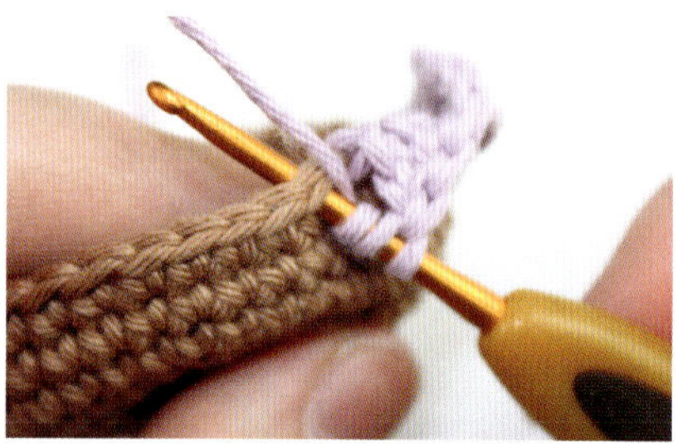

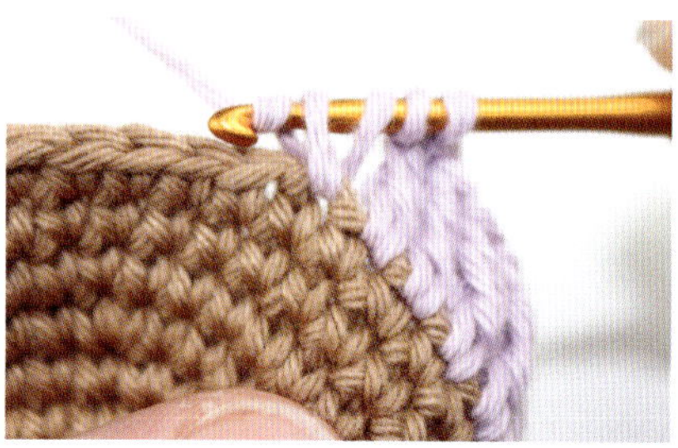

Es befinden sich noch 3 Schlingen auf der Häkelnadel.

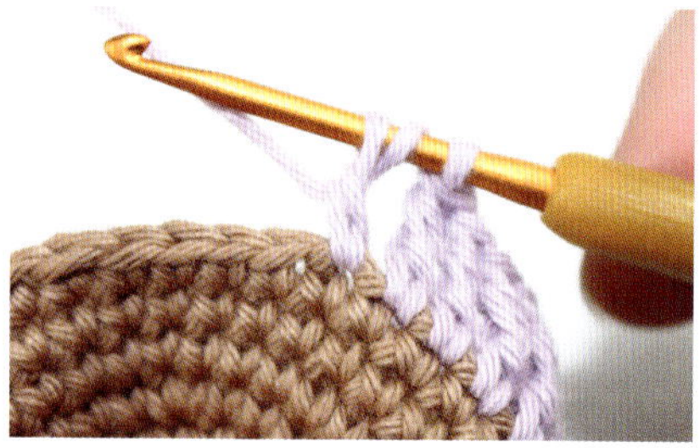

Den Arbeitsfaden erneut holen und durch die ersten beiden Schlingen auf der Nadel ziehen. Es befinden sich noch 2 Schlingen auf der Häkelnadel.

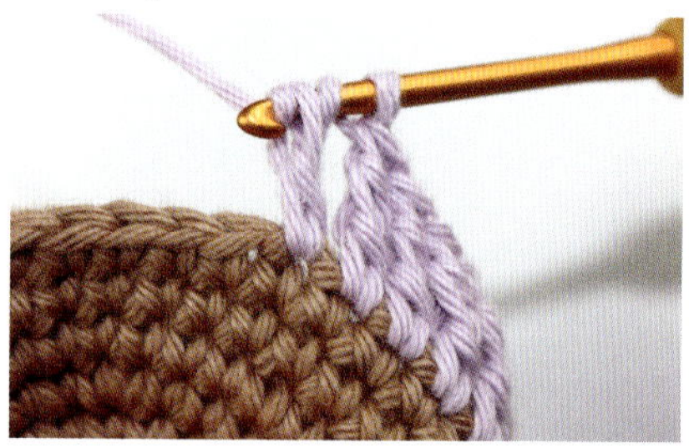

Den Arbeitsfaden ein letztes Mal holen und durch die letzten beiden Schlingen auf der Nadel ziehen.

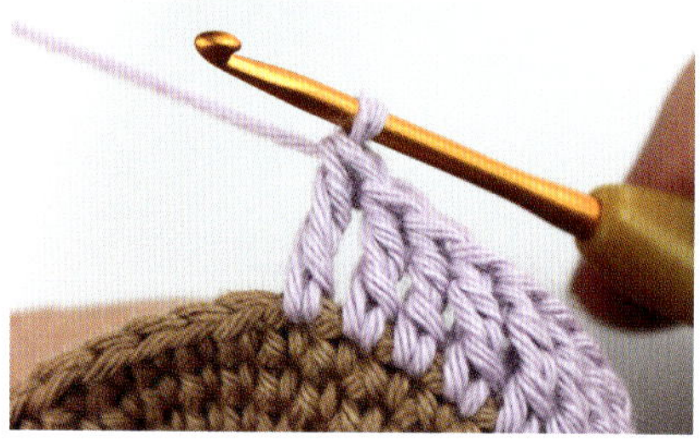

2 feste Maschen zusammen abmaschen

Um 2 feste Maschen zusammen abzumaschen, in eine Masche der Vorrunde oder Vorreihe einstechen und den Arbeitsfaden durchziehen. Anschließend auch in die nächste Masche einstechen und den Arbeitsfaden durchziehen. Es befinden sich nun 3 Schlingen auf der Nadel.

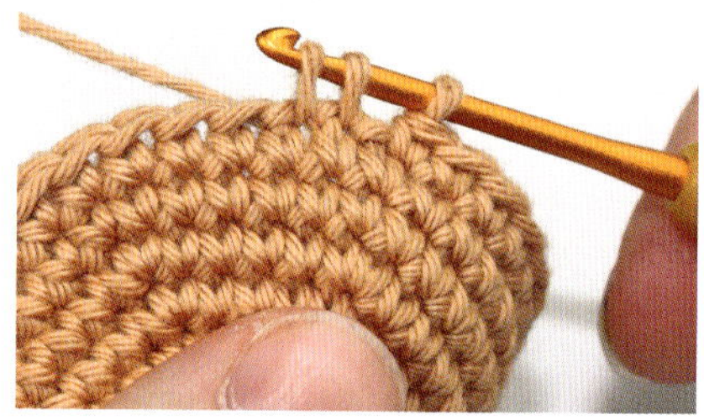

Den Faden holen und durch alle 3 Schlingen auf der Nadel ziehen.

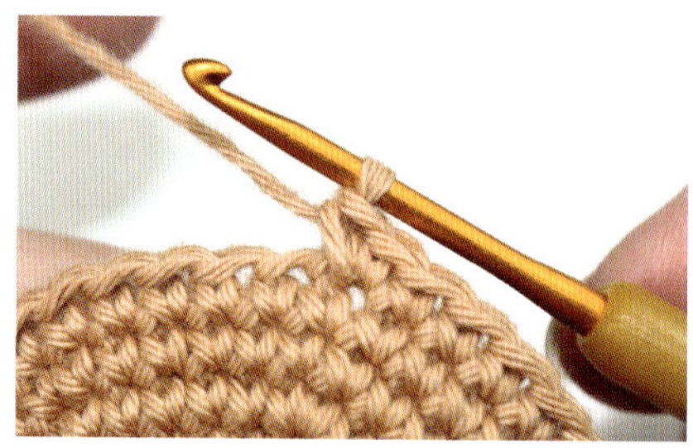

Maschen zunehmen

Maschen verdoppeln

Um eine Masche zu verdoppeln, werden 2 Maschen in 1 Masche der Vorrunde oder Vorreihe gehäkelt.

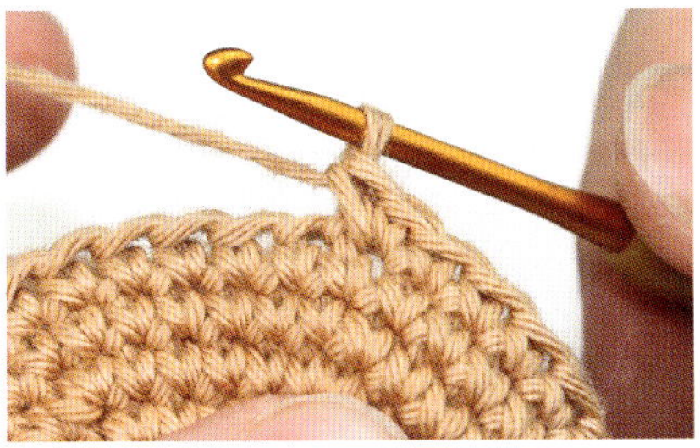

Mehrere Maschen in eine Masche

Um Rundungen oder Kurven zu arbeiten, werden mehrere Maschen in 1 Masche der Vorrunde oder Vorreihe gearbeitet.

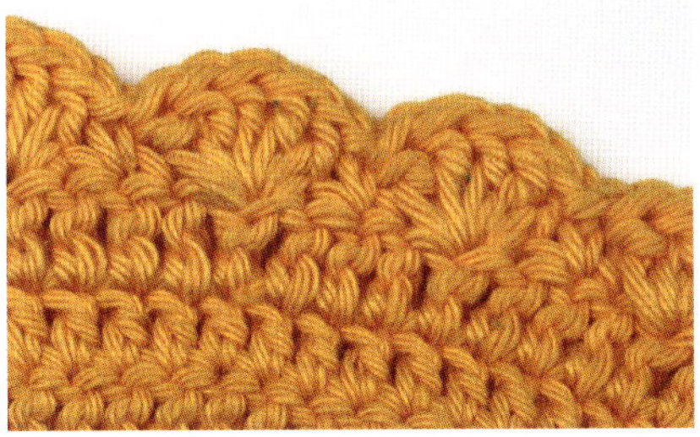

Hier wurden 5 Stäbchen in 1 Masche und dazwischen jeweils 1 feste Masche gehäkelt.

In die hinteren Maschenglieder arbeiten

Soll nur in die hinteren Maschenglieder gearbeitet werden, in das vom Betrachter aus hintere Maschenglied der Vorrunde oder Vorreihe einstechen und die gewünschte Masche nur in dieses Maschenglied arbeiten.

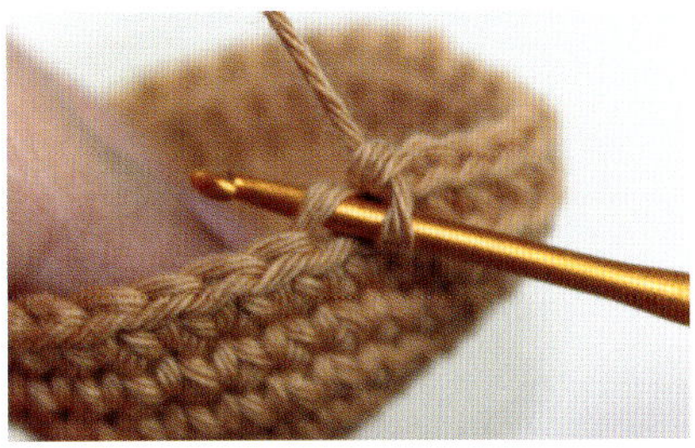

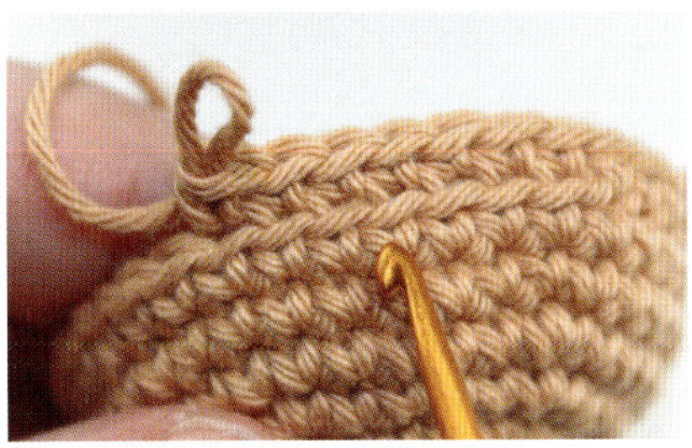

In die vorderen Maschenglieder arbeiten

Soll nur in die vorderen Maschenglieder gearbeitet werden, in das vom Betrachter aus vordere Maschenglied der Vorrunde oder Vorreihe einstechen und die gewünschte Masche nur in dieses Maschenglied arbeiten.

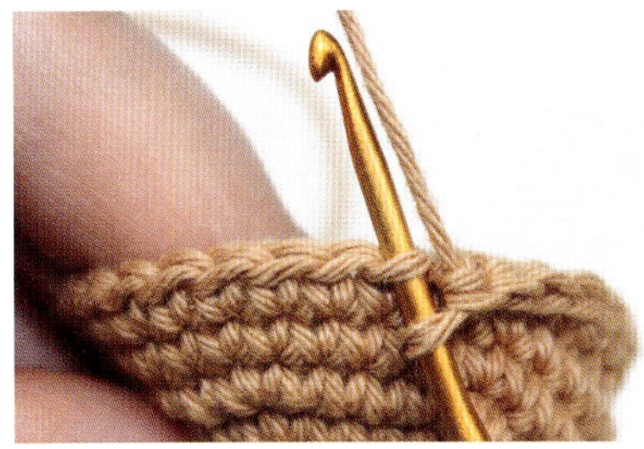

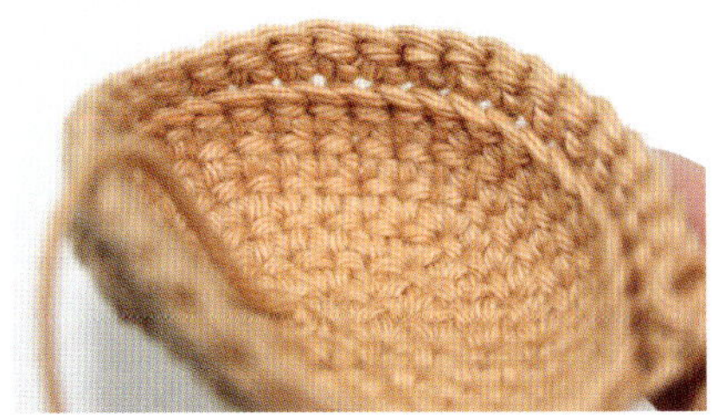

Magic-Ring

Um einen Magic-Ring anzuschlagen, das Garn lose in den Händen halten und eine Schlaufe formen. Dabei liegt das Fadenende unter dem Knäuelfaden als Arbeitsfaden. Diesen zwischen Daumen und Zeigefinger fixieren.

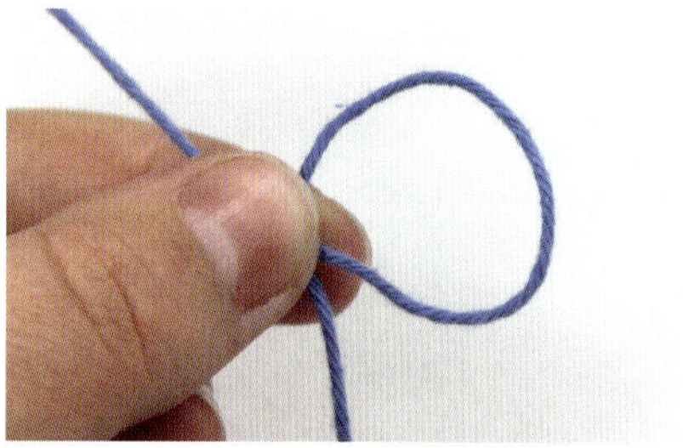

Die Häkelnadel von vorne durch den so entstandenen Ring führen, den Arbeitsfaden holen und durchziehen.

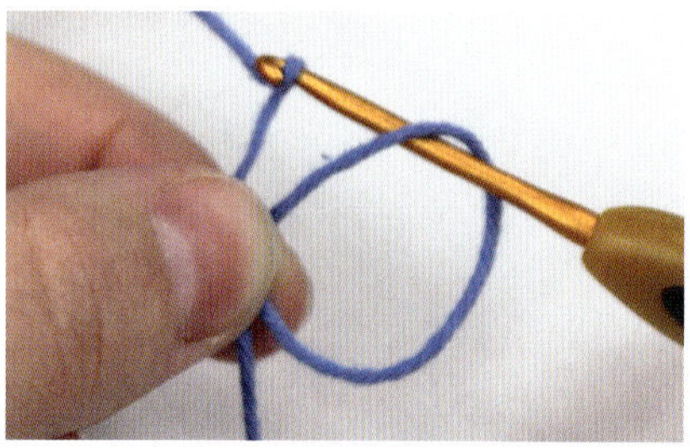

Anschließend zur Sicherung des Rings 1 Luftmasche häkeln.

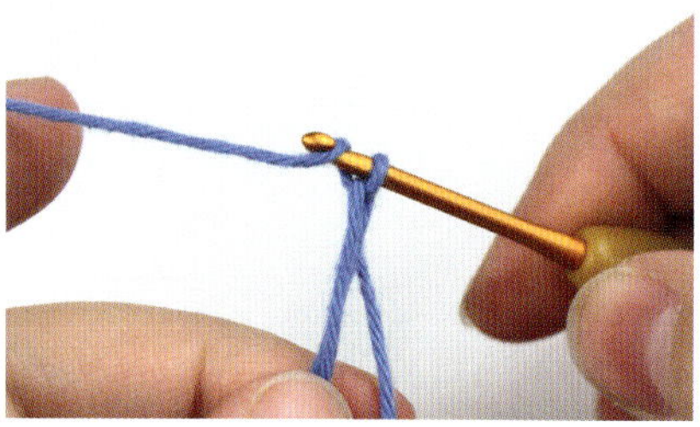

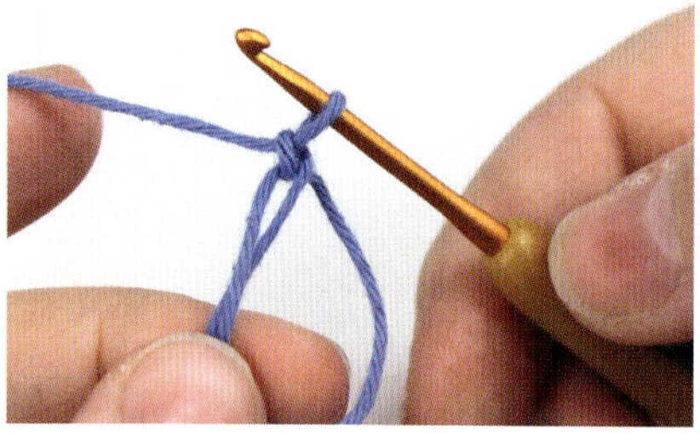

Jetzt können die Maschen in den Ring gehäkelt werden. Dabei die Maschen in die Seite mit den 2 Fäden arbeiten, also um die beiden Fäden herumhäkeln.

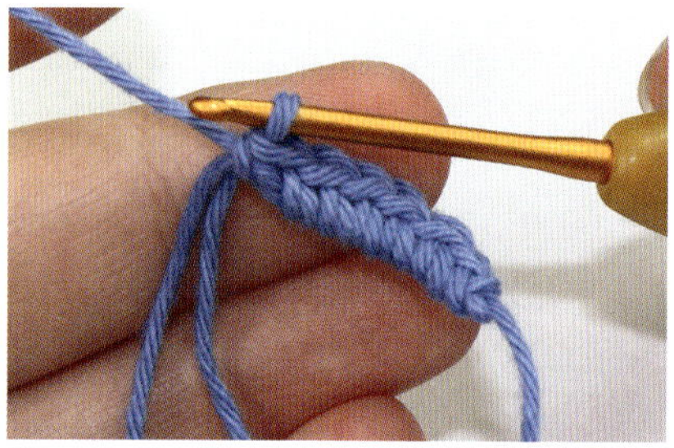

Wenn alle Maschen entsprechend der Anleitung in den Ring gehäkelt sind, den losen Faden anziehen, um den Ring zu schließen.

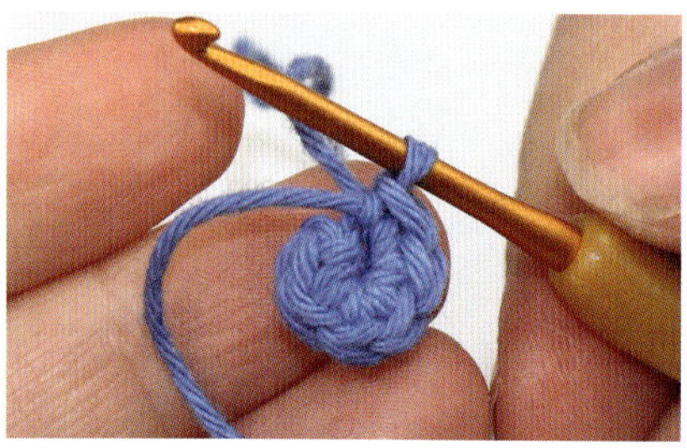

Fadenaufnahme mit stehender fester Masche

Eine Anfangsschlaufe auf die Häkelnadel legen und in die Masche, in der begonnen werden soll, einstechen.

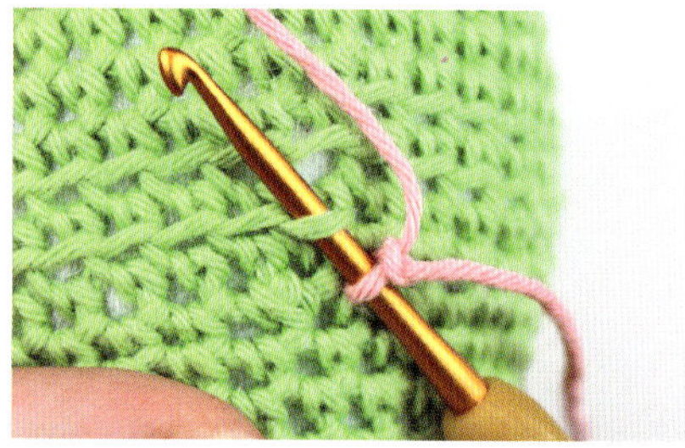

Den Faden durch die Masche holen.

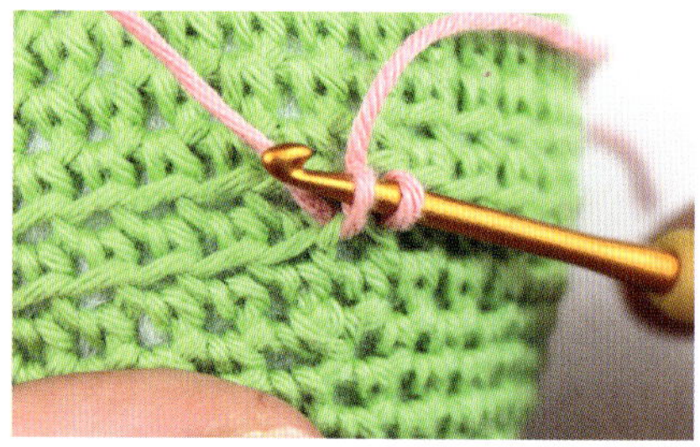

Den Faden durch beide Schlaufen auf der Häkelnadel ziehen. Die stehende feste Masche ersetzt die 1. feste Masche der Runde.

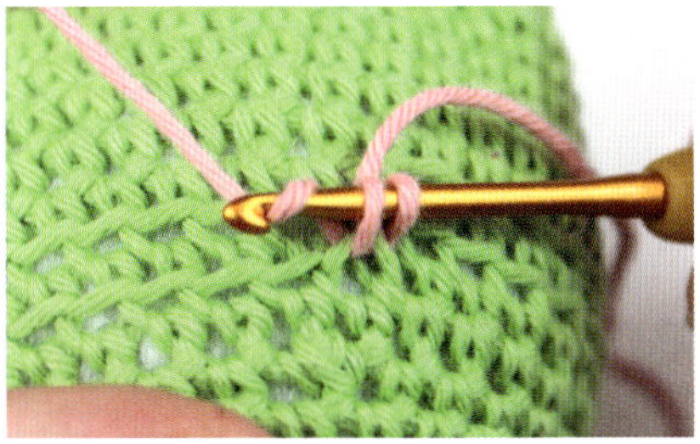

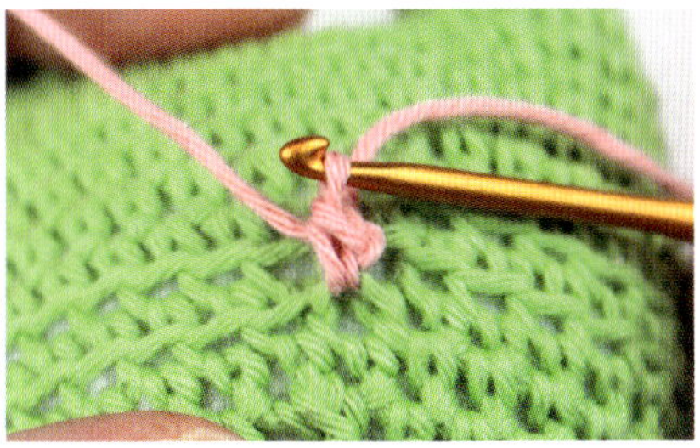

Fadenaufnahme mit stehender Kettmasche

Eine Anfangsschlaufe auf die Häkelnadel legen und in die Masche, in der begonnen werden soll, einstechen.
Den Faden durch die Masche holen und durch die Anfangsschlaufe ziehen.

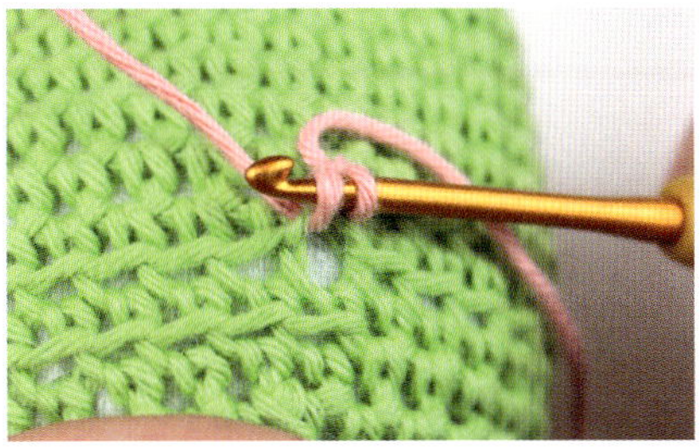

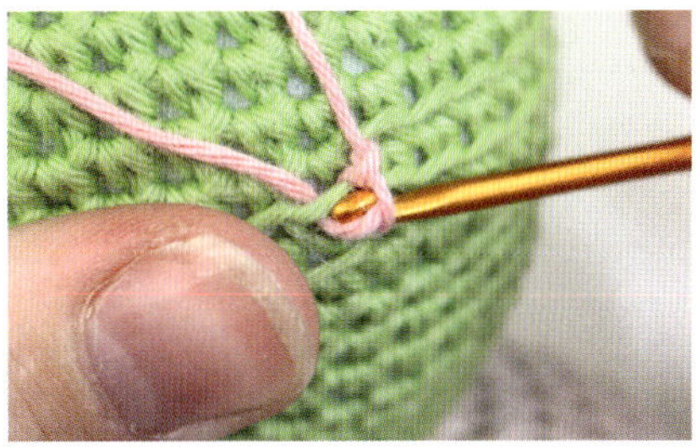

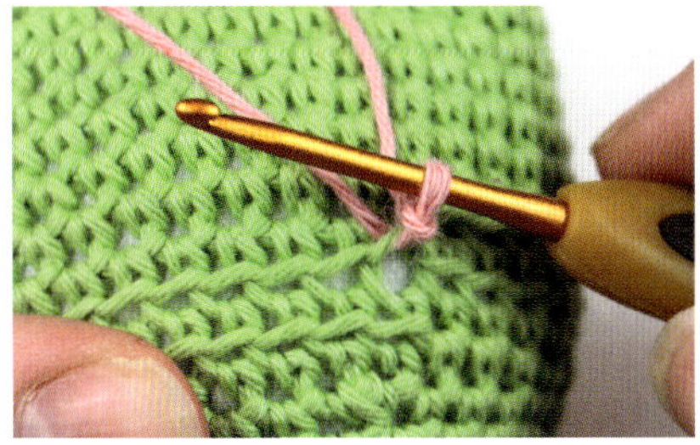

Werden weiter Kettmaschen gehäkelt, ersetzt die stehende Kettmasche die 1. Kettmasche der Runde.
Für geschlossene Runden können im Anschluss an die stehende Kettmasche auch Steige-Luftmaschen gearbeitet werden, dann wird die stehende Kettmasche nicht mitgezählt.

In Reihen häkeln

Basis einer Reihe ist eine Luftmaschenkette. Da jede Maschenart ihre eigene Höhe hat, die beim Häkeln in Reihen berücksichtigt werden sollte, werden für die jeweils nächste Reihe sogenannte Wende-Luftmaschen gearbeitet, um diese Höhe zu erreichen. Ausschlaggebend ist dabei die Masche, die in der nächsten Reihe als erste gehäkelt werden soll.

feste Maschen	**1 Wende-Luftmasche**
halbe Stäbchen	**1 Wende-Luftmasche**
Stäbchen	**2 Wende-Luftmaschen**
Doppelstäbchen	**3 Wende-Luftmaschen**

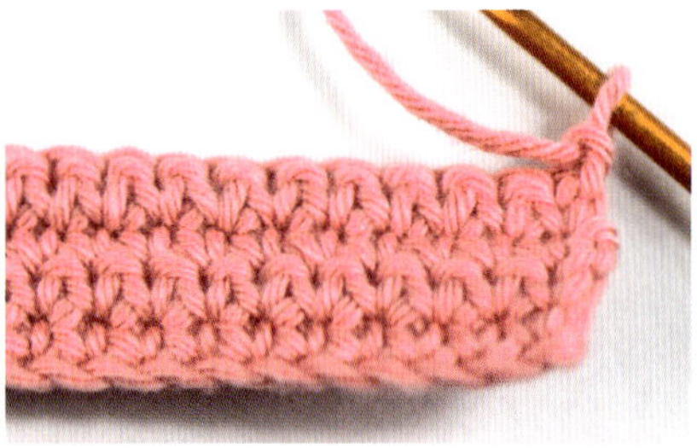

Hier wurden feste Maschen gehäkelt und für die neue Reihe 1 Wende-Luftmaschen gearbeitet.

In den Anleitungen ist die benötigte Anzahl an Wende-Luftmaschen angegeben.

Nach dem Anschlagen der Wende-Luftmaschen wenden und die nächste Reihe häkeln. Dabei die 1. Masche überspringen und erst in die 2. Masche von der Nadel aus einstechen.

Luftmaschenkette umhäkeln

Um eine Luftmaschenkette zu umhäkeln, oben und unten um die Luftmaschenkette herum häkeln.

Dafür zunächst wie beim Häkeln einer Reihe arbeiten. Dann in die letzte Masche der Luftmaschenkette je nach Anleitung mehrere Maschen häkeln, um zur anderen Seite der Luftmaschenkette zu gelangen. Dort in die nächste Masche einstechen und auch in diese Seite entsprechend der Anleitung arbeiten.

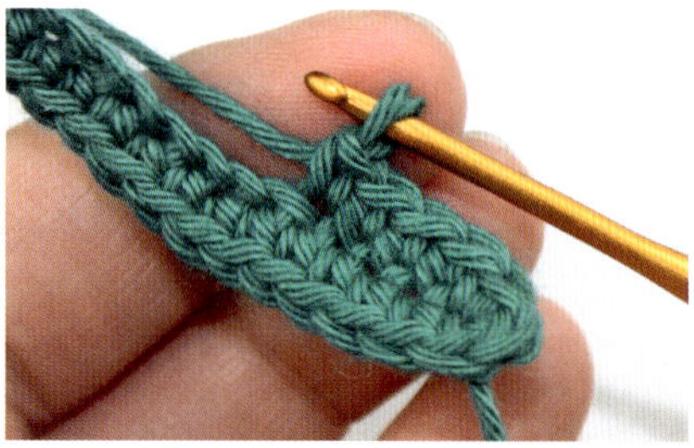

In Spiralrunden häkeln

Die meisten Teile in diesem Buch werden in Spiralrunden gearbeitet. Dabei wird durchgehend gehäkelt, d.h. die 1. Masche der neuen Runde wird oberhalb der 1. Masche der Vorrunde gehäkelt. Dadurch verschiebt sich der Rundenbeginn kontinuierlich etwas nach rechts. Um die Runden und Maschen besser zählen zu können, empfiehlt es sich, den Rundenbeginn mit einem Maschenmarkierer zu kennzeichnen und mit jeder neuen Runde nach oben zu versetzen.

Durch das Häkeln in Spiralrunden entstehen Körper. Für die Figuren ist es wichtig, dass die Vorderseite der festen Maschen außen als kleines V zu sehen ist.

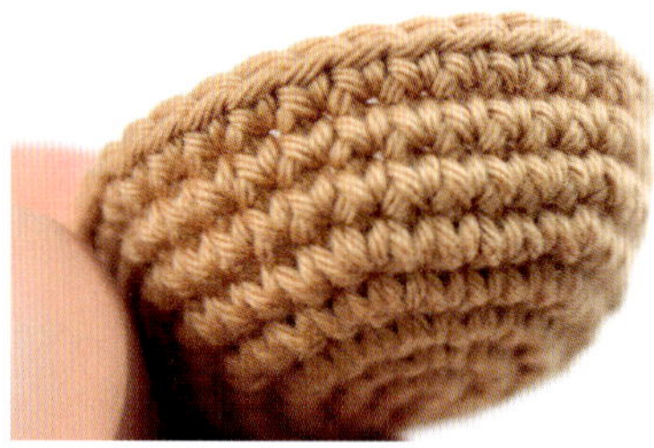

Wenn sich das Häkelstück auf die falsche Seite dreht, entsteht dieses Bild. Dann sollte es auf die richtige Seite geklappt werden.

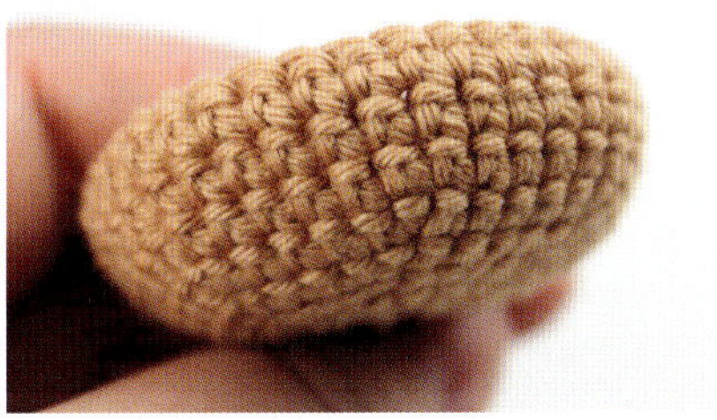

In geschlossenen Runden häkeln

Geschlossene Runden werden nicht durchgehend gehäkelt, sondern jeweils mit 1 Kettmasche in die 1. Masche der Vorrunde beendet.

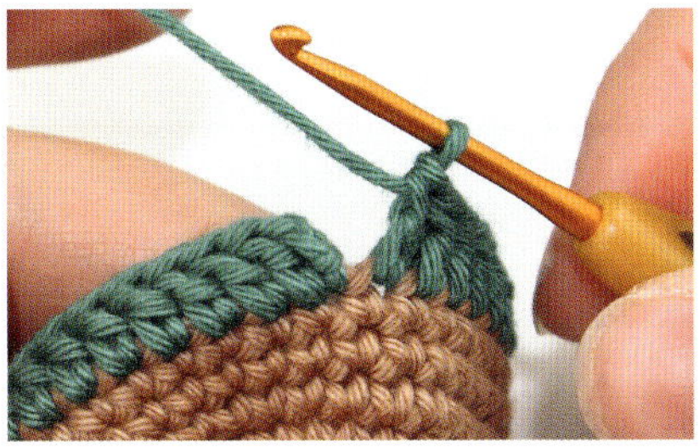

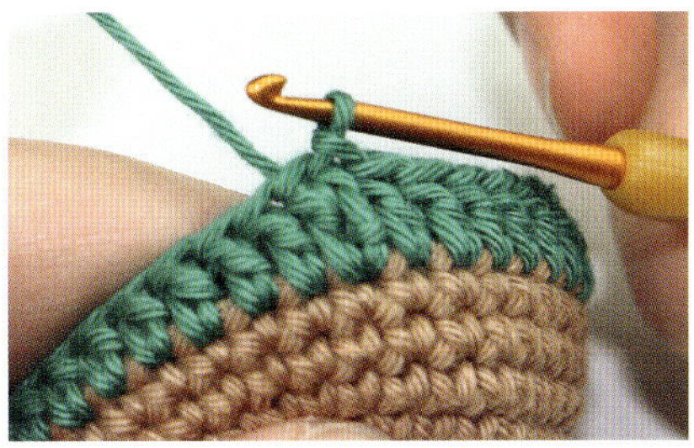

Am Beginn der neuen Runde jeweils Steige-Luftmaschen arbeiten. Die Anzahl richtet sie wie beim Häkeln in Reihen (siehe S. 134) nach der Masche, mit der die nächste Runde beginnt.

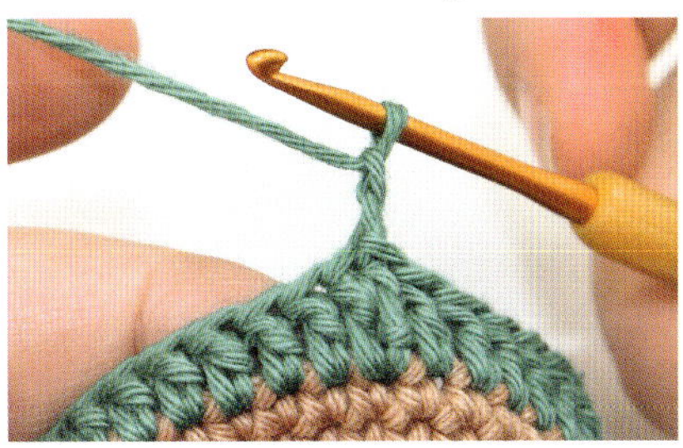

Runden unsichtbar schließen

Mit einem unsichtbaren Rundenabschluss können Versatzstellen zwischen Farbwechseln vermieden und gerade Abschlüsse gehäkelt werden. Er sieht aus wie eine feste Masche und kann wie diese behäkelt werden.

Um eine Runde unsichtbar zu schließen, den Faden etwas länger abschneiden und durch die letzte Masche ziehen.

Den Faden mit einer Sticknadel aufnehmen, 1 Masche überspringen, in die nächste Masche einstechen und das Garn durchziehen.

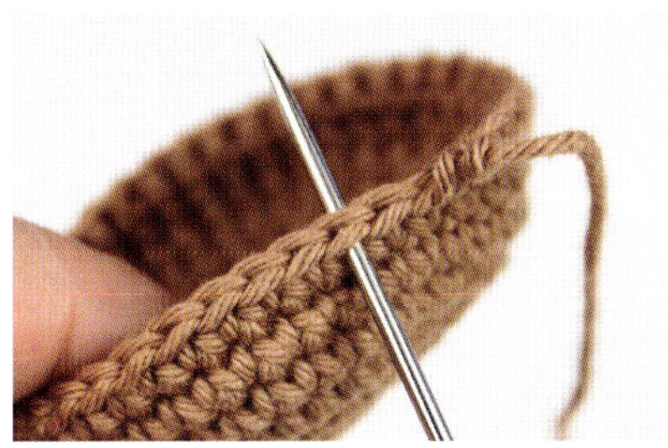

Nun noch einmal in die zuletzt gehäkelte Masche der letzten Runde einstechen.

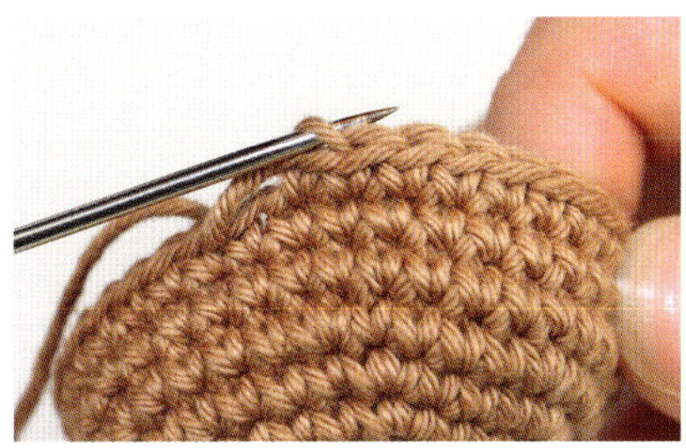

Dann den Faden fest anziehen.

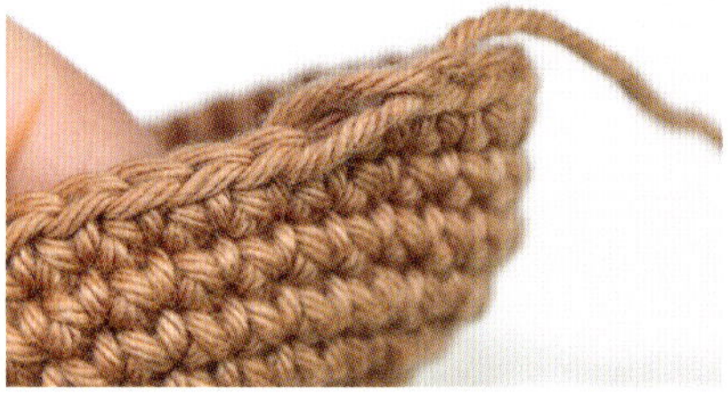

Der unsichtbare Rundenabschluss ist fertig. Der überstehende Faden kann auf der Innenseite der Figur oder des Häkelstücks vernäht werden. Auch den Endfaden abschneiden und auf der Innenseite vernähen.

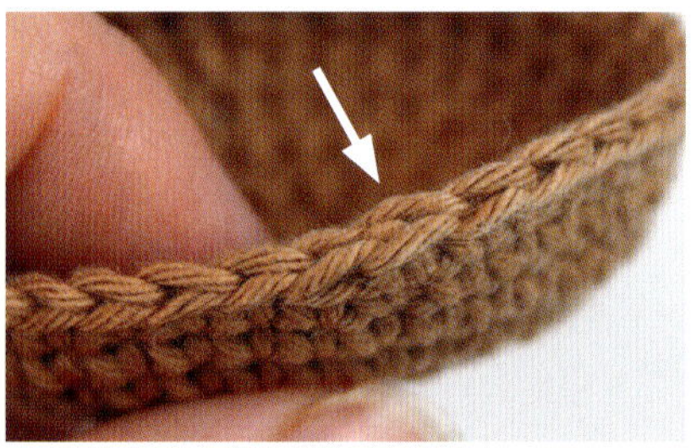

Runden zusammenziehen

Um runde Körper wie z. B. den Kopf einer Figur zu schließen, sollte die letzte Runde am Ende mit Hilfe einer Sticknadel wie folgt zusammengezogen werden.

Zum Verschließen den Faden ca. 15 cm lang abschneiden und durch die letzte M ziehen. Dann den Faden mit einer Sticknadel von außen nach innen durch jedes vordere M-Glied der verbliebenen M führen.

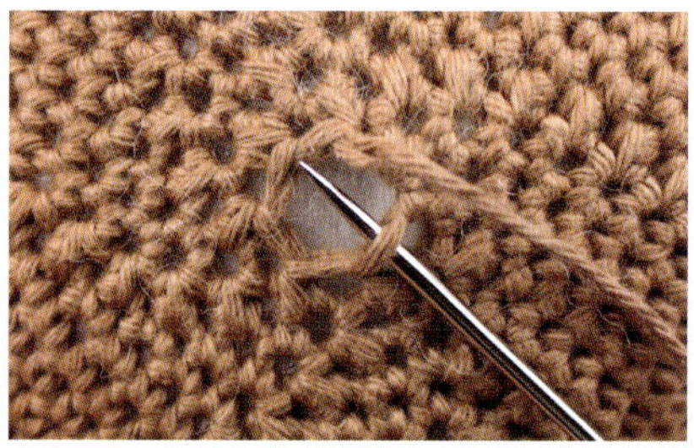

Den Faden festziehen, sodass sich das Loch schließt, und den Faden vernähen.

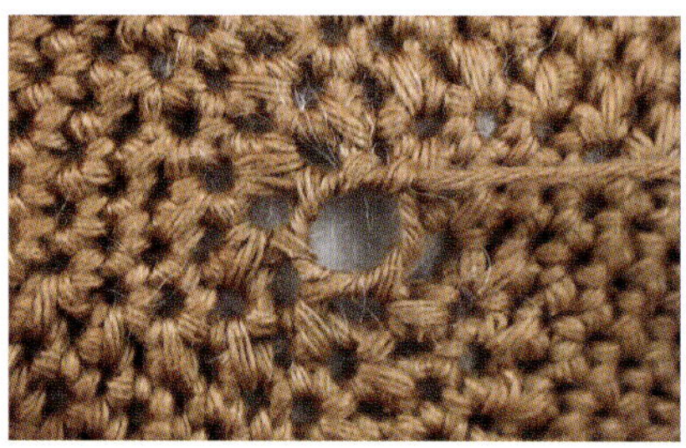

Farbwechsel

Für einen sauberen Farbwechsel sollte bereits die letzte Masche vor dem Farbwechsel in der neuen Farbe abgemascht werden.

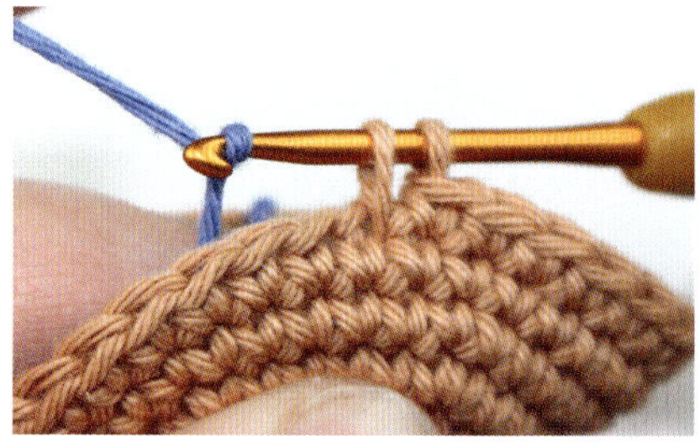

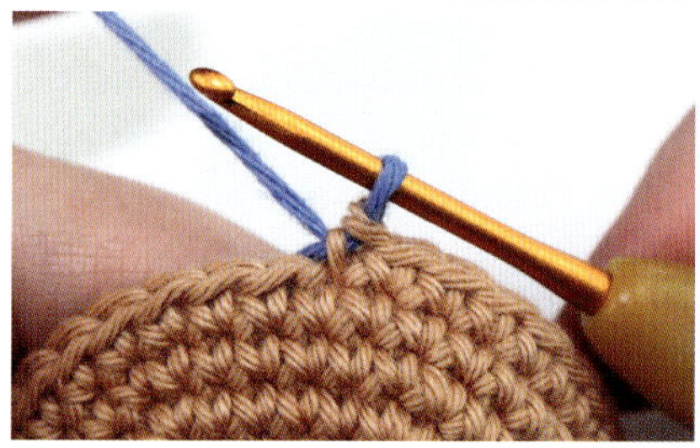

Anschließend geht es in der neuen Farbe weiter.

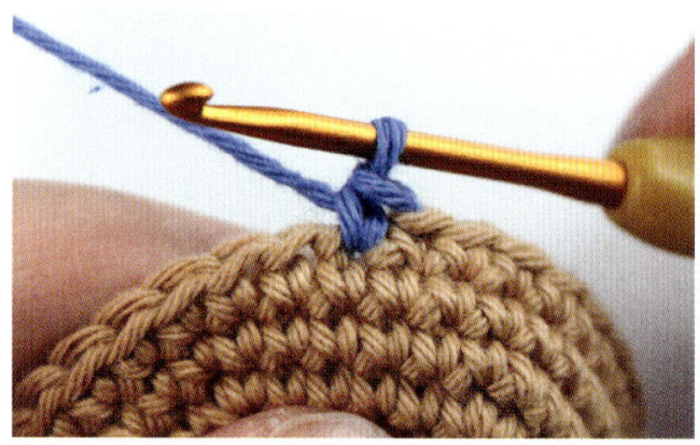

Knötchenstich

Das Kleid des Otters ist ringsherum mit kleinen Knötchen verziert. Sie werden wie folgt gearbeitet.

Den Faden mit einer Sticknadel von hinten nach vorne durch die Masche ziehen.

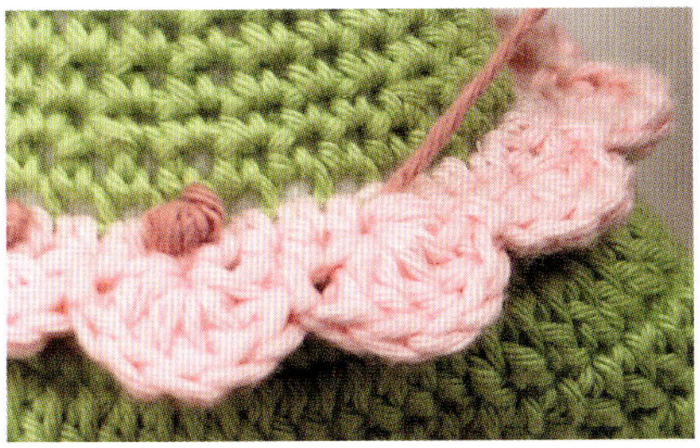

Die Nadel unter dem Faden durchführen und den Faden 6x um die Nadel wickeln.

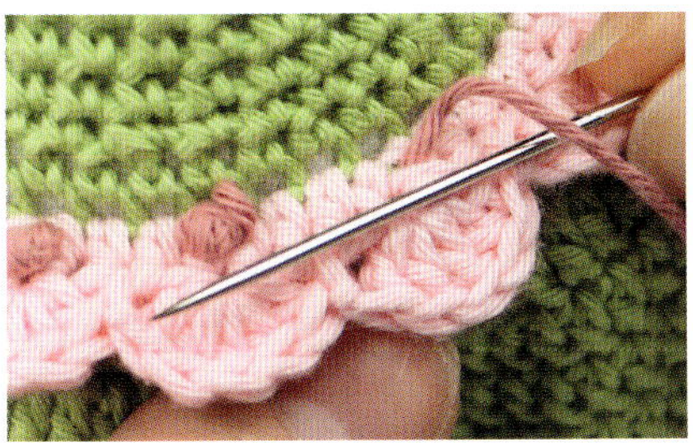

Den aufgewickelten Faden mit dem Daumen festhalten, dicht neben der Austrittsstelle des Fadens (nicht in dieselbe Masche) einstechen und den Faden durchziehen.

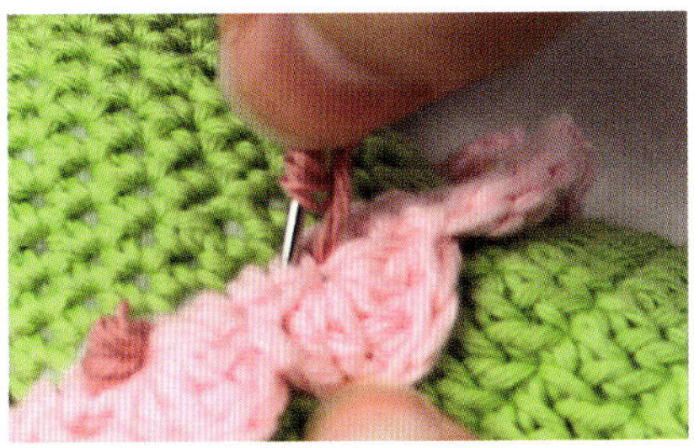

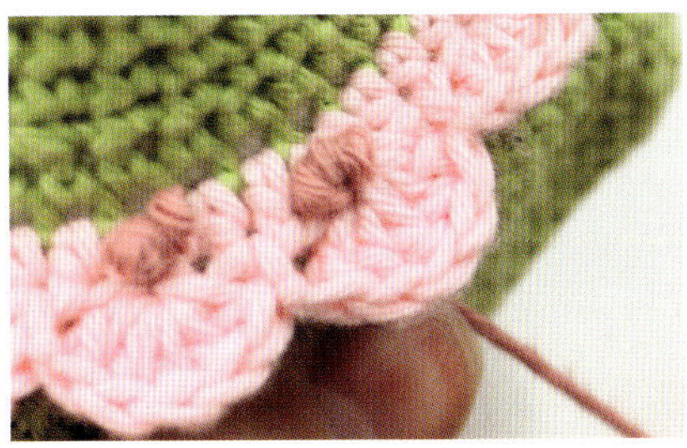

Tipp: Auch andere Häkelarbeiten lassen sich mit dem Knötchenstich verzieren. Beispielsweise können mit dieser Technik Kugeln auf den Weihnachtsbaum aufgestickt oder ein T-Shirt mit Punkten verschönert werden.

Picot

Picots werden als Zierelement an den Flügeln der Eule gearbeitet.
Für ein Picot wie folgt in dieselbe Masche häkeln.
1 feste Masche häkeln.

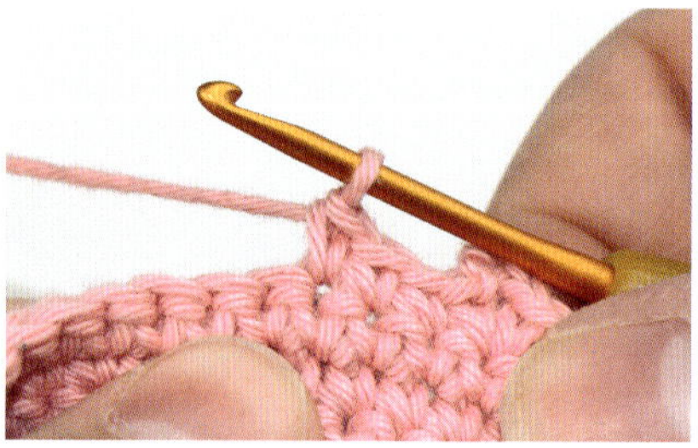

Anschließend 3 Luftmaschen anschlagen.

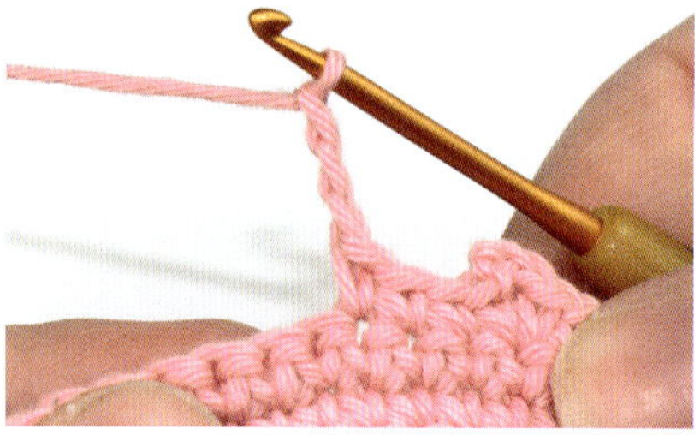

In die 1. dieser 3 Luftmaschen (d.h. in die unterste) 1 Kettmasche häkeln.

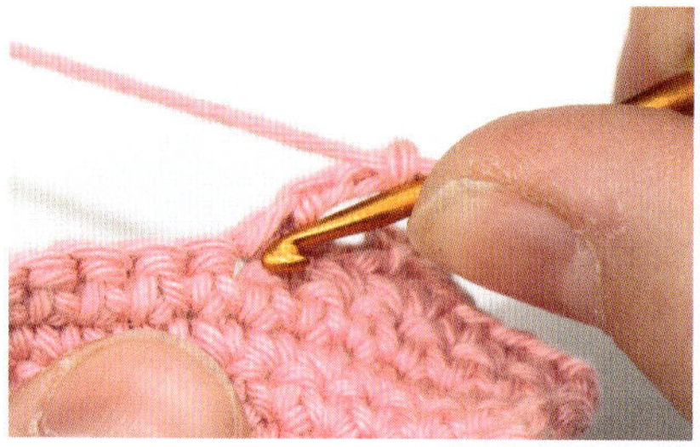

Zum Schluss 1 feste Masche in die gleiche Masche wie die 1. feste Masche arbeiten.

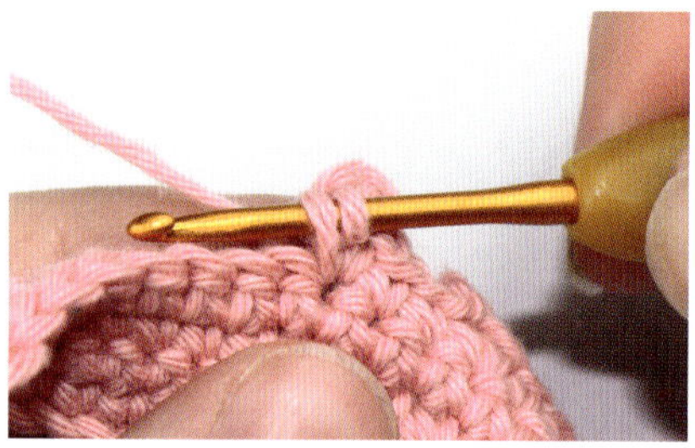

Pompons

Der Schal des Pinguins, die Mütze des Schneemanns und der Hut des Pandas sind mit Pompons (ø ca. 3 cm) verziert. Sie lassen sich mit einem Pompon-Maker oder einer Küchengabel fertigen.

Zuerst eine Gabel mit 4 Zinken mit Faden umwickeln, sodass ein dickeres Bündel entsteht. Je dicker das Bündel, desto voller wird der Pompon.

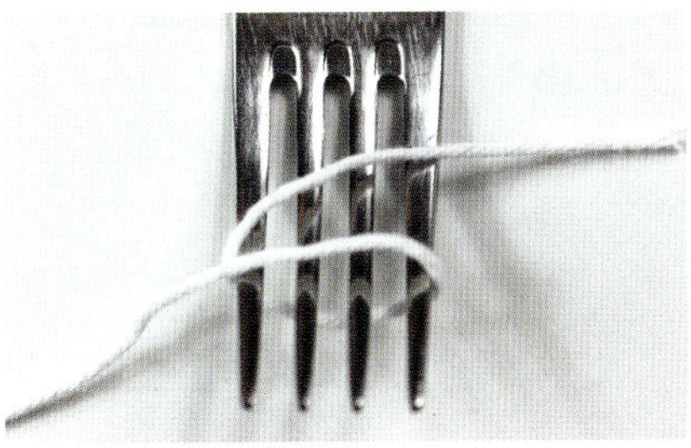

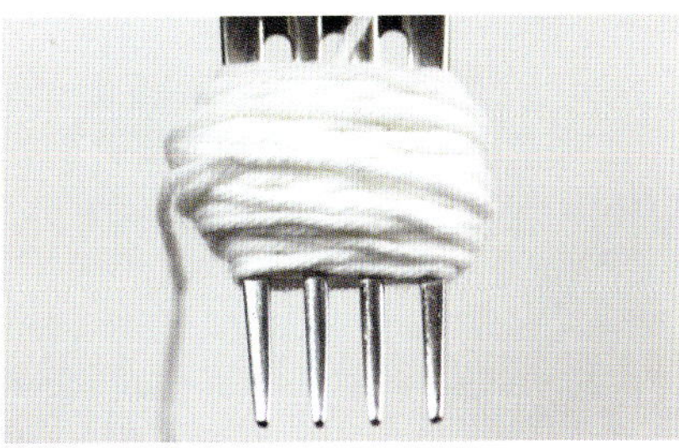

Den Faden abschneiden und ein weiteres Stück des Garns ca. 10 cm lang kürzen. Damit das Bündel in der Mittel der Gabel (zwischen dem 2. und 3. Zinken) umwickeln. Den Faden so fest wie möglich verknoten.

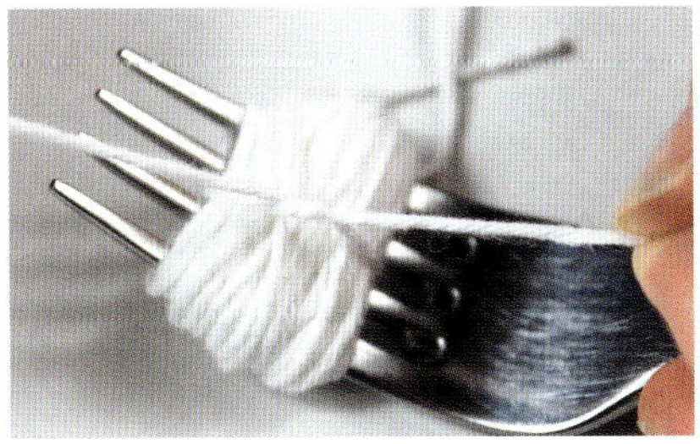

Nun das Bündel von der Gabel schieben. Die Schlaufen rechts und links des Knotens aufschneiden.

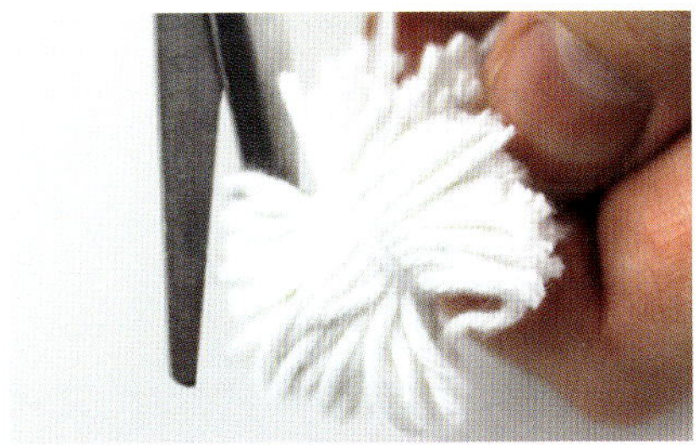

Alle Fäden auf die gleiche Länge kürzen, damit der Pompon schön rund wird.

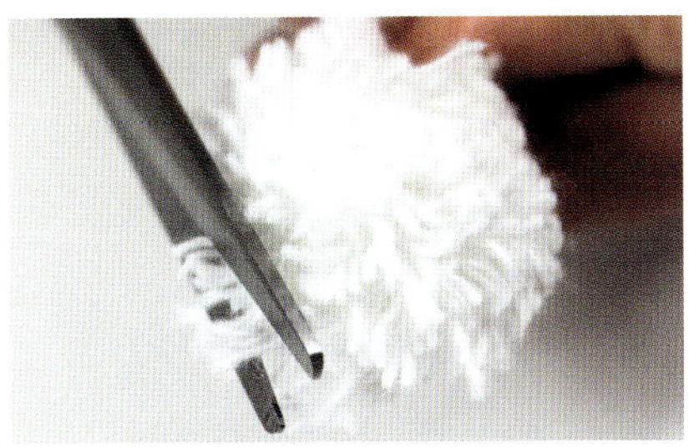

Abkürzungen

anschl = anschlagen
arb = arbeiten
DStb = Doppelstäbchen
Fb = Farbe(n)
fM = feste Masche(n)
hStb = halbe(s) Stäbchen
Km = Kettmasche(n)
LL = Lauflänge
M = Masche(n)
Nd = Nadel(n)
R = Reihe(n)
Rd = Runde(n)
Stb =Stäbchen
wdh = wiederholen

Buchempfehlungen für dich

Noch mehr kreative Bücher zum gleichen Thema gesucht?

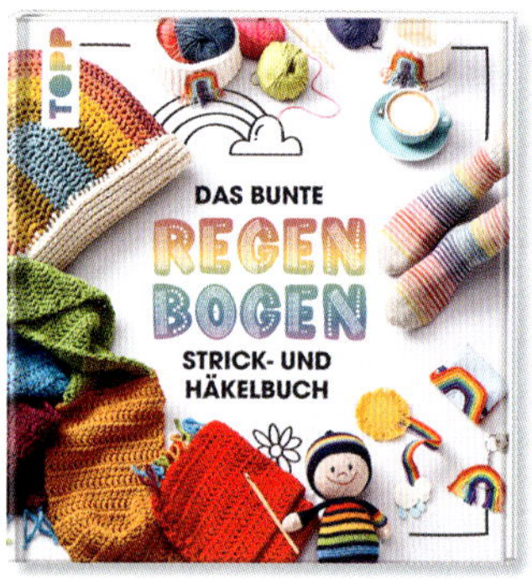

ISBN 978-3-7724-4865-2

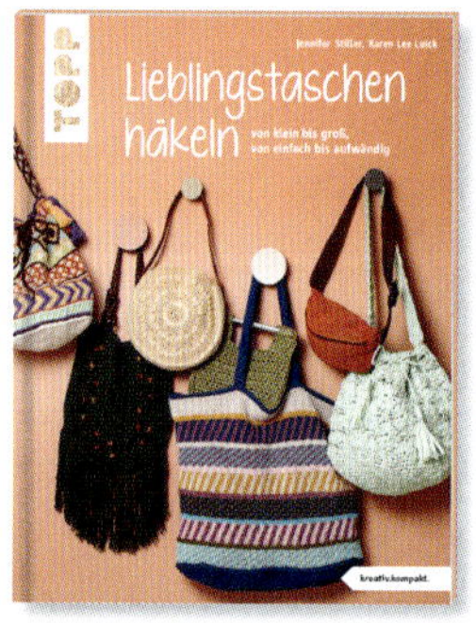

ISBN 978-3-7724-6851-3

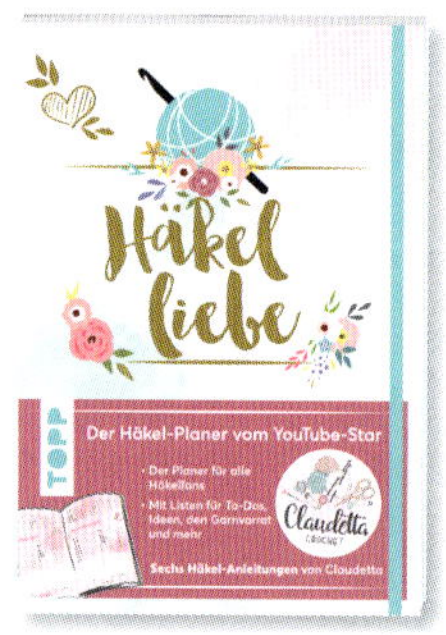

ISBN 978-3-7724-4849-2

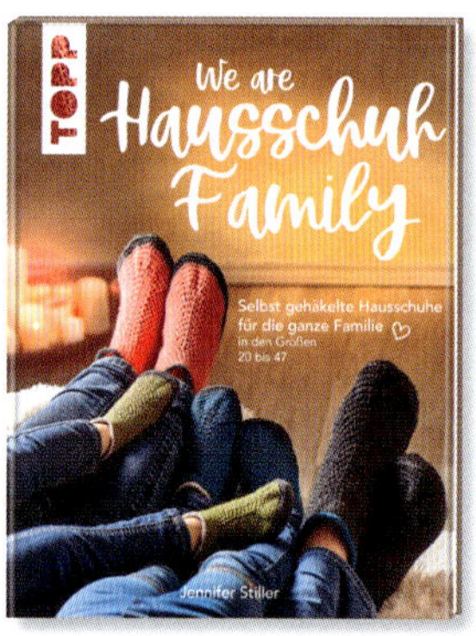

ISBN 978-3-7724-4833-1

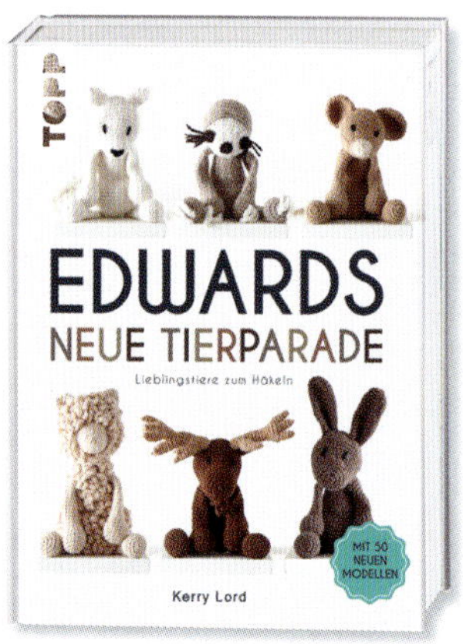

ISBN 978-3-7724-4848-5

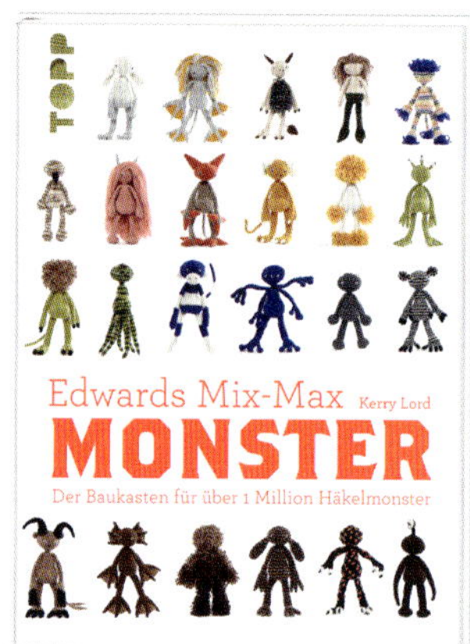

ISBN 978-3-7724-4847-8

Noch mehr Kreativ-Bücher findest du auf www.TOPP-kreativ.de

Du suchst noch mehr Anleitungen für süße Häkelfiguren und Amigurumis?

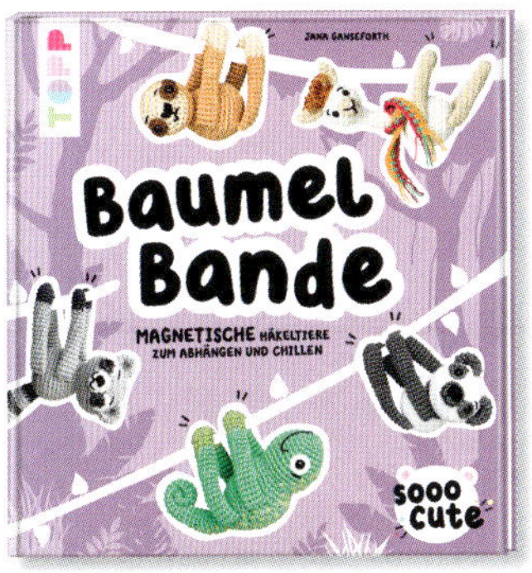

ISBN 978-3-7724-4840-9

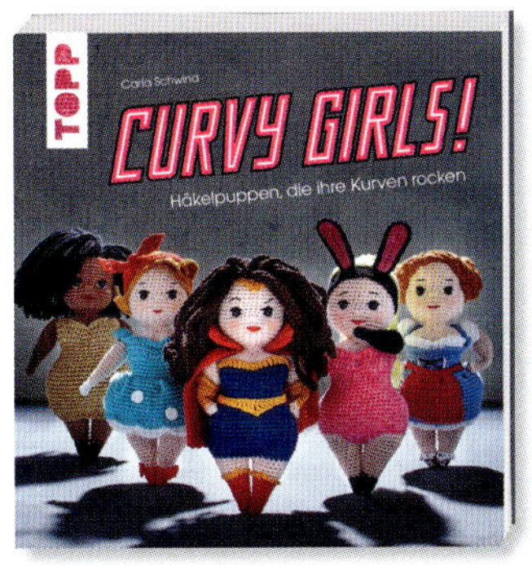

ISBN 978-3-7724-8169-7

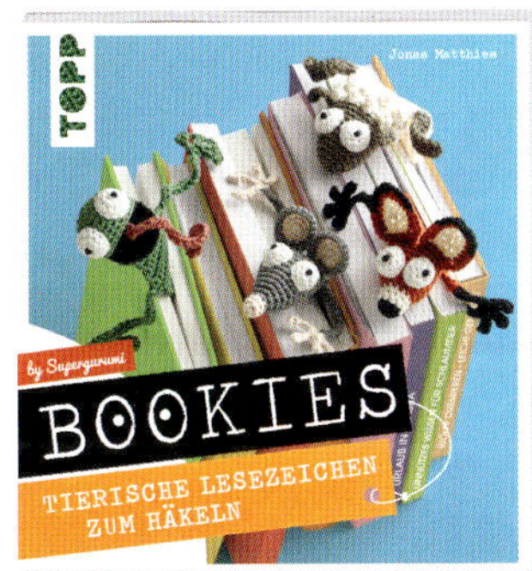

ISBN 978-3-7724-8127-7

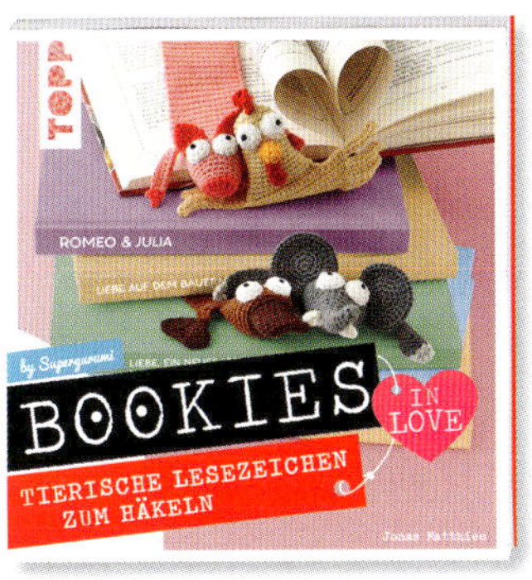

ISBN 978-3-7724-8141-3

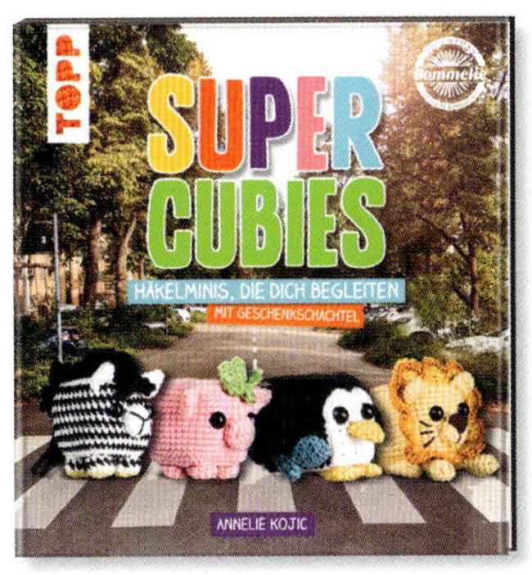

ISBN 978-3-7724-4804-1

#TOPPPROJEKT

Die eigene Kreativität zeigen: TOPPprojekt mit anderen Kreativen teilen und Teil der Gemeinschaft werden.

DIY-begeistert und auf Instagram? Dann unbedingt mitmachen! Hier gibt's Tipps und Feedback zu den eigenen Projekten. Außerdem verlosen wir jeden Monat ein Überraschungspaket. Um am Gewinnspiel teilzunehmen, einfach ein Bild vom Kreativ-Projekt aus unseren Büchern mit #TOPPprojekt posten und unserem Account @frechverlag folgen. Mehr Infos auf TOPP-kreativ.de/TOPPprojekt

Mach mit beim
#TOPPprojekt
#TOPPprojekt
@frechverlag

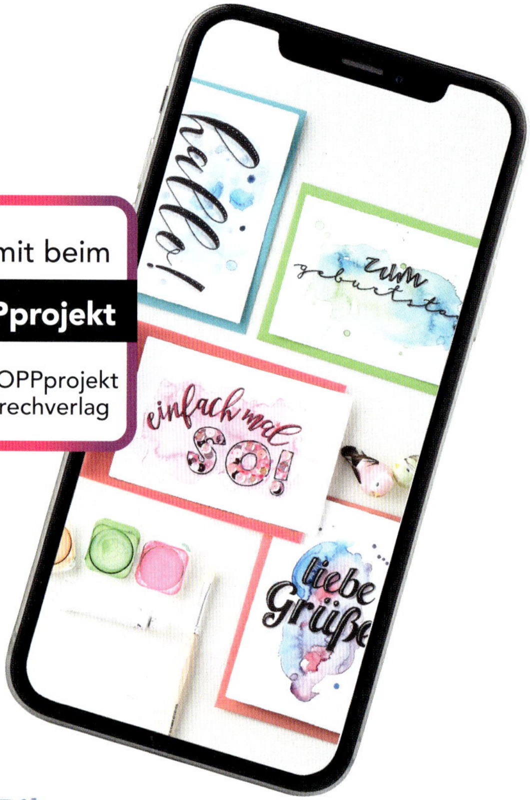

Webseite
Auf TOPP-kreativ.de gibt es ein riesiges Angebot von über 1.000 Kreativ-büchern, Sets und mehr zu entdecken.

Newsletter
Immer als Erstes von unseren Neuheiten und Sonderaktionen erfahren: TOPP-kreativ.de/newsletter

Instagram
@frechverlag

Pinterest
pinterest.com/frechverlag

Facebook
facebook.com/frechverlag

DigiBib
Hier gibt es zusätzlich zu einigen unserer Bücher digitale Extras, wie Video-Tutorials, Plotter-Dateien, Vorlagen, Übungsblätter und vieles mehr. Einfach im Impressum eines TOPP-Buchs nachschauen, ob dort ein Code vorhanden ist, und exklusive Inhalte freischalten. TOPP-kreativ.de/digibib

Youtube
youtube.com/frechverlag

Wer wir sind, wie wir arbeiten, was wir lieben …

Mehr über uns und unsere Arbeit und immer mit den neuesten Informationen versorgt schnell und einfach auf Instagram, Facebook und Pinterest.

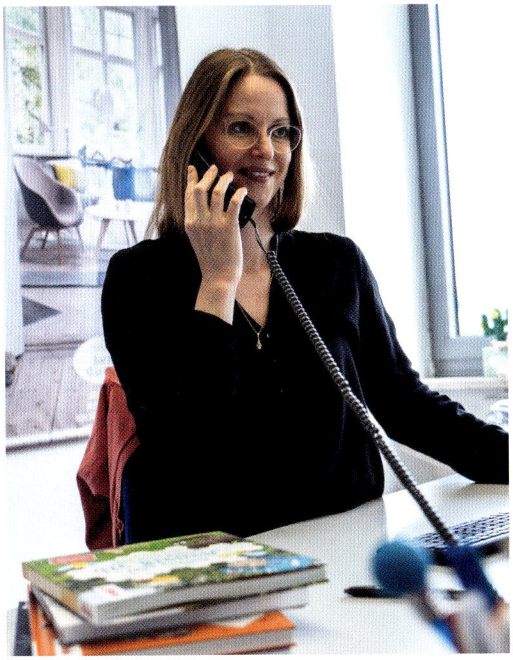

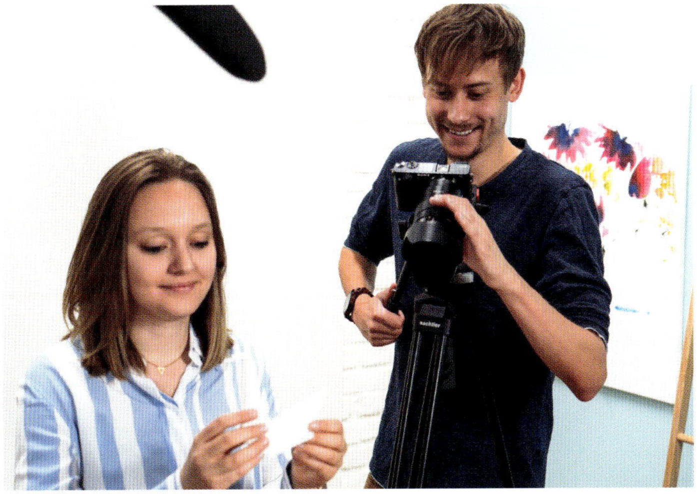

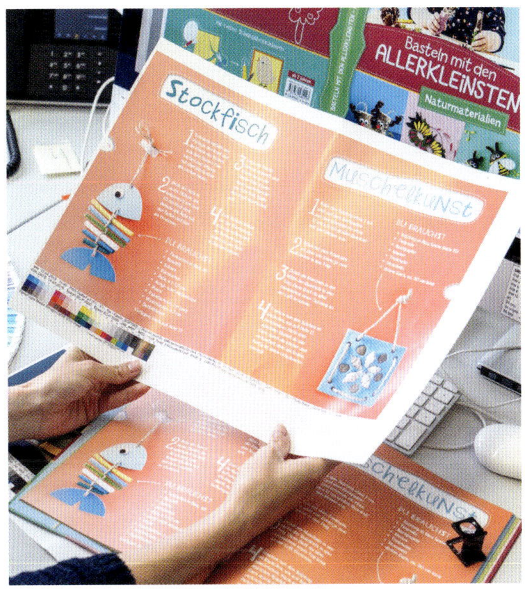

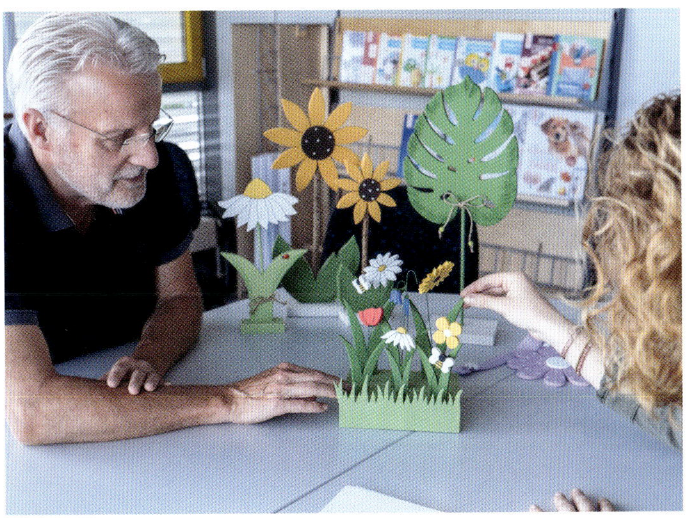

Alle News, alle Infos und alle Links findest du auf www.TOPP-kreativ.de

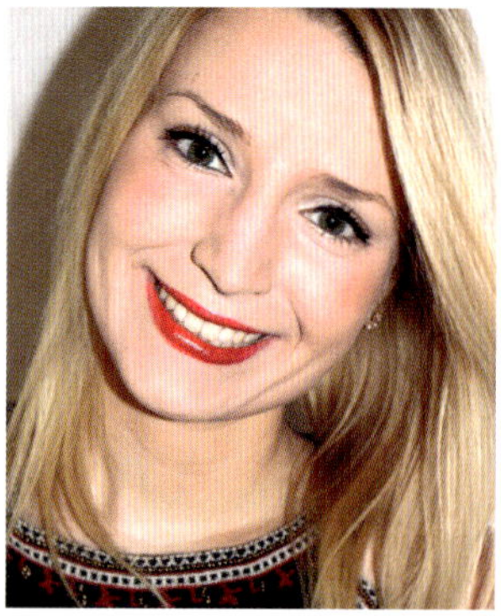

Die Autorin

Die Studentin Anna Suppanz lebt in Augsburg. Nachdem sie vor fünf Jahren das Häkeln für sich entdeckt hatte, wuchs Annas Liebe dazu Masche für Masche. Vor allem die niedlichen Amigurumis hatten es ihr angetan. So entstanden aus ersten Bleistiftskizzen bald ganz eigene, individuelle und detailverliebte Modelle, die bei Instagram schnell auf riesige Begeisterung stießen. Anna begann, die Anleitungen für ihre Modelle aufzuschreiben und zu verkaufen. Heute umfasst die anni_gurumi-Häkelfamilie ganz unterschiedliche Häkeltiere und -puppen.

Mit ihrem ersten Buch lädt Anna zu einer tierisch-entzückenden Reise durch das Jahr ein.

Man findet Anna unter: Instagram: @anni_gurumi; Etsy: AnnigurumiDesign

Kreativ-Hotline

Hilfestellung zu allen Fragen, die Materialien und Bücher zu kreativen Hobbys betreffen:
Frau Erika Noll berät Sie. Rufen Sie an oder schreiben Sie eine E-Mail!
Telefon: 07 11 / 12 37 57 20*
E-Mail: mail@kreativ-service.info

* normale Telefongebühren

Wir bedanken uns für die freundliche Unterstützung bei diesem Buch: Rico Design (www.rico-design.com)

Impressum

Der Download-Code für das Basics-Lesezeichen lautet: **10940**

FOTOS: Anna Suppanz (Schrittfotos); frechverlag GmbH, 70499 Stuttgart; lichtpunkt, Michael Ruder, Stuttgart (alle übrigen)

PRODUKTMANAGEMENT: Lisa-Marie Weigel

LEKTORAT: Dr. Wenke Klingbeil-Döring (Berlin)

COVERGESTALTUNG: Lina König

LAYOUT UND GESTALTUNG: Petra Theilfarth

DRUCK UND BINDUNG: Livonia Print SIA, Lettland

Materialangaben und Arbeitshinweise in diesem Buch wurden von der Autorin und den Mitarbeitern des Verlags sorgfältig geprüft. Eine Garantie wird jedoch nicht übernommen. Autorin und Verlag können für eventuell auftretende Fehler oder Schäden nicht haftbar gemacht werden. Das Werk und die darin gezeigten Modelle sind urheberrechtlich geschützt. Die Vervielfältigung und Verbreitung ist, außer für private, nicht kommerzielle Zwecke, untersagt und wird zivil- und strafrechtlich verfolgt. Dies gilt insbesondere für die Verbreitung des Werkes durch Fotokopien, Film, Funk und Fernsehen, elektronische Medien und Internet sowie für eine gewerbliche Nutzung der gezeigten Modelle. Bei Verwendung im Unterricht und in Kursen ist auf dieses Buch hinzuweisen.

© 2021 frechverlag GmbH, Turbinenstraße 7, 70499 Stuttgart

3. Auflage 2021

ISBN 978-3-7724-4853-9 • Best.-Nr. 4853